Claus Leggewie
Die Republikaner
Rotbuch Taschenbuch 1

Claus Leggewie
Die Republikaner

Ein Phantom nimmt Gestalt an

Mit neuen Reportagen aus Bayern, Berlin und Köln von Ulrich Chaussy, Volker Hartel und Meral Rüsing, sowie Expertisen von Bernd Gäbler und Horst Meier

Völlig überarbeitete und erweiterte Neuausgabe

Rotbuch Verlag

© Rotbuch Verlag, Berlin 1989 und 1990
Umschlaggestaltung: Michaela Booth, Berlin
Gesamtherstellung: Wagner GmbH, Nördlingen
Printed in Germany. Alle Rechte vorbehalten
ISBN 3 88022 011 5

Inhalt

Einleitung

Die erstlich nach Prinzipien der Freiheit der Glieder einer Gesellschaft (als Menschen), zweitens nach Grundsätzen der Abhängigkeit aller von einem einzigen Gesetz (als Untertanen) und drittens die nach dem Gesetz der Gleichheit derselben (als Staatsbürger) gestiftete Verfassung... ist die republikanische.
Immanuel Kant (Aufklärer) 1795

Die sich in der Negation erschöpfende ›Republik‹ ist zum verfassungsrechtlichen Fossil geworden.
J. Isensee (Verfassungsrechtler) 1981

Natürlich sind wir nicht der Wurmfortsatz der amerikanischen Republikaner, wir sehen uns als deutsche Republikaner, die dem römischen Gedanken der res publica, der öffentlichen Sache verpflichtet sind, die dem Staate dienen, aber nicht am Staat verdienen, innenpolitisch wie außenpolitisch.
Franz Schönhuber (»Republikaner«) 1987

1989 war in mancher Hinsicht ein *annus mirabilis.* Es war auch das Jahr der *Republikaner.* Bei Freund und Feind heißen sie REPs, womit wenigstens der ehrenwerte Begriff der Republik gerettet wäre. Im vierzigsten Jubeljahr der Bundesrepublik kam unfahrplanmäßig und mit der Geschwindigkeit eines *shooting stars* die *fünfte Partei* hoch.

»Vor Berlin« waren die REPs nur Eingeweihten bekannt. Januar 1989 schaffte die in Bayern entstandene und beheimatete Partei den Sprung über die Mainlinie – mit 7,5 Prozent in das Abgeordnetenhaus und die Bezirksversammlungen der alten Reichshauptstadt. Der häßliche Berliner hatte »zurückgelummert« *(taz).* Ein Zufallstreffer? Das waren nicht nur *Berliner Verhältnisse.* Bei der Europawahl vom Juni 1989 erreichten sie im Landesdurchschnitt 7,1% (in Worten: über zwei Millionen Wähler) – mit deutlichem Süd-Nord-Gefälle von Rosenheim (22,1%) nach Emden-Aurich (2,9%). Bei Kommunal- und Bürgermeisterwahlen gelang ihnen (vereinzelt auch der NPD) oft erneut problemlos der Sprung über die Fünf-Prozent-Hürde.

Die jetzt bundesweite Repräsentanz führte zu einem rasanten Mitgliederzuwachs (nach eigenen Angaben innerhalb von zwei Jahren von 3000 auf 24 000). Die satte Wahlkampfpauschale (rund 16,8 Millionen DM) füllte die Parteikasse und ermöglichte den Organisationsaufbau in Stadt und Land. Die REPs auf dem Weg zur Altpartei – sogar eine parteinahe Stiftung ist geplant, namens Carl Schurz (das war ein wahrhafter Republikaner der deutschen Revolution von 1848, der asylsuchend über den Großen Teich nach Amerika ging und dort mithalf, die Schwarzen zu befreien).

Kaum ein Tag ohne (negative) Schlagzeile; der demoskopische Bekanntheitsgrad des 66jährigen Bundesvorsitzenden Franz Schönhuber erreichte Ende 1989 trotz öffentlichrechtlichen Beschweigens des einstigen TV-Moderators mit 90% den eines Joschka Fischer, überstieg also locker den von Volker Rühe oder Irmgard Adam-Schwaetzer. Fast jeder vierte Befragte wünschte dem Kleinen Kommunikator und Europaabgeordneten eine »wichtige Rolle in der Politik« (Emnid-Umfrage/Spiegel 1/1990) und jeder zweite sieht in den REPs eine Partei, die »Probleme aufgreift, die andere Parteien vernachlässigen«. Die andere Hälfte hält sie für »gefährlich für unsere Demokratie«, eine »neue Nazi-Partei« und »ausländerfeindlich«.

Was ist *neu* an der Neuen Rechten? Das meiste bei ihr, im alten und neuen Programm, im Bierzelt, am Wahlkampfstand, klingt »vorgestrig« und ist es auch. Viele offene und verborgene Spuren, breite und krumme Wege führen von der alten deutschen Rechten zu den REPs. Doch nicht alles ist altbekannt und immergleich: Neu ist die sich jetzt identitär gebende Ideologie: ein Europa der Kulturen, das sich national entmischt und in dem jeder *chez soi* bleibt. Neu ist der längst »postfaschistische« Generationskontext dieser Partei, deren Bezugspunkt kein untergegangenes, sondern ein künftiges Deutsches Reich ist, und neu ist insbesondere der weltpolitische Rahmen, in dem deutsch-nationale Politik im ausgehenden Ost-West-Konflikt steht. Neu für die Bundesrepublik wäre nicht zuletzt, wenn sich neben CDU/CSU eine eigenständige Rechtspartei etabliert hätte und halten könnte, nicht bloß als marginale Sekte und illegitimer Sprößling Hitlers (»Neonazis«), sondern als tragfähige Brücke zwischen ganz und halb rechts, vulgo: Mitte. Ein politischer »Extremismus der Mitte«.

Die »politische Landschaft« der Republik gleicht noch

immer einem aufgescheuchten Hühnerhaufen. Die Frage: was tun? ist ganz vom taktischen Kalkül beherrscht, die Schäfchen wieder von den »braunen Rattenfängern« zurück (und ins Trockene) zu holen. Der jeweiligen politischen Konkurrenz gilt es gleichzeitig anzulasten, Schönhuber *herbeigeredet* und *hochgejubelt* zu haben: haust du meinen »Schönhuber-Freund« Lummer, hau ich deinen »schönhubernden« Lafontaine. Hauptsache, die (eben noch) »braune Pest« wählt wieder brav die Etablierten oder bleibt zuhause – ist dann alles wieder gut? »Die Linke«, deren Existenzberechtigung manchmal nur noch in der Existenz dieses passablen Gegners zu bestehen scheint, reagierte kaum besser auf die »Faschos« als die Bonner »Elefantenrunde« auf die »Sogenannten«. Der altgewordene Antifaschismus hat sein neues, ihm adäquates Feindbild.

Das *Phantombild* der Neuen Rechten, das wir zur Jahreswende 1988/9 skizziert haben, bekommt klarere Konturen. Viele damals noch skizzenartige Thesen sind mittlerweile von Publizistik und Forschung aufgegriffen, bestätigt und auch korrigiert worden. Daß unsere sozialwissenschaftliche Reportage zu zahlreichen und kontroversen Debatten Anlaß gab, freut uns. Nach einem Jahr kann das Konterfei der Neuen Rechten mit neuen Daten, Interviews und Reportagen auf Stand gebracht und durch weitere Expertisen ergänzt werden. Januar 1990 haben sich die REPs in ihrer Wählerhochburg Rosenheim ein moderates Programm verpaßt. Je mehr die Extremen Kreide fressen, desto lautstärker wird der Konservatismus der Übrigen. Ein baldiges Verschwinden der Neuen Rechten ist unwahrscheinlich. 1989 sagten wir voraus, daß *die Blauen kommen;* heute scheint es, daß wir noch eine Zeit mit ihnen leben müssen. Noch immer sind soziologische Neugier, politologische Sorgfalt und politischer Weitblick angebracht, nicht Panik oder Verharmlosung. Der Rechtsextremismus wäre nicht erledigt, indem die REPs 1990 bloß (auf welche Weise auch immer) aus dem Bonner *Wasserwerk* ferngehalten würden. Er hat eine verschlüsselte, gegen den Strich zu lesende Botschaft über die *Auflösung des Sozialen* und die *Krise des Politischen.*

Köln/Gießen, im Januar 1990

1. Kapitel: Berliner Verhältnisse
oder Wer wählt heute rechts und warum?

> Uns Republikaner bringt keine Macht der Erde wieder aus der deutschen Arena weg!
> *Franz Schönhuber* (Chamer Aschermittwoch 1989)

> Die Republikaner sind schon auf dem absteigenden Ast!
> *Theo Waigel* (CSU-Chef, Oktober 1989)

Die Wirkung der Neuen Rechten ist nicht allein an amtlichen Endergebnissen und Sympathieskalen zu ermessen. 1989 hat sich die politische Gesteinsformation Europas wie nach einem Erdrutsch verschoben; vielleicht wird wirklich »nichts mehr, wie es einmal war« (Willy Brandt). Unter dem aufgesprengten Beton des Kalten Krieges kommt auch Alt-Europa wieder zum Vorschein. Die REPs, schon länger Verfechter eines sich neutralisierenden und militärisch starken Gesamtdeutschland mit der Reichshauptstadt Berlin als Zentrum einer europäischen Hegemonialmacht, sind keinesfalls Auslöser dieses Bebens gewesen, sondern ein anfangs kaum verstandenes Vorsignal. Den weiteren Prozeß werden sie wohl eher als lautstarke Mitläufer begleiten.

Der politische Protest in den späten 80er Jahren kam von rechts, und man kann an den REPs nachvollziehen, wie die Protestgeschichte der zweiten Republik verlaufen (und auf den Hund gekommen) ist: In den 50er Jahren setzten noch nach Weimarer Modell klassenkämpferisch ausstaffierte Konflikte um Kapitalmacht und Wiederbewaffnung die Marktwirtschaft unter sozialen Verbesserungsdruck und die alte Rechte unter Aufsicht. In den 60ern inaugurierte die antiautoritäre Revolte kleiner radikaler Minderheiten die »Fundamentalliberalisierung« (Jürgen Habermas) der Republik. In den 70ern erzwangen Menschenketten und -teppiche den Einstieg ins postindustrielle und vielleicht postnukleare Zeitalter. Der Rechtspopulismus der 80er Jahre antwortet auf all das: Kommando zurück. Wenn, wie man sieht, Protestbewegungen ihre Ziele selten erreichen, einiges andere aber schon bewirken, könnte da eine List der Geschichte nicht selbst aus dieser Reaktion noch einen Auslöser zivilgesellschaftlicher Erneuerung der Politik machen?

Nichts mehr wie es war

Die Politikwissenschaft gibt kleinen Parteien gern eine »Vorwarn- und Signalfunktion«. Sie sollen dem »politischen System« Mißstände und Defizite anzeigen, dasselbe reagiert darauf und bringt in weiser Selbsterhaltung die Unruhestifter wieder zum Verschwinden. Die REPs haben mehr vor. Sie spielen sich als Volkstribun grassierender Unzufriedenheit mit »denen da oben« auf und haben binnen Jahresfrist schon spürbare Kurskorrekturen der Großparteien bewirkt. Hier und da haben sie schon mitregiert in Rathäusern, Parteizentralen und Staatskanzleien.

Kaum einer hat für möglich gehalten, was wir im Frühjahr 1989 geahnt haben: daß die CDU tatsächlich, im Blick auf die Neue Rechte, ihren exponierten Generalsekretär Heiner Geißler, einen erklärten Intimfeind der REPs, zum »politisch toten Mann« (Harald Neubauer) machen und den ganzen »Modernisiererflügel« der Union stutzen würde. Die REPs gibt es, weil die »drei Marschsäulen der Union«, National-Konservative, Sozial-Christliche und Wirtschafts-Liberale, aus dem Gleichschritt geraten sind; deren Des-Union hat einer »authentischen« Rechten die Tür geöffnet. Bis zu zwei Drittel der REP-Wähler weisen die Wanderungsbilanzen als »Fleisch vom Fleisch der Union« aus. Das ist keine Einbahnstraße. Die REP-Wähler nehmen im Urteil der Gesamtbevölkerung auf der Rechts-Links-Skala (von 1 bis 10) einen exzentrischeren Platz (8,5) ein als CDU (6,9) und CSU (7,6). Doch sie selbst geben sich fast dasselbe Profil wie der Unionsanhang. Programmatisch stimmen sie in den meisten Fragen am ehesten mit der CSU/CDU überein, die damit ihre zweite Wahl bleibt.

Die »große Volkspartei der Mitte« hat neuerdings Mühe, 40 Prozent zu schaffen; auch die Mitglieder laufen ihr davon. Nach dem Höchststand 1983 (734 000) ist die Zahl Ende 1989 auf 680 000 gesunken. Die Union ist überaltert (Durchschnitt: 42 Jahre) und der erhoffte Süßmuth-Effekt auf die jungen Frauen ist ausgeblieben. Auch ist die Kasse leer; die Zentrale mußte schon die Kreisverbände, die sie zugleich entmachtete, anpumpen. Neue programmatische

Impulse wie in den 70er Jahren sind von der Union nicht mehr gekommen. Der Parteitag vom September 1989 war ein Fiasko, mißt man ihn an dem, was die Unionsneuerer umwelt-, energie-, deutschland- und ausländerpolitisch vorhatten. Ihre populärsten Repräsentanten, Richard von Weizsäcker und Rita Süßmuth, halten »sozialdemokratische« Reden vom Olymp symbolischer Politik, während uns der Malus-Kanzler und seine Kabinetts-Nobodies regieren. Der Nachwuchs muß jetzt offenbar aus dem »Bund der Vertriebenen« und der schlesischen Jugend geholt werden – sofern die nicht gleich zu den REPs abgehen. Eine »dritte Modernisierung« der Union war ohnehin unwahrscheinlich und hat nicht stattgefunden: *Wandel durch Anbiederung* lautet die Parole des Geißler-Nachfolgers Volker Rühe.

Wer war Franz Josef Strauß?

»Wird die CSU noch kleiner?«, sorgte sich die FAZ ein Jahr nach dem Tod von Franz Josef Strauß. Auf sein Ableben führen viele das Aufkommen der REPs zurück. Das verwechselt Ursache und Wirkung: »Wie hätte er die ›Reps‹ niederhalten sollen, da er sie hochgebracht hat?«, urteilte der intime FJS-Kenner Rudolf Augstein im *Spiegel* (35/1989). Schon als Strauß noch quicklebendig war, im Herbst 1986, setzte sich das REPtil an seine Brust und zapfte dem »Titanen« *(ZEIT)* Herzblut ab. Geist und Buchstabe der REP-Vorhaben entsprechen *en miniature* dem, was zu verwirklichen der gescheiterte *Leader* der deutschen Rechten anfangs nicht die Macht, zwischenzeitlich nicht den Mut und schließlich nicht mehr den Mumm hatte: die Liberalen aus dem Bürgerblock herauszukatapultieren, die Alleinregierung einer *echten* Rechten zu garantieren, sozialistische, sozialliberale oder gar rosa-grüne Alternativen auszuschließen und alle Kräfte in die Rekonstruktion eines Deutschland zu investieren, das wieder den »aufrechten Gang« gehen kann. *Deswegen* darf »rechts von der Union keine demokratische legitimierte Partei sein«; den Herbst 1986, als die REPs in Bayern ihren Aufstieg begannen, erlebte Strauß als Ouvertüre eines möglichen säkularen Niedergangs der christdemokratischen Hegemonie, deren Begründern und Enkeln er nie über den Weg getraut hat. Mit faulen Tricks wie weiland im Fall der *Bayern-Partei* war dem drohenden Debakel nicht mehr abzuhelfen. CSU-Generalsekretär Huber hat unterdessen schon 43 (in Worten: dreiundvierzig) Gründe für den Erfolg der REPs ausgemacht. Seither plagiieren sich die beiden Rechtsparteien in München gegenseitig:

– Das bayerische Tandem Waigel/Streibl gebärdet sich als Gralshüter Deutschlands in den Grenzen von 1937. Regierungssprecher und OB-Kandidat für München, Hans Klein (»Die Waffen-SS war doch eine kämpfende Truppe, keine Verbrecher«), und niedrigere Chargen (»Todesstrafe für Dealer«, JU Bayern) »bedienen« die davonlaufende Klientel mit einschlägiger Rhetorik. In der Passauer Nibelungenhalle versprach Erwin Huber die Wiedereroberung der »Lufthoheit über den Stammtischen«. Gedenkveranstaltungen, »wo nur die Deutschen an den Pranger gestellt werden«, wie zum 1. September (oder zum 9. November älterer Fassung), lehnt er ab. Von Prag erwartet Ministerpräsident Streibl »ein offenes Wort des Bedauerns« über die tschechoslowakischen Vertreibungsverbrechen an Sudetendeutschen; von Karl-Marx-Stadt prompte Rücktaufe in Chemnitz.
– Politische Versäumnisse außerhalb des Freistaats sollen, auch um den möglichen Preis der Spaltung der »rechten Mitte«, schleunigst ausgebessert werden: Eine »Beugung der Verfassung« durch das in Berlin, Bremen, Hamburg und Schleswig Holstein beschlossene kommunale Ausländerwahlrecht werde man nicht hinnehmen. Man werde, da es »Grenzen des sozial verträglichen Ausländer-Zuwachses gibt«, erneut deutlich machen, welche liberalen Nordlichter die erforderliche Zweidrittelmehrheit für die Grundgesetzänderung des Paragraphen 16 GG (»Politisch Verfolgte genießen Asyl«) verhindern. Sozialwohnungen sollen nach bayerischer Bundesratinitiative bevorzugt an Deutsche vergeben werden.
– Theo Waigel eröffnete zudem eine Front, die Strauß noch vermieden hatte: die CSU will sich mit der »gegebenen Abtreibungspraxis nicht abfinden« und betreibt einen Normenkontrollantrag in Karlsruhe zur Klärung der Frage, ob die geltende Regelung des Beratungs- und Indikationsfeststellungs-Verfahrens sowie die Finanzierung der Schwangerschaftsabbrüche durch Krankenkasse grundgesetzkonform seien. Sie weiß zwar um die geringen Chancen, will aber die schweigende Mehrheit »weiter Teile der Bevölkerung« hinter sich bringen, die schon in den Memminger Prozessen ein Fanal sah und der strammen Bavaria-Justitia, Mathilde Berghofer-Weichner, zujubelt.

Die REPs haben die CSU in Panik versetzt. Längst wedelt der blaue Schwanz mit dem schwarzen Hund. Doch Übertritte örtlicher CSU-Honoratioren zu den REPs sind damit nicht mehr zu verhindern. Die Überlebensformel Peter Gauweilers lautet: bundesweite Ausdehnung der CSU (»Kreuth zwo« via Leipzig).

Genosse Kamerad

Die Sozialdemokraten wachten spät auf. Anfangs nahmen in der Baracke einige den Rechenschieber zur Hand: »Deutliche Zuwächse der Rechtsparteien würden . . . das Ende der Mehrheitsfähigkeit für die CDU/CSU bedeuten.« Doch hier irrte Machiavelli. Schönhuber, der sich gern in die Tradition Kurt Schumachers stellt, wilderte von München bis Berlin auch in sozialdemokratischen Revieren: mindestens zwanzig Prozent holte er aus dem autoritären Arbeitnehmermilieu der roten Hochburgen. Wo die Sozialdemokraten in den Großstädten noch ein »vereinsförmig strukturiertes Netzwerk von Kontakten, Freundschaften und Beziehungen auf der Grundlage von gleichgerichteten Mentalitäten und Zielvorstellungen« (so Niels Diederich über die Berliner SPD) unterhält, scheinen ihre Verluste weniger gravierend als dort, wo sie »eine Art Kaste herausgebildet haben, die sich für die eigene Lebenssituation – hohes Einkommen, einflußreicher Sozialstatus, individuelle Freizügigkeit, demokratische Mitsprache – optimal zu regeln versucht, aber weit entfernt vom ›normalen‹ Lebensalltag der Menschen arbeitet und handelt« (so der Hamburger SPD-Vorsteher Skierke über die eigene Partei). Würden die REPs auf der Gefällstrecke nach Norden doch auf Touren kommen – die bombensicheren Sozi-Mehrheiten in den Hansestädten, im Ruhrpott und in Nordhessen schmölzen ebenso dahin wie bei der vor drei, vier Jahren noch für hyperstabil gehaltenen CSU. Daß Sozialdemokraten nach rechtsaußen wandern, liegt an der »Arroganz der Macht«, die die Partei an den Tag legt.

Oder war das ein umgekippter Proletenaufstand, eine Revolte der »Modernisierungsopfer« (Arno Klönne), verlorener Schäfchen, die dem falschen Schönhuber nur nachlaufen, weil die richtigen Sozis sich nicht um sie kümmern? Bodo Hombach, Landesgeschäftsführer der NRW-SPD: »Die meisten Schäfchen sind Wölfe. Mich beschleicht ein großes Unbehagen, wenn Wähler der Republikaner fast durchgängig als Opfer bezeichnet werden.« Die SPD rüstete analytisch nach: Verluste bei *entfremdeten Kleinbürgern, autoritären jungen Facharbeitern und Opfern der Zweidrittelgesellschaft*, zeigte eine SINUS-Auftragsstudie, gingen klar auf sozialdemokratisches Konto. Aber nicht vorrangig sozial Deklassierte strömen den REPs zu; unter ihren Wählern befinden sich sogar überdurchschnittlich viele Eigenheimbesitzer und Gutsituierte. Auch bei angeblichen Opfern darf man Ursache und Wirkung nicht verwechseln: die REPs sind großgeworden auch infolge sozialdemokratischer Ankündigungen und Anti-Politik. Wer Politik für die kleinen Leute verspricht, aber vornehmlich Gewerkschaftsstaat und Metropolenkultur veranstaltet, muß sich über Abwanderer nicht wundern; und den Unmut, den sozialdemokratische Reden gegen Stoltenbergs Steuergeschenke, Blüms Gesundheitsreform und heute Kohls Aus- und Übersiedler säen, ernten zum großen Teil doch nur die REPs.

Trotzdem »wackelte« die aufgescheuchte SPD nach rechts und stornierte eilig alle rot-grünen Sondierungen. Die Emanzipation sei schon viel zu schnell gelaufen und der »kleine Mann« habe einen regelrechten Kulturschock bekommen, meinte Friedhelm Farthmann, mächtiger Fraktionschef in Düsseldorf; jetzt seien Vaterlandsliebe und Heimatgefühl angesagt. Man werde sich doch kein Volksbegehren an den Hals holen und der maroden CDU Norbert Blüms und den noch maroderen NRW-Rechtsaußen ein »gefährliches Mobilisierungsthema frei Haus liefern«, begründete Hombach den klammheimlichen Wegfall des von der Partei beschlossenen Ausländerwahlrechts. Der Sturm der REPs auf die roten Rathäuser an Rhein und Ruhr war aber im Oktober 1989 weder mit versprochenen Sozialwohnungen noch mit angedrohter Verfassungsschutzobservation zu stoppen. Die Verluste des Regierungslagers wurden partout nicht Zugewinne der Opposition.

Männer ohne Eigenschaften

Auf die Frage, wer heute *rechtsaußen* wählt und warum, bekommt man auch von Experten bloß Verlegenheitsantworten. Die Anhängerschaft der REPs sei in ihrer sozialen Zusammensetzung »amorph« (Hans-Joachim Veen, Konrad-Adenauer-Stiftung); sie hätten kein »festgefügtes Weltbild, das Interessen bündeln könnte« (Forschungsgruppe Wahlen). So sind die REPs lange ein Phantom geblieben: Der »typische REP« taucht in *allen möglichen* Landstrichen und Kostümen auf; er hat viele Eigenschaften und damit keine besonderen. Hatte man schwarzgewandete Neofaschisten oder den wiederauferstandenen NS-Blockwart erwartet? REPs, das sind Herr und Frau Nachbarin.

Aus der repräsentativen Wahlstatistik geht allerdings hervor, daß es sich dabei vorwiegend um *Männer* ohne Eigenschaften handelt; gleich welchen Alters, sind wie schon zu Zeiten der NPD in den 60er Jahren zwei Drittel der extremen Rechten im doppelten Sinne *male chauvinists*. Hätten wir das Männerwahlrecht noch nicht, würden die REPs klar unter fünf Prozent bleiben; dürften Frauen nicht mehr wählen, kämen die Rechten auf jeden Fall durch. Dieser sogenannte *gender gap* ist übrigens keine westdeutsche Spezialität; auch der *Front National* kommt bei den Französinnen schlechter an. Sind Frauen doch bessere Menschen? Einerseits lehrt die Wahlgeschichte, daß sie auch nach rechts langsam, aber gewaltig kommen: anfangs scheuten Frauen *jede* als »extrem« angesehene Partei (weshalb auch die GRÜNEN lange eine Männerpartei blieben), auf Dauer aber paßten sie sich männlichen Präferenzen an, auch bei der Zustimmung zur NSDAP. Weibliche Persönlichkeit und Gesellschaftsbilder sind *per se* kaum weniger autoritär; und im Durchschnitt war das Votum der Wählerinnen in der Weimarer und frühen Bonner Republik stärker nach rechts geneigt als bei Männern. Mit verallgemeinerter Berufstätigkeit, höherer Qualifikation und steigendem politischen (Eigen) Interesse hat sich das Wählerinnenverhalten jedoch säkular nach links verschoben, so daß zu erwarten ist, daß trotz einer noch möglichen Lockerung der Reserven bei anhaltendem Erfolg »die Rechtsradikalen auch auf längere Sicht eher Männer- als Frauenparteien bleiben werden« (Joachim Hofmann-Göttig).

Die REPs selber sind im übrigen ein Abfallprodukt des Geschlechterkampfes. Zu ihnen treibt es nämlich »kulturelle Modernisierungsverlierer«, Emanzipationsgeschädigte also, die sich mit der unverkennbar wachsenden Gleichberechtigung daheim und auf dem Arbeitsmarkt nicht abfinden wollen. Die Veränderung der Familienstrukturen, mit einer Vielzahl »unvollständiger« und nichtehelicher Beziehungen, macht sich hier bemerkbar. Junge Männer, die mit komplizierten Beziehungskisten und cleveren Karrierefrauen nicht klar kommen, flüchten in den Männerbund. Der kommt im Programm zwar auch nicht umhin, »von gleichwertiger Tüchtigkeit im Leben und Beruf« zu reden und verfügt mit Johanna Grund sogar über eine stellvertretende Bundesvorsitzende, bleibt aber von der »Berufung der Frau« überzeugt, die von »keinem ›Hausmann‹ oder Kollektiv« zu erfüllen ist: *Wärme und Hingabe*.

Anfangs galten die REPs mal als »Jungwählerpartei« (Hajo Funke), mal als Partei der Alten und »Ewiggestrigen«. Bei der Auswertung der Europawahlergebnisse und der nachfolgenden Umfragen ergibt sich indessen eine Art demographische Normalverteilung. Als These kann man aufstellen, daß die REPs in Süddeutschland in allen Altersgruppen fast gleich gut ankommen, in den Industriegebieten nördlich des Mains aber relativ viel jungen Anhang mobilisieren. Die Anziehungskraft rechtsextremer Parteien auf Erst- und Jungwähler (bis 25 Jahre) ist gegenüber den 60er Jahren auffällig; war die NPD vor allem bei der mittleren und älteren Generation, also damals bei »unversöhnten« Hitler-Jungen, Flakhelfern und Frontsoldaten gefragt, kommen die REPs heute bei der mittleren, unterdessen arrivierten 68er-Generation am schlechtesten an. Umso besser bei deren ungezogenen Kindern, geboren in der zweiten Hälfte der 60er Jahre, die heute mit Macht auf den Arbeits-, Wohnungs-, Heirats- und Gebrauchtwagenmarkt drängen.

Es ist die erste politische Generation, welche nach dem »Pillenknick« im Einwanderungsland Bundesrepublik groß geworden ist. Ihre politischen Einstellungen sind schon vollständig von der merkwürdigen Wirtschaftsdauerkrise mit den hohen Wachstumsraten nach 1974/5 und der Dauerdebatte über Pershing, Waldsterben und Ozonloch in den 80ern geprägt. Unter den jungen Männern Bayerns und Berlins votierte fast jeder fünfte, in Baden-Württemberg jeder siebte, in Hessen jeder zehnte rechtsaußen; in Großstädten wie Frankfurt schaffte sogar die NPD 13 Prozent bei ihnen. Sollte diese Alterskohorte stabil bleiben, dann wüchse sich Grün aus. Zwar wählen junge Leute immer noch überwiegend links, aber Schönhuber kommt seinem Ziel ein Stück näher: den weiten Generationsbogen zwischen Opas und Enkeln im Zeichen deutscher Normalität gegen die »verrückten« 68er zu spannen.

Erst- und Jungwähler haben nicht mehr das klassische Drei-Parteien-System der Bonner Republik verinnerlicht; und im deutsch-deutschen Doppelwahlkampf 1990 werden die Karten ohnehin neu gemischt. Auch eine »authentische Rechtspartei« geht bei vielen »in Ordnung«; sie soll ihre »Chance« bekommen, auch wenn man sie selbst nicht wählt. »Die Mitte schrumpft, die Extreme wachsen« (Oberndörfer/ Mielke). Das Extremismus-Tabu der Zweiten Republik ist gebrochen, aber die Extremen bleiben nicht am Rand, sondern durchkreuzen wirksam die »alte Mitte«.

Eine kleine Volkspartei

Alle weiteren Striche am *Phantombild* beruhen auf den spärlichen Hinweisen, die Umfragen und Intensivbefragungen der empirischen Sozialforschung bisher erbracht haben. *Wo leben die REP-Wähler überwiegend?* Eher im Süden als im Norden der Bundesrepublik, eher in der Provinz als in den Ballungsgebieten, eher in den schlechteren Wohnvierteln als in den gutbürgerlichen Quartieren – aber Vorsicht: das sind alles nur Durchschnittswerte. Gerade die norddeutschen Küstenstädte haben für REPs und DVU gute bis sehr gute Ergebnisse gebracht; auf dem flachen Land in Oberbayern oder Mittelhessen sind sie ganz groß herausgekommen, in Friesland oder Westfalen hingegen jämmerlich durchgefallen.

Ins Auge sprangen die REP-Erfolge in den »sozialen Brennpunkten«: in Wohnsilos der Trabantenstädte und heruntergekommenen Innenstadtbezirken erzielten sie zweistellige Ergebnisse. Die Berliner Gropiusstadt, München-Hasenbergl, Augsburg-Oberhausen, Hamburg-Wilhelmsburg und der Dortmunder Norden, wohin die Reporter an jedem »Morgen nach der Wahl« ausschwärmen, sind über Nacht zu Hochburgen der Rechtsextremen geworden. Ist Rechtsextremismus eine Folge der »Unwirtlichkeit der Städte« (Mitscherlich), Rache für den lieblosen Wohnungsbau der 60er und 70er Jahre? Bei noch genauerem Hinsehen schnitten die REPs am besten ab in »Großsiedlungen«, Hochhausvierteln und »einfachen Nachkriegsbauten«, am schlechtesten in »guten und einfachen Einfamilienhäusern« und »guten Altbauten« (infas). Doch wäre es verkürzt, vom Abriß der Silos oder von einer »Humanisierung« des Wohnens Abhilfe zu erwarten. Baumeister allein retten die Republik nicht, erst recht jene nicht, die jetzt unterm Druck explodierender Mieten *husch, husch* wieder Wohncontainer nachlegen sollen.

Eher ist Rechtsextremismus Ausdruck einer umfassenderen Krise der Stadt, des Verfalls der Nachbarschaften und Subkulturen, der nicht minder das Hinterland betrifft. Wenn Schönhuber seine REPs als »Partei der kleinen Leute« rühmt, dann meint er vor allem kaputte soziale Milieus, schlecht behauste, von ihrer Arbeit frustrierte (oder »freigesetzte«), gelangweilte Menschen, die sich nicht mehr zuhause fühlen und – der Fremden wegen – in Deutschland insgesamt nicht mehr »chez soi«. *Vertriebene im eigenen Land.* Diese »kleinen Leute« genießen keine Berlin-Prämie und Zonenrandsubventionen, sondern nur den zeitweisen Ausverkauf von Bananen. Sie haben vom Glimmer der »Kulturgesellschaft« nur den Abglanz der Müll- und Schuldenberge: Nicht Feuerwerk und Skulpturenboulevard – nur Suff und Video, Frühehe und Schäferhunde. Ein »politisches Kleinklima, das durch soziale Verunsicherung und Angst vor Statusverlusten gekennzeichnet ist, auf das die Parteien der politischen Mitte... keine glaubwürdigen Antworten haben.« (Forschungsgruppe Wahlen).

Auch die beiden großen Kirchen retten keine deutsche Seele mehr. Es heißt, Katholiken seien besonders anfällig für die REPs; aber das liegt eher an den Rekordergebnissen in Bayern, wo besonders viele leben. Es scheint, daß REPs vor allem von Religions*losen* und *wenig* Kirchengebundenen gewählt werden, während sich treue Kirchgänger in ländlich-katholischen Gebieten durchweg resistent zeigten. Sauerland bleibt Sauerland, aber die Kirchgänger werden halt weniger. »Die Kirchen werden uns nicht aufhalten können«, brüstet sich Schönhuber, der seine Partei zugleich als »christlicher als die CDU/CSU« einstuft. So wird ein Schuh draus: »Wo es keine Kirchensteuer gibt, ist der Patriotismus größer« (Deutsches Allgemeines Sonntagsblatt 27. 10. 89). Schönhuber spekuliert auf Traditionschristen, die sich an politisierenden Pfarrern und konzilstreuen Papstkritikern reiben, an der (viel zu hohen) Kirchensteuer Anstoß nehmen und gleichzeitig von den C-Parteien mehr Lebensschutz und Vaterlandsliebe erwarten. Man werde »in diesem Sinne auf Erziehung und Bildung in der Familie, in den Medien, Kirchen und öffentlichen Einrichtungen einwirken«, hieß es im Bundesparteiprogramm. Abtreibung sogar nach Vergewaltigung unter Strafe zu stellen, ist die Option dieser Männerpartei für die 90er Jahre; über Schwangerschaftsabbruch und Strafverschärfung denken die REPs radikaler als die Mehrheit der Bundesbürger und konservativer als die Unions-Wähler (Emnid/*Spiegel* 21/89). Vom christlichen Fundamentalismus der *Pro Lifers* im Umkreis der amerikanischen Namensvetter der »Republikaner« ist diese Konstellation jedoch weit entfernt, auch von der Zweckehe des *Front National* mit dem französischen Ketzer Lefèvre.

Ist Bonn eine Messe wert? Es ist nicht schwer zu prophezeien, daß neben der nationalen die Abtreibungsfrage in den 90er Jahren ein brisantes Thema bleiben wird; aber so wichtig die konfessionelle Orientierung für das Wahlverhalten immer noch ist, so wenig können heute selbst in den USA politische Bewegungen ausrichten, die sich auf die heilige Dreieinigkeit von Flagge, Lebensschutz und Schöpfungsglauben stützen. Der fanatische Schutz von Nationalfahne und Hymne, der unschuldigen Kinder und der lateinischen Messe fordert eine

Reinheit, die in unseren »durchmischten« und »unsauberen« Gesellschaften nie wieder zu haben sein wird.

So wie aktive Kirchgänger auf dem Lande in der Vergangenheit mit ziemlicher Sicherheit schwarz votierten, wählten die Kollegen & Kolleginnen die Roten. Doch auch das läßt jetzt, nach *Neuer Heimat* und Flexibilisierung, deutlich nach. Gewerkschaftsmitgliedschaft macht sogar weniger immun gegen die Rechten als Kirchentreue: von denen, die beim letzten Mal SPD, jetzt REP votierten, war jede(r) dritte organisiert. Die Unvereinbarkeitsbeschlüsse sind nicht ohne Grund in den meisten Gewerkschaften ausgeblieben.

Der Aquarianer:
Aussprache mit Kollege L. aus Mettenheim
(von Ulrich Chaussy)

Mettenheim hat für Europa gewählt. Und wie. Der CSU baumelt seit dem 16. Juni '89 die absolute Mehrheit der Stimmen mit 48% wie eine fette Wurst vor der Nase, die sie eben gerade nicht mehr zu schnappen kriegt. Weit mehr als zwei Zipfel davon haben die REPUBLIKANER erobert: 27,3%. Immerhin haben die Sozialdemokraten in diesem oberbayerischen Ort die Fünf-Prozent-Hürde souverän genommen; mit 14% der Stimmen scheinen sie möglicherweise auch weiterhin für zweistellige Ergebnisse gut zu sein. Vier Prozent für die GRÜNEN, 3,2% für die FDP, sage also keiner es gäbe hier keine pluralistische Minderheitenkultur.

Der Mann, den ich aufsuche, um der Mettenheimer Stimmung auf den Grund zu kommen, ist – da werden mir viele folgen, die sorgenvoll den Aufstieg der REPUBLIKANER beobachten – ein kompetenter Gesprächspartner: Ortsansässig und sozial engagiert.

Erstmal ist Siegfried Letzguß ein Mühldorfer, respektive Mettenheimer Gewächs. Als Kriegskind 1944 in Belgrad geboren, kam er schon mit zwei Wochen ins oberbayerische, ist dort aufgewachsen, hat natürlich bayerisch reden gelernt, ist am Ort zur Schule, dann in die Lehre gegangen, Einzelhandelskaufmann geworden, hat in diesem Beruf erst im Landkreis und dann eine Weile des besseren Verdienstes wegen in München gearbeitet. Bis er schließlich, vom Verkäufer-Job frustriert, einen zweiten, besseren Anfang wieder im Mühldorfer Landkreis versuchte.

Am 16. April 1962 – dieses Datum nennt er, ohne eine Sekunde nachdenken zu müssen – an diesem 16. 4. 62 begann er als Hilfsarbeiter in einem Betrieb, in dessen Firmenverbund er bis heute arbeitet. Hier, wo seine Kaufmannslehre nichts galt, hat er es mit der Zeit bis zum Chemiefacharbeiter gebracht, und es schwingt Stolz mit bei diesem Bericht.

Das war Karriere eins. Karriere zwei trugen ihm seine Kollegen an. Er komme doch mit jedermann im Betrieb gut aus, könne reden und würde einen guten Arbeitnehmer-Vertreter abgeben. Gewerkschaftsmitglied war der Letzguß Siegfried schon seit 1970. Seine erste Wahl zum Betriebsrat ist dann 1978 mit großer Mehrheit glatt durchgegangen. Betriebsrat ist er bis heute geblieben, bislang 12 Jahre lang. Als wir uns Januar '90 treffen, kandidiert er gerade für eine weitere vierjährige Wahlperiode.

Ein bayerischer Arbeitnehmervertreter sitzt mir auf seiner Wohnzimmercouch in Jogginghose und Freizeitlook gegenüber, ein – so sagt er – überzeugter Gewerkschafter. Bis zum heutigen Tag mache ihm diese Arbeit Spaß. Wie er mich dabei anstrahlt und in Fahrt kommt beim Erzählen, gibt es keinen Grund, seine Worte zu bezweifeln. Ich höre zu.

Ein armes Schwein wäre er gewesen ohne die Gewerkschaft. Hätte als Betriebsrat gerade auf die Schulungen gehen können, auf die ihn die Arbeitgeber hätten gehen lassen. Da brauchten wir gar nicht drüber reden. Auf den Gewerkschaftsschulungen lerne man die betrieblichen Probleme wirklich kennen; da habe er das Rüstzeug erworben, um sich für die Kollegen einsetzen zu können. Er schiebe nichts auf die lange Bank, auch wenn er bei den Chefs anecke. Das bringe Anerkennung bei den Kollegen, so mache die Arbeit eben Spaß. Beispielsweise: Druck dahintersetzen, daß eine versprochene, aber nicht durchgeführte MAK-Messung*

---

* MAK steht für: Maximale Arbeitsplatz-Konzentration. Für eine Reihe von gesundheitsgefährdenden Giftstoffen sind Grenzwerte für die Arbeitsplatz-Umgebung festgelegt, deren Einhaltung nur durch Messungen überprüft werden kann.

endlich durchgezogen wird. Oder den Saustall beseitigen, daß beim Füllen der Raketenmotore Treibstoff am Arbeitsplatz verschüttet werde.

Was da abgefüllt wird, sind vornehm gesagt, »flugchemische Antriebe«, denn Letzguß' Arbeitgeber BAYERN-CHEMIE, eine 100%ige Tochter von MBB, macht ihr Geschäft auf dem Rüstungssektor. Daran ändert auch nichts, daß seit geraumer Zeit mit der Produktion lebensrettender Air-Bags für die Autoindustrie ein ziviler Tupfer die Produktpalette bereichert.

Ob man in seiner Firma unter Gewerkschaftern das Thema Konversion, also die allmähliche Umstellung der militärischen auf zivile Produktion diskutiere, frage ich.

Zwecklos, meint Siegfried Letzguß, sein Betrieb sei einer der einzigen in der Bundesrepublik, in dem konventionelle Waffen dieser Art gefertigt werden. Bis der umgestellt werden könne, da müsse es sehr, sehr weit gekommen sein mit der Abrüstung. Was, bohre ich weiter, sind dann seiner Meinung nach die wichtigsten Aufgaben für ihn als Gewerkschafter?

Daß nicht so viele allgemeinpolitische Stellungnahmen abgegeben werden, sondern endlich das Betriebsverfassungsgesetz verbessert wird.

Dies entfährt dem Betriebsrat Letzguß so schnell wie ein Satz, der ihn beständig drückt.

Da gebe es viel zu tun, fährt er fort. Bei Entlassungen etwa. Da heiße es im Gesetz: Entlassungen ohne Anhörung des Betriebsrates sind unzulässig. Ein einziger Feigenblattparagraph, denn entlassen werde am Ende, wenn die Geschäftsleitung entlassen wolle, und seien die Gründe noch so willkürlich ...

Ein Endlosthema mit präzisen Auskünften für den Betriebsrat Letzguß, aber ich wechsle das Gesprächsthema. Schließlich interessiert mich ja noch mehr: Die 27,3% für die REPUBLIKANER hier am Ort, das Abschneiden der Arbeitnehmerpartei SPD und der anderen Parteien hier in der 2300 Seelen – Gemeinde Mettenheim. Da sei er mal eine Weile Mitglied gewesen. Im Bierrausch am Wirtshaustisch hat ihn ein rühriger SPD Mann den Aufnahmeantrag hingehalten, so habe der zielstrebig seinen Ortsverein ausgebaut. Achselzuckend kommentiert Letzguß die Episode. Dem Mann könne er nicht böse sein, er selbst sei so dumm gewesen, zu unterschreiben, und schließlich habe er ja nichts dagegen unternommen, als das Mitgliedsbuch eingetroffen sei, sprich: Er habe auch nichts gegen die SPD gehabt in dieser Zeit, ja sie sogar gewählt. Ab und zu jedenfalls. Denn eigentlich sei er die meiste Zeit Wechselwähler gewesen, eher an Persönlichkeiten orientiert als an Parteien.

Der kühle Hanseat Helmut Schmidt war der Politiker, der den oberbayrischen Betriebsrat Siegfried Letzguß der SPD gewogen machte. Die Sozialdemokraten waren für ihn passé, als Schmidts Stern in der Partei sank. Was aber war an diesem Mann so imposant, frage ich Letzguß.

Er habe zum ersten Mal den Eindruck gehabt: Da ist ein Mann, der Deutschland wieder deutsch repräsentiert. Der macht Deutschland international salonfähig. Der kann uns so darstellen, daß auch die Großmächte sich für uns interressieren und Respekt zeigen. Und daß wir nicht immer nur mit einer Feder im Rücken hintreten, sondern mit einer Eisenstange im Rückgrat und sagen: Ich bin Deutscher, und dieses oder jenes stellen wir uns deshalb so oder so vor. Und daß wir nicht immer nur Schläge einstecken.

Hoppla, was für Schläge, frage ich.

Was ihm schon immer ein Dorn im Auge gewesen sei, daß wir Deutsche nur gut angesehen seien, wenn wir bestimmte Zahlungen leisteten.

Was für Zahlungen?

An die DDR. Und, was Israel betreffe: Er fühle keine Erbschuld den Israeliten gegenüber, ich doch wohl auch nicht?

Wir haben Millionen Juden umgebracht, den Überlebenden für das Weiterleben finanzielle Hilfe zu geben, ist das Mindeste, kontere ich.

Es seien doch auch Deutsche umgebracht worden im Krieg, und wir zahlten an die Macht, die das meiste Geld habe. Das Geld bedeute die Weltherrschaft, und wer darauf die Hand habe sei ja wohl klar: Der Israelite.

Hier also läßt der REPUBLIKANER in Siegfried Letzguß erstmals deutlich grüßen. Da werden wir nicht einig, sage ich ihm, doch diesen Streit mal ausgesetzt: Was soll denn das Gerede vom abfließenden Geld, von der Bundesrepublik Deutschland als Zahlmeister Europas und womöglich der ganzen Welt, in einem Land, das wirtschaftlich mächtig ist, deren Bevölkerung es vergleichsweise gut geht.

Man solle nicht immer davon reden, es gehe den Deutschen gut. Und wenn das stimme, dann nur, wenn beide in der Familie arbeiteten: Mann und Frau. Aber die Frau sei von Haus aus eben nicht dazu vorgesehen gewesen, um arbeiten zu gehen, sondern zu Hause zu sein, Kinder zu kriegen und den Haushalt zu machen. In Ägypten sehe man das noch, da gehe die Frau immer drei Meter hinter dem Mann. Schön zum Anschauen, feixt Letzguß.

Was sagt ihre Frau auf solche Sprüche, frage ich Letzguß; die Situation ist kurios. Nicht lange zuvor hatte die ebenfalls berufstätige Frau Letzguß gerade mal wieder Kaffee in unseren Tassen nachgefüllt und Kuchen gebracht.

Sie lache ihn aus, sagt Letzguß – winkt ab und lacht selbst. Eine schillernde Geste. Wie man überhaupt beim Thema Frauen eine Menge an Gedanken und Gefühlen förmlich durcheinanderpurzeln hört in Siegfried Letzguß' Kopf. Eigentlich sind sie seiner Meinung nach für Haus und Herd gemacht, sagt er, aber auch: es stünde schlecht, würden die Frauen nicht mehr mitarbeiten im öffentlichen Raum, wo sie doch vieles mit andern Augen sähen und nicht so aggressiv wie Männer. Kurz: Eigentlich steht die Welt Kopf, ist trotzdem oder vielleicht deshalb in Ordnung – oder so ähnlich.

Ich bringe die Sprache aufs Thema Ausländer.

Er habe seinerseits viel im Ausland gearbeitet, sei gut ausgekommen und habe sich immer an die dort gültigen Regeln gehalten, sagt Letzguß, und: das sollten die Ausländer in Deutschland auch so halten, sich als Gäste benehmen. Bei ihm im Betrieb gäbe es ja so gut wie keine. Doch anderswo kämen die ins Land rein, das nächste Wort sei Asyl, und dann: Wo gibt es Geld. Die Ausländer würden finanziell und etwa bei der Wohnungssuche gegenüber unseren eigenen Landsleuten bevorzugt. Sie sollten sich wie ordentliche Gastarbeiter benehmen...

Stop, alles geht durcheinander, moniere ich: Für Gastarbeiter gibt es Anwerbestop, da kommen keine neuen mehr. Die Asylbewerber dürfen gar nicht arbeiten, das bestimmen unsere Gesetze, und die Aussiedler und die DDR-Übersiedler sind – so wollte es die aufs Nationale ausgerichtete Politik aller Parteien – binnen kurzem deutsche Bundesbürger mit Paß in der Hand und genießen dann eben als Obdachlose erste Priorität bei der Wohnungsvermittlung.

Also beginnt Siegfried Letzguß das zu tun, was er sich bei kopfnickenden und Jawoll-rufenden Gleichgesinnten schenken könnte: Er versucht das emotionale Knäuel zum Thema Ausländer zu entwirren: Widerruflicher Gaststatus für ausländische Arbeiter, sofortiger Abschub aller abgelehnten Asylanten, die Übersiedler aber müßten integriert werden. So steht es im Parteiprogramm der REPUBLIKANER. In diese Partei ist er vor einem Jahr eingetreten, für sie ist er in den Bezirksvorstand von Oberbayern gewählt worden und schließlich zum Ortsvorsitzenden in Mettenheim.

Angefangen habe das alles ganz einfach damit, daß ihn ein langjähriger Kollege aus dem Betrieb löcherte: Er sei doch Deutscher, ob er denn gar keinen Vaterlandsstolz habe. Diese Frage, sagt Siegfried Letzguß, die habe gewirkt, als ob der Kollege einen Speicher bei ihm im Hirn aktiviert habe. Dann sei es rausgesprudelt aus ihm, was er politisch seit langem denke, und der andere habe immer nur gesagt: Genau, genau, du gehörst zu den REPUBLIKANERN. So sei er schließlich eingetreten.

Ich bin auch Deutscher, sage ich zu Letzguß, und ich weiß, daß ich mich von Menschen anderer Nationalität dadurch unterscheide, aber es ist mir völlig wurscht. Es ist für mich Unsinn, darauf stolz zu sein. Wir sehen uns freundlich an und jeder kapiert, daß er den anderen nicht kapiert. Bevor ich fahre, zeigt mir Siegfried Letzguß noch sein kompliziertes Hobby: In einem riesigen Aquarium mit brummenden Salzwasserfilteranlagen, angestrahlt von Spezialscheinwerfern züchtet er Korallen. Stundenlang könne er davorsitzen und einfach nur zuschauen. Er sei, sagt er, Aquarianer.

Das also auch noch. Gewerkschafter, Betriebsrat, REPUBLIKANER, Aquarianer. Dr. Jekyll und Mr. Hide hatten eine vergleichsweise unkomplizierte Persönlichkeitsstruktur.

Wir verabschieden uns freundlich. Ich nehme mir vor, wiederzukommen, wenn das Ausschluß- und Unvereinbarkeitsverfahren gegen den REPUBLIKANER in Siegfried Letzguß fortgeschritten oder dieser Persönlichkeitsteil durch machtvolle antifaschistische Gegendemonstrationen erst einmal weggefegt ist, zugunsten des Gewerkschafters, Betriebsrates und Aquarianers.

Oder ich komme wieder, wenn mir was eingefallen ist.

Das Thema

Das Phantombild ergibt ein Allerweltsgesicht: kaum besondere Kennzeichen. REPs sind in »breiten Schichten der Bevölkerung« vertreten: als Landwirte wie Industriearbeiter, unter Beamten wie Selbständigen, bei Gutsituierten wie Sozialhilfeempfängern. Kurt Biedenkopf hat die Existenz der REPs als Aufstand der Modernisierungsverlierer gegen die wohlhabende Mittelschicht interpretiert; die linksfundamentale Grüne Verena Krieger sieht den REP-Populismus als fehlgeleiteten Sozialprotest gegen Yuppie-Kapitalismus und Öko-Profiteure. Aber das, was auch sozialwissenschaftliche Analysen gerne zum »Wesen« der rechtsextremen Phänomene erklären, ist nur die halbe Wahrheit.

Der Rechtsextremismus ist *kein* verkappter Klassenkampf in der Zweidrittelgesellschaft. Gewiß, zwischen Sozialstruktur und Wahlverhalten besteht noch ein statistischer Zusammenhang. Aber Oben und Unten nehmen unmerklich andere Bedeutungen an, die empirische Sozialforschung noch kaum zu erfassen vermochte. Der Set »repräsentativer« politischer Ausdrucksformen gesellschaftlicher Interessenlagen hat sich erweitert. Soziale *Gruppen* suchen nicht mehr so stark nach »ihren« politischen Stellvertretern; TV-informierte *Individuen* setzen sich ins Verhältnis »zur Politik« im allgemeinen. Das Bestreben der Allerweltsparteien auf dem politischen Markt besteht darin, diese ungerichtete Nachfrage mit einem *zustimmungsfähigen* Angebot zu befriedigen. Das Kunststück des neuen Produkts Rechtspopulismus hingegen ist, eigentlich »antagonistische« Klassenlagen nicht allzu straff zu einem *Ablehnungspotential* zu bündeln – den steuerrebellischen Großverdiener, der das soziale Netz nicht nötig hat, und den Langzeitarbeitslosen, der unten durchfällt. Schönhuber wie Le Pen wie Glistrup schaffen es, eine »unmögliche« Wählerkoalition zustande zu bringen, der nichts gemein ist außer der Frontstellung gegen den »versagenden« Sozialstaat und seine Lenker »da oben«.

Nicht jeder »Wechselwähler« verfällt auf die REPs. Wenn sie auch kein eindeutiges Milieu bilden, keinem kohärenten Programm folgen, so verbindet sie doch untereinander das Gefühl, Ausgeschlossene und Opfer zu sein: eine »gekränkte, isolierte Minderheit« (Elisabeth Noelle-Neumann). Sie »haben sich daran gewöhnt, in ihrer Generation in einer Art von Minderheitenstatus zu leben« (FAZ, 11. 9. 89). Diese Selbsteinschätzung projizieren sie auf ihre Leitfigur, dessen publizierte Lebensgeschichte eine Kette von Ausschlüssen ist – bis auf den heutigen Tag, wo er aus den Elefantenrunden ferngehalten wird und angeblich »Hetzkampagnen« durchstehen muß. Und für benachteiligt halten sie auch die »verletzte Nation« Deutschland – die an der Selbstbestimmung gehindert und von den Siegermächten in Ost und West am »Nasenring« (Armin Mohler) vergangenheitsbedingter Schuldkomplexe geführt wird, aber als Zahlmeister der EG und Sozialamt der ganzen Welt zu Diensten sein müsse...

Nun, auch *politisch* organisierter Rechtsextremismus – mal in Form von Straßenmilitanz, mal im Parlament – ist *ein* (schlechtes) Ende von Resignation. Was sich von *oben* als Apathie, als Abkoppelung vom politischen System ausnimmt, sieht *draußen im Lande* anders aus: REPs zu wählen war die Übertragung einer weit verbreiteten *exit*-Option (Abwanderung, Null-Bock) ins politische System zurück. Anhänger kleiner Rechtsparteien sind ihrer eigenen Einschätzung nach politisch *über*durchschnittlich interessiert und motiviert; viele blicken eher *optimistisch* in die Zukunft.

Die Etablierten fragen sich und ihre Wähler bang: War das nur ein Seitensprung – oder schon die Trennung? Das Gros der Wahlforscher erblickte in den REP-Wählern *einmalige* Protestwähler, die nur mal einen Denkzettel austeilen wollten; auch das alte Theorem vom »Wechselwähler als

Flugsand« wird gern wieder bemüht. Zu heterogen sei die Herkunft dieser »milieuungebundenen, politisch nicht festgelegten und sich oft erst kurzfristig für die eine oder andere Partei entscheidenden Wechselwähler«; »der ideologischen Spannbreite entspricht die Breite sozioökonomischer und demographischer Zuordnungen« (Hans-Joachim Veen). Fazit: »Ihr gemeinsamer Nenner sind konkreter Protest und genereller Unmut, nicht nationalkonservative oder rechtsradikale Gesinnung.« Sicher: Den REPs ging keine »neue soziale Bewegung« im Stil von Ökopax voraus, eher eine diffuse Stimmungslage; das konstituiert noch keine »rechtsradikale Milieupartei«.

Wahrscheinlich aber sind die REPs »weniger eine Protest-Partei, die Unzufriedene aller Art anzieht als vielmehr eine Weltanschauungspartei« (Emnid, *Spiegel* 21/89). Die REPs hätten »kein eigenes Thema«? Fast schon jeder achte befragte Bundesbürger hielt sie, die sonst für untauglich auf der ganzen Linie gelten, allen Ernstes für kompetent, »das Ausländerproblem vernünftig zu regeln«. Solche Zustimmung reicht weit über die bisherige Wählerschaft der kleinen Rechtsparteien hinaus, und sie wird radikaler artikuliert als von den Anhängern anderer Parteien. Es ist zweifelhaft, ob Aversionen gegen »zu viele Asylanten«, »zu viele Ausländer«, ob »Angst vor Überfremdung« und »Angst vor der EG« von »höchstenfalls mittlerer Zeitdauer« und rasch von den großen Parteien abzuarbeiten sein werden, wie die *Forschungsgruppe Wahlen* abwiegelt. Politiker glauben ihren Beratern das natürlich gern; aber die Anstrengungen einer »offenen Republik« (und die Anforderungen des »ökologischen Umbaus«, wogegen die REPs ebenfalls Sturm laufen) werden säkular sein. Deutsche Turbulenzen (unterm weltumspannenden Ozonloch) mögen stabilitätsbewußte Zeitgenossen in den sicheren Hafen der Volksparteien (zurück) führen; andere stürzen sich mit wendigeren Booten erst recht ins nationale Getümmel. Je weniger »Deutschland«, wie versprochen, zur Erfolgsgeschichte wird, und je mehr sich zeigt, daß die Deutschen doch nicht das »glücklichste Volk der Welt« sind, desto größer werden die Abstauberchancen der REPs.

Das »Thema«, das sich europaweit aufdrängt und den »normalen« Sockel soziologischen Rechtsextremismus politisiert, heißt *Einwanderung* und als Reflex: *nationale Identität*. Wer allerdings die simple Kausalkette aufzieht: hoher Ausländeranteil führt zu starkem Rechtsradikalismus, gibt sich den REPs schon geschlagen, die von dieser Art »ökologischem Fehlschluß« profitieren. Der gemeine REP braucht den wirklichen Ausländer ebensowenig wie der Antisemit den Juden aus Fleisch und Blut. Auch wer als weiteres Glied eine hohe Arbeitslosenquote hinzunimmt, demonstriert nur die Fragwürdigkeit des ökonomistischen Elendsarguments, die Leute wählten eben braun, weil es ihnen dreckig ginge. Der *direkte* Zusammenhang des rechten Wahlerfolgs mit dem »Ausländerproblem« ist schon durch wahlökologische Evidenz widerlegt: REP-Hochburgen sind nicht die Arbeiterwohngebiete mit hohem und extrem hohem Ausländeranteil, sondern »die Schwerpunkte der Rechtspartei sind als kleinbürgerliches Milieu zu charakterisieren – mit unterdurchschnittlicher Arbeitslosigkeit und sehr geringem Ausländeranteil« (infas).

Jahrzehntelang schienen die Parteiensysteme wie eingefroren; die beiden großen sozialhistorischen Grundkonflikte: Religion versus Säkularismus, Kapital versus Arbeit waren zu entsprechenden Parteiformationen geronnen (und zivilisiert) und prägten das Rechts-Links-Schema. Nun kommt es, nach der Festigung einer dritten »ökologischen« und »postindustriellen« Spaltungslinie in den 70er Jahren, möglicherweise zu einer neuen Verwerfung auf der anderen Seite. Es geht dabei nicht um technische »Issues« wie Ausländerwahlrecht oder Novellierung des Asylrechts; eine vierte Spaltungslinie reißt auf über der Frage der Zugehörigkeit zum politisch-kulturellen Gemeinwesen. Es geht um die Definition des »Wir« gegenüber den »Fremden«.

2. Kapitel: Union
oder Die zwei »Modernisierungen« der restdeutschen Rechten

»Rechtspartei« und »Linkspartei« sind relative Begriffe, die man zweckmäßigerweise m. E. überhaupt gegenüber jeder Partei vermeidet, bis ein festes Gefüge von mehreren Parteien entstanden ist... (Auf die entstehende CDU) würde, wenn man frühere Bezeichnungen überhaupt gebrauchen will, noch am ehesten das Wort »Mitte« zutreffen.
Konrad Adenauer (Brief an Hans Schlange-Schöningen, Januar 1946)

Die CDU dieser (fünfziger) Jahre läßt sich mit drei Worten beschreiben: Adenauer – Kompromiß – Religion.
Rüdiger Altmann (März 1989)

Auch die Volksparteien waren vom nun Vergehenden geprägte Erscheinung. Entstehung und Zusammenhalt verdankten sie zwei widersprüchlichen Erfahrungen: dem »Nie wieder!« zur Zerrissenheit der Weimarer Jahre und der für viele positiven Erinnerungen an das NS-Regime freilich mißbrauchten Idee der Volksgemeinschaft.
Joachim Fest (FAZ, 22. 2. 1989)

Der CDU/CSU, die manche heute schon als 30%-Partei einstufen, wurden zur Jahreswende 1988/9, zur Halbzeit der laufenden Legislaturperiode also, von Freund und Feind noch völlig entgegengesetzte Szenarios ausgemalt. Die Optimisten sahen die Unionsparteien höchstens auf einer temporären »Durststrecke«, so z. B. Johannes Groß in seiner Jahresprognose für 1989. Kassandras wie Günter Rohrmoser gehen, genau umgekehrt, schon seit längerem davon aus, ein jahrzehntelanges parteipolitisches Erfolgsmodell sei nun ins »Debakel« geraten und werde bald auslaufen.

Erst im internationalen Vergleich wird deutlich, wie außerordentlich die Integrationsleistung der CDU/CSU nach 1945 war; in kaum einem Land ist es einer bürgerlichen Sammlungspartei (nicht bloß: Sammlungsbewegung, wie den französischen Gaullisten) der »rechten Mitte« so lange gelungen, so viele und derart unterschiedliche Segmente und Splitter bürgerlicher Schichten zusammenzufügen und zusammenzuhalten – selbst den britischen *Tories* nicht unter weit günstigeren Wahlrechtsbedingungen! In Spanien, Griechenland, Frankreich, den Benelux-Staaten, Italien und in Skandinavien, auch in Österreich und der Schweiz – überall ist die Rechte in sich fragmentiert, überall existiert eine extreme rechte neben der oder den gemäßigten Rechtspartei(en).

Noch ein Gesichtspunkt ist bemerkenswert: Wiederum im internationalen Vergleich wird deutlich, daß die von der CDU geführte »liberal-konservative« Regierungsmehrheit seit 1982/3 weit weniger einschneidende Gegenreform-Maßnahmen in Angriff genommen und zu Ende geführt hat als der »Thatcherismus« oder die amerikanische *conservative revolution*. Im Verhältnis zur »neokonservativen Gegenrevolution« jenseits von Atlantik und Ärmelkanal haben die hiesigen liberal-konservativen *policies* viele Errungenschaften des vorangegangenen »sozialdemokratischen Jahrzehnts« bewahrt.

Gewiß ist die CDU/CSU *im Verhältnis zu den anderen im Bundestag vertretenen Parteien* im Hinblick auf politisches Programm und politische Praxis »rechts« zu klassifizieren; dem entspricht im übrigen auch die überwiegende Selbsteinstufung von Wählern, Mitgliedern und Delegierten der Partei. Aber *im Verhältnis zu ausländischen Rechtsparteien* wäre es falsch, die CDU ohne Einschränkungen als »Partei der Rechten« (oder auch als »konservativ«) einzustufen.

Am »rechten Rand« des Parteiensystems herrschte somit in der Bundesrepublik – wiederum im internationalen Vergleich – die meiste Zeit ihrer vierzigjährigen Geschichte außerordentliche Leere. Der sehr wohl in »durchschnittlicher« Höhe vorhandene »Bodensatz« rechtsextremer Einstellungen hat sich in der Geschichte der Bundesrepublik bis auf wenige Anfangs- und Ausnahmejahre nicht eigenständig von (einer) »echten« Rechtspartei(en) organisieren lassen, sondern ist frühzeitig und dauerhaft von der CDU/CSU absorbiert oder ins politische Abseits gedrängt worden. Die »große Volkspartei der Mitte« vermochte also auch mit Erfolg genuine Rechtswähler zu binden und zu »bedienen«.

Aufstieg einer politischen »Modellfamilie«

Die CDU wird in einem »Parteien-Handbuch« als eine »interkonfessionell-christliche, breite Schichten der Bevölkerung ansprechende bürgerliche Sammlungspartei« bezeichnet, ihre Anhänger sehen sie als die »große Volkspartei der Mitte«. Mit ihr ist es erstmals in der deutschen Parteiengeschichte gelungen, »divergierende politische Strömungen des bürgerlichen Lagers – große Teile des politischen Katholizismus, des deutsch-nationalen, protestantischen Konservatismus, aber auch Teile des liberalen und demokratischen Bürgertums – zusammenzufassen« (Ute Schmidt).

Außer der FDP sind alle bürgerlichen und rechten Gruppierungen in ihren Sog hineingeraten – wieso eigentlich? Alliierte *Germany-Watcher* und deutsche Emigranten haben diesen Aufstieg der CDU/CSU nach dem Krieg kaum prognostiziert und für möglich gehalten: Sie gingen eher von einer stabilen antikapitalistischen Grundstimmung aus, die die Parteien der Linken, vor allem natürlich die SPD, in die regierende Position gebracht hätte, oder von einer Renaissance der Weimarer bürgerlichen Parteien – oder, was ja auch zu erwarten war, vom Wiedererstarken der Nazi-Ideologie und entsprechender revisionistischer Parteien. Es sollte anders kommen.

Die CDU/CSU-Gründung und -Fusion ist Ausdruck der Tatsache, daß nach 1945 nicht nur »Restauration«, sondern auch – wenngleich *ohne* wirkliche »Stunde Null« und echte »Entnazifizierung« – ein Element der Zäsur und des Bruches vorherrschte. Natürlich war davon auch und *vor allem* die deutsche Rechte betroffen, die eine singuläre historische Verantwortung auf sich geladen hatte. Mit dem definitiven »Zusammenbruch« des Deutschen Reiches und Preußens war sie nun in einer Weise »enteignet«, daß eine Restauration ihrer Struktur vor 1933, also eine erneute Formatierung nach »Weimarer Muster«, unmöglich wurde.

Der keineswegs selbstverständliche und automatische, ja von 1945 aus gesehen eher unwahrscheinliche Erfolg der Union als »bürgerlicher Sammlungspartei« hatte zur Voraussetzung, daß dem deutsch-nationalen, auf Preußen und

»Reich« ausgerichteten Konservativismus die räumlichen und sozialen Grundlagen entzogen waren:

- *sozialstrukturell* durch die deutsche Teilung und die sowjetische Besetzung (und Bodenreform) der konservativen »Stammlande«, dann durch die soziologische und konfessionelle »Durchmischung« (Nivellierung und Homogenisierung) der bundesrepublikanischen Gesellschaft;
- *ideologisch-programmatisch,* weil Deutsch-Nationale, »konservative Revolutionäre« und sonstige rechtsbürgerliche Strömungen unstrittig und offensichtlich »Steigbügelhalter« für die Nationalsozialisten gewesen waren, wogegen ein (wenn auch eher vager und instabiler) antimilitaristischer und antikapitalistischer Grundkonsens in der Bevölkerung entstand;
- *elektoral-parteiorganisatorisch* zunächst durch die alliierte Lizenzierungspolitik, die einer authentischen Rechtspartei den Riegel vorschob, welche sodann auch bei den Wählern keine Chance gehabt hätte, wenn sie sich von »braunen« Färbungen und Personen hätte freimachen können.

Die alte deutsche Rechte war in Hitler und durch Hitler untergegangen. Ins »Magnetfeld« der Adenauer-Partei gerieten dadurch alle Reste oder Restaurationen erstens der *konfessionellen* Parteien (vor allem das katholische »Zentrum«); zweitens der bürgerlich-*mittelständischen Interessenparteien*, rechtspopulistischer Strömungen und *Vertriebenen*-Sonderparteien (z. B. der »Block der Heimatvertriebenen und Entrechteten«, BHE); drittens der landsmannschaftlich-traditionellen *Regionalparteien* (die Welfen in Niedersachsen, die Bayern-Partei, rheinische und südwestdeutsche Separatisten); viertens *national-konservative* Neugründungen wie die »Deutsche Partei« (die der Intention nach durchaus über ihre Wurzeln in der niedersächsischen Provinz hinausreichen und einen agrarisch-protestantischen Konservativismus nach dem Muster der »Deutschnationalen Volkspartei« wiederherstellen sollte); sowie fünftens die im engeren Sinne *rechtsextremen* (post-faschistischen oder *neonazistischen*) Parteien.

Auch nach links hin mußte sich das »Erfolgsmodell« der christdemokratischen Union erst einmal durchsetzen: Im westdeutschen Teilstaat wäre anfangs ja auch eine Dominanz, wenn nicht Hegemonie der Sozialdemokratie zu erwarten gewesen. 1949 lieferten sich CDU/CSU und SPD (mit 31,0 zu 29,2%) bekanntlich noch ein Kopf-an-Kopf-Rennen. Daß schon 1953 statt dessen eine Dominanz, dann Hegemonie des Bürgerblocks unter Führung der CDU gegeben war, muß also außerdem mit dem »Angebot« zusammenhängen, das diese 1945 gegründete Partei an die postfaschistische Bevölkerung des .westdeutschen Teilstaats machte.

Gegenüber der sozialdemokratischen Konkurrenz wußte sich die CDU nämlich als »geborene« Regierungs- und Staatspartei zu präsentieren und daraus eigene Identität und ein neues Image zu gestalten: Die Partei Konrad Adenauers regierte schon, bevor sie überhaupt zur Bundesorganisation gebildet war; ihr Machtzentrum war das autoritär geführte Bundeskanzleramt und ein angeschlossener Beraterkreis, demgegenüber die Bundestagsfraktion ebenso hintanstand wie die zunächst bloß rudimentären Organisationsstrukturen der in lokalen Milieus verankerten Honoratiorenpartei.

Doch nicht allein auf den Kanzler kam es an. Die CDU bot auch das (im wahrsten Sinne des Wortes) rechte Koalitionsmodell für das im Entstehen befindliche westdeutsche Parteiensystem an: die (seit der Direktorenwahl im Frankfurter Wirtschaftsrat 1948 vorgeprägte) »kleine« Bonner Koalition mit den Freien Demokraten, die sich als einzige dem Integrationssog der Union zu entziehen vermochten. Ursprünglich hatte es ja auch in der Christdemokratie relevante Strömungen gegeben, die eher auf eine Große Koalition mit der SPD aus waren. Adenauer machte entsprechenden Druck auf Landesverbände der CDU, die diesem (populären) Koalitionstyp den Vorzug gegeben hatten bzw. in Mehrparteien-Koalitionen regierten.

Als »Kanzlerwahlverein« im richtigen Koalitionsgefüge obsiegte also eine organisatorisch wie programmatisch noch »unausgegorene« CDU/CSU über eine virtuelle Linksmehrheit der (west)deutschen Wähler nach 1945 und eine (historisch ebenso mögliche) restaurierte Rechte.

Eine Partei neuen Typs

Hinzutreten mußte dazu aber noch das entsprechende Parteimodell, die »Volkspartei«, die sich dann für die weitere Geschichte der Bundesrepublik und die gesamte Parteienlandschaft bis in die 80er Jahre hinein als stilbildend erweisen sollte – keineswegs nur auf dem rechten Flügel. Natürlich ist »Volkspartei«, worauf Kritiker immer wieder zu Recht aufmerksam gemacht haben, ein überaus ideologischer und analytisch unscharfer Begriff. Aber auch wenn Politologen dieses altgewordene Kind der Nachkriegszeit gerne umtaufen (z. B. in »demokratische Massenlegitimationspartei«), so muß man doch begreiflich machen, worauf eigentlich die besondere Anziehungskraft dieses anscheinend von den Adressaten, den Wahlbürgern, weniger abstrakt und durchaus »griffig« empfundenen Konstruktes beruhte.

Volkspartei – das war zunächst eine *Chiffre* für den anfangs (und lange) *provisorischen* Aggregatzustand einer »postkonventionellen« Rechtspartei »neuen Typs«. Fundament der neuen »Union« konnten schließlich nicht mehr Nation und Reich sein (oder gar das christliche Abendland); auch die beschädigten, zerstörten oder desavouierten »konservativen« Institutionen (also Monarchie, Adel, Armee, Beamtenschaft, Kirche, das »große Geld« usw.) fielen aus. Die »Volkspartei« griff da auf eine »primäre« Form von Gemeinschaft und Sittlichkeit zurück, die den Nationalsozialismus (scheinbar) unverletzt überstanden hatte: *die Familie.* Ende der vierziger Jahre als Hort der Stabilität, Symbol der Sicherheit, aber auch als Kraftantrieb des moralischen und materiellen Wiederaufbaus empfunden, bildete sie auch das Schnittmuster einer neuen sozial-*kulturellen* Integrationsform des politischen Systems.

Dieses darf man sich als eine Art mehrstöckige »Hausgemeinschaft« »politischer Familien« vorstellen. Die »altmodische« Organisations- und Handlungseinheit der Volkspartei war zugleich ein Vorgriff auf neue, »postkonventionelle« Regulierungsformen, die der rasche Modernisierungsprozeß der kapitalistischen Ökonomie und der »fordistischen« Gesellschaft (schon auf der Basis des Modernisierungssprungs in der NS-Zeit) bald nahelegen würde. Man muß diese politische Erfindung nicht für genial halten – aber »ingeniös« war sie insofern, als sie dem politischen Publikum der späten vierziger und der fünfziger Jahre offenbar »aus der Seele sprach«. Nicht von ungefähr bedient sich die politische Metaphorik der christdemokratischen »Enkel«-Generation bis heute politischer Sprachbilder aus dem Assoziationsfeld der »Familie«, des »Hauses« (z. B. jetzt: Haus der Geschichte).

Bleiben wir noch ein wenig im Bild der politischen Familie und »Hausgemeinschaft«: Diese war zu Beginn der fünfziger Jahre *patriarchalisch,* aber »vaterlos«, d. h. sie besaß vornehmlich »Gründerväter«-Figuren, die dem üblichen Alter eines *Pater familias* längst entwachsene Methusalems (K. Adenauer), »Papas« (Th. Heuss) oder funktionelle Erfolgsmenschen (L. Erhard) waren. Sie war dabei *männlich* dominiert, indem nämlich die den Zeitläuften entsprechend »emanzipierten« Trümmerfrauen in angestammte Rollen und Rechtsverhältnisse zurückgedrängt wurden und selber zurückdrängten. Die Hausgemeinschaft besaß die typischen Züge einer falschen *Idylle,* wo sie nach Verwandtschaftsregeln gleichermaßen einbezog wie ausgrenzte: familienideologisch waren in diesem Sinne auch »ferne Verwandte« (vor allem die Heimatvertriebenen, die »Brüder und Schwestern«, die alliierten, vor allem amerikanischen »Freunde der Familie«) aufzunehmen bzw. zuvorkommend zu behandeln (d. h. nicht unbedingt zu *lieben!*); die »Fremden« hingegen, also heimkehrende Emigranten, Juden, »der Osten« usw., wurden genauso strikt ausgeschlossen. Die »Wiedervereinigung« ist ja der typische, niemals wirklich eingelöste Traum einer jeden »guten Familie«, die realsoziologisch zur »Unvollständigkeit« verdammt ist.

Die Vorzüge dieser Rhetorik und Symbolik, gemessen am veralteten, von nationalstaatlichen und Klassenkategorien geprägten Denken der politischen Formationen der Linken dieser Jahre, liegen auf der Hand: Die familienanaloge »Volkspartei« war wesentlich flexibler, gleichzeitig »heimischer« und »moderner« als die Sozialdemokratie mit ihrem weitgehend (national)staatszentrierten bzw. gegenkulturellen Politikverständnis oder gar die auf Volksdemokratie, Linientreue und Personenkult fußende kommunistische Kaderpartei. Die christlich demokratische »Union« übertrug (von rassistischen und führerstaatlichen Zügen und Assoziationen bereinigte) Denkfiguren der »Volksgemeinschaft« in die Nachkriegszeit, erweiterte sie (zur »Familie der freien Völker«) und entpolitisierte sie zugleich; und genau darin bestand auch ihre Überlegenheit gegenüber deutsch-nationalen und elitären Leitbildern der *alten* Rechten.

In dreifacher Hinsicht also war die Volkspartei eine zeitgemäße *Übergangsform* politischer Organisation:

– sie adaptierte das etatistische, im Prinzip parteiferne oder -feindliche politische Denken des älteren Konservativismus an die im Entstehen begriffene, »spätkapitalistische« Klassengesellschaft neuen Typs;

– sie ermöglichte den »historischen Kompromiß« des älteren Konservativismus mit dem Liberalismus und christlich-sozialistischen Traditionssträngen;

– und sie führte so die antiliberal und antiparlamentarisch gesonnenen deutschen Ober- und Mittelschichten einen halben bis dreiviertel Schritt vom »deutschen Sonderweg« in Richtung auf die westlich-parlamentarischen Systeme, ohne deren politisches Modell *vollständig* zu übernehmen.

Diese »Verwestlichung« reflektiert im übrigen den fundamentalen *Ortswechsel der (west)deutschen Eliten* nach 1945 in der »nivellierten Mittelstandsgesellschaft«; insbesondere die managerialen und technokratischen Führungsgruppen konnten gut mit einer republikanischen, parlamentarisch kontrollierten Regierung leben. Schließlich war die ökonomische Rekonstruktion im »Wirtschaftswunder« fast ein legitimatorischer Selbstläufer. Nach der Entmachtung der alten Staats-, Militär- und Parteieliten war nun eine »echte« Bourgeoisie aus Unternehmern, Finanzkapitalisten und Managern am Zuge, die in starken, staatsnahen Verbänden ihre Interessen ziemlich friktionslos durchzusetzen wußte und eine »christlich-sozial« getönte, auf Massenkonsum und -konsens ausgerichtete Sozialpolitik verkraften konnte.

Das rasante Wirtschaftswachstum band auch das alte antidemokratische Kleinbürgertum an die Republik, die nicht mehr als Projektionsfläche für Existenzängste und Untergangsvisionen herhalten mußte – trotz eines atemberaubenden »Strukturwandels« in den Dörfern und Kleinstädten der fünfziger Jahre. Die neuen angestellten Mittelschichten bekamen eine ganz andere politische Sozialisation als zur Weimarer Zeit. Kapitalistische Modernisierung und demokratisch-parlamentarisches »System« standen im Bewußtsein der potentiellen Anhänger traditioneller oder faschistischer Rechtsparteien nicht mehr gegeneinander. Anders als zur gleichen Zeit in Frankreich oder Italien fand daher in der Bundesrepublik auch ein »verspäteter« (*poujadistischer* oder *qualunquistischer*) Protest keinen fruchtbaren Boden mehr bzw. ging auf in einer von der rechten Mitte zu steuernden antikommunistischen Grundstimmung.

Gescheiterte Alternativen zur »Union«

Als Integrationsbasis bot sich dazu nach 1945 eine einzige Plattform an: »*christliche Demokratie*«. Der Anstoß kam von christlichen Gewerkschaftlern, ehemaligen Zentrums-Führern, katholischen Bischöfen, Klerikern und Laien(verbänden), die nicht mehr an einer Restitution des katholischen Zentrums, sondern an einer interkonfessionellen Sammlung interessiert waren. Eine positive Antwort fand dieser Konfessionsbund bei protestantischen Kirchen- und Parteivertretern, die ihre Skepsis gegenüber seiner deutlich katholisch geprägten Erbschaft und seinen »christlich-sozialistischen« Überschüssen überwanden. So schuf die Union in ihrem politischen »Vorfeld« eine teilsäkularisierte interkonfessionelle Sammlung, da nun die traditionelle Basis des protestantischen Konservativismus verloren war und obwohl (bis heute) im Mitglieder- und Wählerstamm (nicht aber im Führungsproporz) ein deutliches katholisches Übergewicht besteht.

Eine im Kern halbwegs behauptete Katholizität war im übrigen nach 1945 glaubwürdiger – und in Sachen »Vergangenheitsbewältigung« weitaus praktischer – als ein staatsnaher, politisch korrumpierter Protestantismus. Die Entmarginalisierung des politischen Katholizismus im westdeutschen Teilstaat (mit damals knapp 50% katholischem Bevölkerungsanteil) erlaubte diese Form der politischen Ökumene, die außerdem in den Trümmerjahren durch Terraingewinne allgemeiner Volksfrömmigkeit gegen den rechten wie linken »Atheismus« und »Materialismus« unterfüttert war.

Zwei politische »Rivalen« der überkonfessionellen Sammlungspartei waren damit schon im Vorfeld »erledigt«: das *katholische Zentrum* konnte nur in einigen Enklaven (in seinen rheinisch-westfälischen Hochburgen bzw. in der niedersächsischen Diaspora) eine Zeitlang überleben. Und eine *neo-preußisch-protestantische* Sammlung scheiterte sowohl außerhalb der CDU, wie das Schicksal der »Deutschen Partei« zeigt, wie auch innerhalb der Partei, wie mißlungene norddeutsche Versuche belegen, die Union dort in ein agrarisch-protestantisch geprägtes Milieu mit solchen Akzenten einzupassen. Bis 1953 mit erklecklichen Wählerstimmen dotierte rechtskonservative Sammlungsinitiativen, vor allem die »Deutsche Reichs-Partei« (DRP) und die »Deutsche Gemeinschaft« (DG), auch die neonazistische »Sozialistische Reichs-Partei« (SRP) degenerierten rasch zu anhanglosen und verbotsbedrohten Splitterparteien; ihr anfangs beträchtliches Potential strömte direkt oder auf dem Umweg über die DP in den Bürgerblock (zurück) und konnte sich auch im »Aufruf zur nationalen Sammlung« bei der anfangs äußerst rechtslastigen, von Alt-PGs durchsetzten FDP nicht mehr regenerieren.

Die jetzt schon zu »Ewig-Gestrigen« Ernannten stemmten sich gegen zwei ganz wesentliche Programmrevisionen, die mit der Annahme des Konzepts der »Volkspartei« verbunden waren: die *Westbindung* der Zweiten Republik und den *»sozialen Kapitalismus«* (Hartwich) als ihre Gesellschaftsordnung. Undenkbar für die Rechte war die deutsche Teilung und damit die *Westintegration* im politischen, ökonomischen und politisch-kulturellen Sinne, wie sie Konrad Adenauer und seine Partei mit einer unschlagbaren Mischung aus antikommunistischem Freiheitspathos und abendländisch-christlichen Traditionselementen betrieben. Auch das von der CDU bis heute rhetorisch hochgehaltene

Wiedervereinigungspostulat steht ja unter dieser »westlichen« Priorität »freier Selbstbestimmung«.

Diese von Adenauer listig geknüpfte Bindung aller nationalen Hoffnungen auf die deutsche Einheit an den Vorrang einer westlichen (Werte-) »Gemeinschaft freier Völker« war in den Anfangsjahren auch innerparteilich alles andere als konsensfähig. Sicher hätte die (bald in Nordrhein-Westfalen, also »tief im Westen« zentrierte) Union eine ganz andere Gestalt und deutschlandpolitische Ausrichtung angenommen, hätte sich das Alternativkonzept der Berliner »Parteiväter« um Jakob Kaiser, Andreas Hermes u. a. durchgesetzt. Vor allem Kaiser hielt an der deutschen Einheit fest und sah den deutschen Nationalstaat als »Brücke zwischen West und Ost« – womit er nicht nur wichtigen Neutralisten und Sozialdemokraten nahestand, sondern (in *diesem* Punkt) auch näher an den Positionen der Traditionsrechten war als Adenauer.

Da die Konstruktion des westdeutschen Teilstaates sich im wesentlichen so vollzog, daß die Außenpolitik das politische Regime diktierte (und nicht umgekehrt), waren hiermit auch wesentliche innen- und wirtschaftspolitische Vorentscheidungen getroffen. Denn zugleich vertrat die in der SBZ und Berlin zugelassene *CDU*, dort in eine antifaschistisch-demokratische Einheitsfront einbezogen, eine sehr viel stärker »christlich-sozialistische« Nachkriegsordnung, was bekanntlich anfangs Beifall auch in der Westzonen-CDU fand. In den Hochburgen der christlichen Arbeiterbewegung und in Frankfurt (im Kreis um Walter Dirks, Eugen Kogon u. a.) wurde z. B. ein »labouristisches« Parteikonzept vertreten, der Zusammenschluß aller linkschristlichen, sozialistischen und republikanischen Strömungen zu einer »Partei der Arbeit«.

Hätte sich ein solches Vorhaben durchgesetzt, oder hätten sich überhaupt die im »Ahlener Programm« (1947) niedergelegten »christlich-sozialistischen« Positionen zusammen mit solchen eines gesamtdeutschen Neutralismus stärker weiterentwickelt, dann wäre in (West-)Deutschland eine konservative Gegensammlung, eine »knochenkonservative«, antisozialistische *Tory*-Partei also, weit weniger chancenlos gewesen. Teile der frühen FDP haben sich als eine solche zunächst zu profilieren versucht.

Doch ist die CDU jeder möglichen Polarisierung innerhalb ihres Wählerspektrums mit einer weiteren Programminnovation zuvorgekommen, die wiederum eine erhebliche Entfernung von der Traditionsrechten mit sich brachte: mit der definitiven Anerkennung der modernen kapitalistischen Industriegesellschaft, damit der Versöhnung zwischen Konservativismus und Liberalismus im Formelkompromiß der »*sozialen Marktwirtschaft*«.

Für dessen Zustandekommen war nun die *katholische Soziallehre*, und zwar in der Form des liberalen, »jesuitischen« Solidarismus, von ganz ausschlaggebender Bedeutung: sie war säkular genug, um die weltwirtschaftlich unumgänglichen Positionen des Wirtschaftsliberalismus (innerparteilich wie in Form der Parteienkoalition) einzubinden, und sie war hinreichend antisozialistisch, um einem »labouristischen« Übergewicht oder Sog in der Partei selbst vorzubeugen und zugleich als ideologische Plattform einer bürgerlichen Sammlungsbewegung im Kalten Krieg zu dienen. Schließlich hatte sie aber auch nicht das Odium des »Manchesterkapitalismus« und war so stark einem durch Staatsintervention garantierten Prinzip (ausgleichender) sozialer Gerechtigkeit und Solidarität zugetan, daß diese (neokorporatistische) Form des »sozialen Kapitalismus« ungewissere staatssozialistische und gemeinwirtschaftliche Alternativen nach der Währungsreform von 1948 rasch vergessen ließ.

Durch vielfaches Austarieren dieser flexiblen Kompromißbalance war es der CDU als hegemonialer Nachkriegspartei bald nach Gründung der Bundesrepublik gelungen, die deutsch-nationale Rechte sozusagen »aufzuheben«, d. h. sie gleichzeitig zu überwinden und zu restaurieren. Sie war nun im Kern »verwestlicht«, liberalisiert und (in einem relativ weltoffenen Sinne) »katholisch« geworden, also im Weltanschauungsspektrum und Parteiensystem ein gutes Stück in die »Mitte« gerückt. Weil sie den auf Gemeinwohl, Sicherheit und Wohlstand gerichteten »Basiskonsens« eines großen Teils der »Trizonesier« und das *juste milieu* der Zweiten Republik traf, konnten sich »am rechten Rand« der Union (unter wesentlicher Mithilfe von Bundesverfassungsgericht und Wahlrecht) keine nennenswerten Konkurrenzparteien mehr halten.

Die »große Volkspartei der Mitte« schaffte es, als »Union« zugleich die unangefochtene Heimat der »Rechten« zu bleiben. Auf diese Weise war bereits der wesentliche Teil der Arbeit an einer »Modernisierung« der Rechten getan – für eine Partei, deren Wahlpropaganda einmal auf die Formel »Keine Experimente!« verfallen sollte, geradezu eine »konservative Revolution«! Eine noch so eloquente, überwiegend aber weinerliche, langweilige und sektiererische Kritik rechtsintellektueller Publizisten am »Demuts«- oder »Gärtnerkonservativismus« (Armin Mohler) und am »Elend der Christdemokraten« (Gerd-Klaus Kaltenbrunner) konnte gegen dieses *fait accompli* die Renaissance der nationalen Rechten (irgendwo zwischen Union und neonazistischen Splittern) auch nicht mehr herbeipolemisieren.

Das »Elend« dieser heimatlosen Rechten war (und ist zum Teil noch), daß ihre Autoren in aller Regel – d. h. solange sie nicht den »Rubicon« zur »Neuen Rechten« überschritten – in der Tat nur »authentische« CDU-Positionen reklamierten (von der offenen »deutschen Frage« bis zur »konsequenten« Wende), während gleichzeitig Unionsgrößen von Adenauer und Gerstenmaier bis Dregger und Strauß (bei Bedarf auch die zweite Garde wie Abelein, Jaeger oder Todenhöfer) solche »kernigen«, rechtskonservativen Vorstellungen weiterparaphrasier(t)en. Sie waren in die »liberal-konservative Nacht getaucht, in der alle Katzen grau sind« (Mohler). Erst wenn die »Vergangenheitsbewältigung« zu Ende sei, wenn das Nationale wiederentdeckt und nach außen Äquidistanz zu den USA wie zur Sowjetunion hergestellt sei, werde sich dies ändern, meinte der Adenauer-Preisträger des Jahres 1967.

Complexio oppositorum

Eine wirkliche Volkspartei im modernen Sinne war die
»Union« damit allerdings noch nicht. In den fünfziger Jahren war der CDU/CSU zunächst dieser »unfertige«, provisorische Charakter bei der wesentlich von ihr selbst bestimmten Modellierung des westdeutschen Parteiengefüges
zugutegekommen. Denn die von der Union angezogenen
und umworbenen Milieus konnten ihre relative Eigenständigkeit bewahren, sowohl in klassenmäßiger Hinsicht wie
landsmannschaftlich-regional und sozial-kulturell – die
Union war gewissermaßen eine »Milieus-Partei«.

Dorothee Buchhaas führt den Erfolg der Integration darauf zurück,
daß die CDU »gleichsam diese unterschiedlichen Hausbewohner unter
ihrem Dach beherbergte, ohne zugleich und sofort die Probe auf ihre
Integrationsfähigkeit zu wagen, vielmehr diesen Versuch erst dann unternahm, als infolge sozialstruktureller, -ökonomischer und -psychologischer Entwicklungen ein gewisser Assimilierungsprozeß erfolgt war.
Mit anderen Worten: Der de facto qua Regierungserfolg bewirkte Integrationseffekt – nicht die materiale Integration – wäre vielleicht zerstört
worden, wenn er qua Parteibildung zu einem früheren Zeitpunkt erzwungen worden wäre.«

Nicht das organisatorische Zwangskorsett, nicht programmatische Linientreue, auch nicht die Interessen-Konsistenz machten das Wesen dieser »Union« aus, sondern gerade ihre äußerste, auf einem vagen Wertekonsens beruhende Flexibilität. Sie erklärt sich wiederum nach dem
»Großfamilienmodell«, auch ein Stück als Imitation der katholischen Kirche, die von Carl Schmitt bekanntlich als complexio oppositorum (Einheit der Gegensätze) bezeichnet
worden ist.

Die Gründung der CDU-Bundesorganisation 1950 in
Goslar gebar noch keinen zentralisierten Parteiapparat; die
Einrichtung der Bundesgeschäftsstelle (unter Bruno Heck)
1952 änderte an der Ungebundenheit des Kanzler-Vorsitzenden ebensowenig wie an der Machtfülle der »Landesfürsten« und »Stammesherzöge«. Sie beflügelte auch nicht das
(außer in Wahlkampfzeiten) extrem niedrige Partizipationsverhalten der CDU-Mitglieder. Die »föderale«, dezentrale

Struktur der Partei wurde bewußt erhalten, wobei die Sonderrolle der bayerischen CSU von Beginn an herauszustreichen ist: 1957 wurde sie im Fraktionsstatut festgeschrieben und seither spielt die »bayerische Schwester«, obwohl früher und weit mehr »Volkspartei« im Sinne eines Querschnitts durch die Bevölkerung des Bundeslandes, den Part einer Art bundesweiten Ersatz-Rechten (bei Bedarf auch als drohende »vierte Partei«), was für die Integration rechter und rechtsextremer Wählergruppen außerhalb Bayerns wichtig war und ist.

Die Parteimilieus waren in einem »weichen«, variablen innerparteilichen Institutionenproporz zwischen den Konfessionen und sozialen Gruppen zusammengebunden: *Mittelstandsvereinigung, Wirtschaftsrat e. V.*, CDA-*Sozialausschüsse*, Bundesausschuß für Agrarpolitik, zusätzlich die Frauen-, Jugend- und Studentenvertreter, die Kommunalpolitiker und nicht zuletzt die Vertriebenen, und das jeweils auf kommunaler, regionaler und Bundesebene – wenn auch sicher nicht gleichberechtigt. Zu den »Verlierern« dieser Fusion ist an erster Stelle der christlich-soziale Arbeitnehmer-Flügel zu zählen.

Bis Anfang der 60er Jahre jedenfalls war die CDU eher ein »lockerer Zusammenschluß regionaler, von Honoratioren und Interessenvertretern bestimmter Gruppierungen« und »Wählerverein« denn eine »einheitliche, durchstrukturierte Partei« (G. Pridham). Im Gehäuse einer untergehenden Massenintegrationspartei konfessionellen Zuschnitts (Zentrum) und auf den Fundamenten der individuellen Repräsentation bürgerlicher Honoratioren (Demokraten) sammelte diese Volkspartei »älteren Typs« ihren Anhang vor allem »geistig-moralisch«, als Instanz »politischer Erziehung« und weiterhin in handfesten Interessenkartellen am runden Tisch. Sie behielt damit Spurenelemente einer »organischen« Gemeinschaftskonstruktion. Garant der Integration war die politische Führung in der »Kanzlerdemokratie« und der wirtschafts- und sozialpolitische Verteilungserfolg.

Anfang der 60er Jahre wirkte sich das aber schon kontraproduktiv aus: Adenauers Stern begann ab 1959 zu sinken, d. h. der Kanzlerbonus entwertete sich rasch; im Koalitionsgebälk krachte es bedenklich und die nach permanenter Erfolgslosigkeit auch zum Modell der Volkspartei konvertierte sozialdemokratische Opposition holte beachtlich an Wählern (vor allem jüngeren Alters) auf und legte das Gewicht einer modernen, mitgliederstarken *Organisation* und eines seit der Modernisierung in »Bad Godesberg« (1959) auch jenseits der klassischen Linken attraktiven *Parteiprogramms* in die Waagschale.

Konkurrenz von rechtsaußen

Die Gründung der »Nationaldemokratischen Partei« 1964 (aus der Erb- und Konkursmasse der DRP) signalisierte zudem ein Nachlassen der Integrationsfähigkeit nach rechts. An beiden Rändern zerfaserte der Bürgerblock; das Modell der Union war in seine erste Krise geraten.

Zur Erinnerung: Die NPD schaffte damals 20 000 Mitglieder, 61 Abgeordnete in fast allen Landtagen (außer NRW, Hamburg und Saarland) und 1,4 Millionen Zweitstimmen zur Bundestagswahl 1969. Damit scheiterte sie nur knapp am Einzug in den Bundestag. Daß diese in der Tradition der DNVP und DRP stehende »altrechte« Partei drei turbulente Jahre lang die Union unter Druck setzte und zur bisher erfolgreichsten eigenständigen Rechtspartei der Nachkriegszeit avancieren konnte, hat mehrere Gründe: Die den Volksparteien zugeschriebene Fähigkeit, Probleme zu lösen, hatte, vor allem bei der innerlich zerstrittenen Union, im öffentlichen Urteil stark nachgelassen, besonders bei der Bewältigung der ersten scharfen Wirtschaftsrezession nach 1945. Der legitimatorische Selbstläufer »Wirtschaftswunder« war ausgeleiert und zugleich der andere Legitimationsvorrat Antikommunismus aufgezehrt. Da sich in dieser Situation eine reale linke (sozialliberale) Alternative und eine linksradikale Überbietung (APO) entwickelten, deren Wirkungen nach innen und außen die Union dramatisierte und denunzierte, wurden am rechten Rand Kräfte freigesetzt, die eine scharfe Reaktion auf diese sanfte Linksverschiebung der Republik forderten.

Über das Verhältnis von Union und NPD schrieb damals Werner Hofmann: »Der Rechtsradikalismus nimmt die regierende Rechte beim Wort. Er spricht aus, was andere nur denken; ihre verhohlenen Wünsche will er vollstrecken, ihre halben Unternehmungen zu Ende führen. Er tritt auf als der entschiedene, zu Taten drängende, aktivistische, aggressive Vollender dessen, was die anderen bloß wollen. Er setzt sich hierbei über die institutionellen Hemmungen, die moralischen Bedenken, die taktischen und ideologischen Rücksichten derer, die ihre Macht durch das Interesse begrenzt finden. Der Rechtsradikalismus vermag unter diesen Umständen in der Haltung des Decouvrierenden aufzutreten; er ist das Enfant terrible jener, die zu den Konsequenzen ihrer eigenen Absichten sich nicht bekennen wollen.« Das war entlarvend gemeint, verdeutlicht aber auch (mehr als Hofmann das intendierte) noch einmal die Grenzen zwischen Rechtsradikalismus und »Volkspartei«.

Bürgerblock und autonome Rechte konkurrieren um ein relativ konstantes Meinungs- und Handlungsdispositiv; bei dessen »Einbindung« (oder Mobilisierung) vollzieht sich ein dauernder Prozeß der Ver- und Entflechtung von rechter Mitte und rechtem Rand – bis heute. Auch die damalige politische Konjunktur, die Große Koalition, sprach in der Weise für die NPD, daß in einer Situation scheinbarer Totalkonvergenz zwischen dem Ex-Nazi Kiesinger und dem Altkommunisten Wehner, dem Emigranten Brandt und dem Durchhalter Strauß wieder eine echte Wahl möglich schien.

Mitte der sechziger Jahre schien das Ende der politischen Konstellation und »Stimmungslage« der Nachkriegszeit anzubrechen: der Ost-West-Konflikt entschärfte sich zur Kooperation der Supermächte (und stellte westdeutsche Außen- und Deutschlandpolitik vor neue Aufgaben); die Diskussion um »Schlußstrich«, Verjährung und (Um)Deutung der NS-Verbrechen intensivierte sich zugleich mit dem Bedürfnis, sie erstmals unbelastet zu bearbeiten; und der soziale und wirtschaftliche Strukturwandel erheischte »neue Antworten«, die von der politischen Klasse der Union nicht gegeben werden konnten. Die »formierte Gesellschaft« des glücklosen Adenauer-Nachfolgers Erhard war aus den Fugen geraten.

Revolution von oben

Mit dem Verblassen der Außenwirkung hatten sich für die CDU die inneren Probleme zugespitzt. Auf dem Dortmunder Parteitag 1962 wurde die Forderung nach einer »zweiten Epoche« der Partei laut; die »Enkel«, voran Helmut Kohl und Heiner Geißler, zusammen mit den überregionalen Jugendverbänden (Junge Union, RCDS) machten Dampf. Erstmals wurde ein geschäftsführender Vorsitzender (Josef Hermann Dufhues) eingesetzt, worin sich die Verselbständigung der CDU vom für ruhestandswürdig angesehenen »Alten« ausdrückt; Dufhues forderte, angesichts der »Labilität der Wählergruppen« (1961 war die absolute Mehrheit verloren gegangen), die organisatorische Straffung und Erneuerung des Parteiapparates. Mit der Einsetzung hauptamtlicher Kreisgeschäftsführer, der Einrichtung einer Bundesgeschäftsstelle und schließlich der Ernennung eines Generalsekretärs wurde die Parteiarbeit auch professionalisiert und technisiert; die zentrale Mitgliederkartei stieß auf den Widerstand der lokalen Parteigliederungen, die ihren informellen Einfluß schwinden sahen.

Hinzu kam, seit dem Berliner Parteitag – dem »1968« der CDU – eine Runderneuerung des Parteiprogramms; doch war der Union bald danach, auf dem Weg von der »Honoratioren- zur Programmpartei« (Wulf Schönbohm), der Gang in die Opposition nicht mehr zu ersparen. Man bezeichnet diesen Erneuerungsprozeß (kombiniert aus gezielter Werbung neuer Mitglieder; professioneller, zentraler Wahlkampfführung zur Mobilisierung neuer und Wechselwählerschichten; und Programmreform zur Gewinnung der Meinungsführerschaft in den Medien) heute in der Regel als »*Modernisierung*«.

Zuvor jedoch, in der ersten Oppositionsphase nach 1969 – und dann wieder um 1980 – wurde eine andere Strategie eingeschlagen. Unter Rainer Barzel entwickelte sich die Union von der »Kanzler-« zu einer Art »Fraktionspartei«; der Apparat der Bundestagsfraktion wurde, relativ zur Bundespartei, ihrem Vorsitzenden und den lokalen Gliederungen, erheblich effektiver und schlagkräftiger. Der Mitglie-

derzustrom nach 1969 kam überwiegend von seiten hoch-
motivierter deutsch-nationaler und mittelständischer Gegner der sozialliberalen Ost- und Reformpolitik (d. h. zu einem guten Teil von rechts bis rechtsaußen), die sich die
Union als eine Art »Kampfpartei« dachten. Die Radikalisierung des Widerstands der Union gegen die Ostpolitik führte
zwar nicht zur Wiedererringung der Regierungsmacht, aber
zum Verschwinden der NPD, die praktisch schon ab 1970
auch in außerparlamentarischen Überbietungsversuchen
(»Aktion Widerstand«) bedeutungslos wurde. Eine ähnliche
Konfrontations- und Polarisierungsstrategie verfolgte auch
eine vom CSU-Vorsitzenden Strauß betriebene und zeit-
weise angeführte Unionsstrategie mit dem Ziel der absoluten
Mehrheit (Sonthofener Rede 1974, Kanzlerkandidatur
1980).

Doch nicht das »rechte«, an »neokonservative« Modelle
erinnernde und den »Unions«-Gedanken aufs äußerste stra-
pazierende Konzept führte bekanntlich zur Beendigung der
Oppositionszeit, sondern Helmut Kohls beharrlicher, in die
politische »Mitte« (und damit relativ nach links) zielender
Versuch, von den christdemokratischen Kernländern aus
und mit Hilfe einer »modernisierten« Parteizentrale die
»kleine« Bonner Koalition mit der F.D.P. und das bürgerliche »Lager« zu restaurieren sowie an die SPD verloren ge-
gangene Wähler zurückzuerobern. Die mit den beiden Ge-
neralsekretären Kurt H. Biedenkopf und Heiner Geißler
verbundene *Partei- und Programmreform* war damit, zusammen mit einer geschickten »Themenbesetzungs«-Kam-
pagne (»Neue soziale Frage«, »Herrschaft der Verbände«),
der wichtigste Hebel, während der Oppositionsperiode zunächst innerparteilich die Oberhand zu gewinnen und dann
auch die »Wende«, d. h. die Rückeroberung der Macht in
Bonn und einigen Bundesländern herbeizuführen. Bei den
Wahlen 1976 und 1983 sprach die CDU/CSU auf diese
Weise wieder Wählerschichten von beinahe Adenauerschen
Ausmaßen an.

Von einer konventionellen Rechtspartei war die CDU unterdessen noch weiter entfernt. Das bedeutete aber zugleich,
daß die Partei mehr und mehr in den heute schmerzhaft

empfundenen »Spagat« hineingeraten mußte; während der Oppositionszeit bezogen sich nämlich ganz diametrale Erwartungen auf eine baldige Rückkehr der CDU/CSU in die Regierungsrolle: solche einer konsequenten *Revision* sozialliberaler Politik und Programmatik und solche einer »zukunftsorientierten« *Überholung* dieses Politikmodells.

Kampf zweier Linien

War diesem Konzept der »Modernisierung« also in der Oppositionsära unstreitig Erfolg beschieden und bildeten die Modernisierer nach 1982/83 zunächst das Parteiimage, so ist der weitere Weg der Union als »Volkspartei« bei Anhängern wie Kritikern höchst umstritten. Unterdessen hat nämlich die Integrationskraft der CDU/CSU spürbar nachgelassen: erst durch »lager«-interne Verluste an die FDP, dann durch spürbare Wahlenthaltungen und Mitgliederresignation »am rechten Rand« und sogar durch rechtskonservative und -extreme Konkurrenzgründungen und »Wählerklau«.

Die »Meinungsführerschaft« – von Heiner Geißler mittlerweile definiert als »diskursive Hegemonie qua Regierung« – ist der Union auch auf ureigenstem (wirtschafts- und sicherheitspolitischem) Terrain nicht mehr sicher, wie die Beispiele der »vergeigten Steuerreform« *(FAZ)* und der peinlichen Pannen in der Libyen-Affäre belegen; alle demoskopischen Umfragen auf halber Strecke der Legislaturperiode verheißen der Partei für kommende Wahlen in Großstädten, Ländern und auch auf Bundesebene nichts Gutes mehr. Wie lange nicht zuvor ist die CDU auf die Freien Demokraten angewiesen, die zugleich unter Otto Graf Lambsdorff den Versuch unternehmen, sich als Partei der Selbständigen und Freiberufler soziologisch stabiler zu verankern und deren Wähler und Mitglieder jüngst wieder deutlicher »sozial-liberale« Präferenzen zu erkennen geben. Aber »Wackeln« und »Wenden« wie beim letzten Koalitionswechsel kommt selbstverständlich nicht mehr in Frage. Nein – »Gezeitenwechsel« (Genscher) steht ins »Gemeinsame Europäische Haus«.

Innerparteilich hat sich unterdessen, in der Bundestagsfraktion wie in den Landesverbänden, mit gewichtiger publizistischer Unterstützung (vor allem von seiten der *FAZ* und der Springer-Blätter sowie einiger konservativer »Denkfabriken«) eine echte Fronde gegen den »Modernisierer-Flügel« in der Union und gegen die Parteizentrale im Konrad-Adenauer-Haus formiert, parallel dazu gegen den Bundespräsidenten Richard von Weizsäcker, den einstigen Mentor der »Reformer«. Die Kritik entzündete sich vor allem an deren Interpretation der Wahlschlappe von 1987, als der Union 2,2 Millionen Stimmen an die Konkurrenz, ans Lager der Enthaltungen und an die kleinen Rechtsparteien (NPD, ÖDP) verloren gingen, und an der daraus gezogenen Konsequenz, die CDU müsse sich künftig bei der Suche nach Wählern nach links (also an potentiellen SPD- und Grünen-Wählern, am jungen, vor allem weiblichen Elektorat und an den »neuen Mittelschichten«) orientieren, die rechtsextreme Konkurrenz hingegen rechts liegen lassen und energisch »bekämpfen«. »Weiche Themen« müßten vielmehr von der CDU angeboten und entsprechende Mobilisierungs»kampagnen« geführt werden. Dies würde die konsequente Fortsetzung der »Modernisierung« der Volkspartei seit den 60er Jahren bedeuten, und zwar unter den Bedingungen a) der weiteren Annäherung der zunehmend milieuentbundenen Wählerpotentiale der großen Parteien, b) eines wachsenden, »intelligenten« und mehr »issue«-bezogenen Wechselwählerpotentials, besonders aus dem modernen Dienstleistungs- und Facharbeiterbereich, und c) einer programmatischen Profilierung gleichzeitig des freiheitlichen wie des sozialen Profils der Union.

– Die CDU, so der Leiter des Forschungsinstituts der Konrad-Adenauer-Stiftung, Hans-Joachim Veen, könne das Abbröckeln der konfessionell gebundenen Stammwählerschicht ausgleichen durch ein ordnungspolitisch profiliertes Angebot an die neuen politischen Generationen und sozialen Milieus (*FAZ*, 14. 10. 1988).
– Nichts wäre schlimmer, folgert Geißler, als für aufkommende Fragen dieser neuen Wählerschichten unsensibel zu werden und, wie in den 60er Jahren, den Anschluß zu verpassen. Als echte Volkspartei müsse sich die Union gerade auf die potentiellen Wähler der Mitte, die mobile Bevölkerung der modernen Dienstleistungszentren, die Fach-

arbeiter in gesicherten Positionen mit hohem Einkommen sowie allgemein auf die Frauen und die jungen Wähler beziehen.

– Nur wenn die »Mittelschicht-Gesellschaft« auch programmatisch für neue Ziele (ökologische Herausforderung, neue soziale Armut im unteren Drittel der »Zwei-Drittel-Gesellschaft«) angesprochen werden könne, forderte zuletzt Vordenker Biedenkopf, sei ein zukunftsweisender Umbau des Sozialstaats in Angriff zu nehmen. Bei Strafe einer Erstarrung der Volksparteien müsse statt bloßer Besitzstandswahrung für die wohlhabende Mehrheit »ihre Verantwortung gegenüber der ärmeren Minderheit« in den Vordergrund gestellt werden, um damit dem moralischen Anspruch der sozialen Marktwirtschaft (und des Grundgesetzes) auch jenseits der Grenzen des Wachstums Perspektiven zu eröffnen (*SZ*, 23. 3. 89; *FR*-Dokumentation, 4. 4. 89).

Daraufhin wollten Geißler und die CDU-Planer die langfristige Grundsatz-Programmatik, die Darstellung der aktuellen Regierungspolitik und die situationsbezogene Wahlkampfführung ausgerichtet sehen. Die neuen Zauberworte des Konrad-Adenauer-Hauses lauten: »ökologische Erneuerung der sozialen Marktwirtschaft«, »qualitativer Umbau des Sozialstaates« und »Schaffung einer gerechteren und friedlicheren Weltordnung«, »multikulturelle Gesellschaft«. Der *Parteizentrale* und dem »geschäftsführenden Vorsitzenden« käme hierbei eine besondere, unausgesprochen die führende Rolle zu.

Gerade gegen diese letzte Schlußfolgerung erhebt sich vehementer Protest: aus der Partei (besonders ihren Landesverbänden und vielen örtlichen Gliederungen), aus der Bundestagsfraktion und – in verklausulierter Form – aus dem Kanzleramt (Schäuble), sehr stark auch von seiten der durch den Tod von Strauß zunächst kaum aus dem Tritt gebrachten bayerischen Schwesterpartei und nicht zuletzt aus der CDU nahestehenden sozialwissenschaftlichen und publizistischen Kreisen.

– Die verfehlte Politik im Adenauer-Haus habe Stammwähler vergrault, ohne die anvisierten neuen Wählergruppen zu erreichen, meinte Elisabeth Noelle-Neumann in der *FAZ* (6. 11. 1987);
– durch allerhand exotische Mätzchen (wie den »Menschenrechtstourismus« von Geißler und Blüm) produziere man zwar viel »Richtungsstreit«, aber auch serienweise Wahlniederlagen;

– genuine CDU-Programmatik (wie eine prinzipientreue Deutschlandpolitik und die Bewahrung christlicher Grundsätze in der Familien-
politik) werde dem »Zeitgeist« resp. der »Stimmungsdemokratie« ge-
opfert, hingegen ihre lauteren Anwälte in die Nähe von Rechtsradikalen und Fundamentalisten gerückt, meinte der Trierer Politologe Peter Haungs am selben Ort (16. 4. 1988).

Der Fokus dieses Parteiverständnisses liegt bei der *Regierung* und der traditionellen, vor allem konfessionell gebundenen Parteibasis mitsamt ihrem »vorpolitischen« Raum
(Vereine usw.), an denen die thematische wie organisatorische »Modernisierung von oben« in der Tat vorbeigelaufen
zu sein scheint.

Der »Richtungsstreit«, vom Kanzler als nutzlos bezeichnet und nur mühsam stillgestellt, hat seine eher spielerische,
auf »Sommertheater« begrenzte Form verloren und ist zum
Flügelkampf (hinter meist verschlossenen Türen) geworden:
In zentralen sozial- und wirtschaftspolitischen Fragen gärt
es zwischen den *Interessengruppen* (etwa beim Streit zwischen Sozialausschüssen und Wirtschaftsrat um die Fami-
lienleistungsgesetze), in anderen Feldern (Ausländer- und
Asyl-, Familien- und Deutschlandpolitik) erschüttert die
Auseinandersetzung nun zunehmend das *organisatorische*
Gerüst der Union.

Sollte das elektorale Tief der Union seit 1987/88 trotz der
günstigen und weiter günstig prognostizierten Wirtschafts-
lage und bei anhaltender Massenarbeitslosigkeit und wachsender Umweltsensibilität anhalten, wird die CDU nicht davor haltmachen, auch wieder einmal die Person eines Kanz-
lers (Rüdiger Altmann: »der Null vor dem Komma«) zur
Disposition zu stellen.

Fazit: Die Integrationsprobleme der CDU haben zu Ende
der achtziger Jahre erheblich zugenommen; sie gerät heute
in ähnliche Turbulenzen wie die SPD Ende der siebziger
Jahre. Bisher war noch keine politische Formation in Sicht,
die diese immer wieder durch windige Kompromisse ge-
bremsten Energien sammeln und organisatorisch umsetzen
konnte. Das Tabu hielt – und damit der »Grundkonsens«:
Verfassungsstaat, Westbindung und soziale Marktwirtschaft.
Die Integrationspotentiale der Union sind zwar nicht er-

schöpft, aber gleichwohl steht das Volkspartei-Konzept, wie schon Mitte der sechziger Jahre, erneut vor einer Bewährungsprobe. Sie erfolgreich zu bestehen, erforderte eine Art »dritte Modernisierung« der CDU (siehe unten, Kapitel 7).

Zweierlei Rechte

In dieser Situation erstarken Fossile des westdeutschen Parteiensystems, die NPD bzw. die DVU, oder finden Neugründungen »am rechten Rand« statt, wie die ÖDP oder REPs.

Das »Rechtspotential« in der Bundesrepublik wird in einer jüngsten infas-Repräsentativerhebung im gesamten Bundesgebiet derzeit auf rund fünf Prozent der Bevölkerung bemessen, wobei das Potential an rechtsextremistischen Einstellungen noch deutlich höher liegt (ca. 10 bis 15%). Daß sich solche immer existenten, bisher latenten Einstellungen heute partei- und machtförmig bündeln, daß sich also in der andauernden Interaktions- und Konkurrenzbeziehung zwischen den Volks- (insbesondere C)-Parteien und dem rechten Rand wieder eine Abkopplung *(dealignment)* nennenswerter Bevölkerungsgruppen vollzieht (LT-Wahl Bayern 1986: 5,5%; BT-Wahl 1987: 1,3%; LT-Wahl Bremen 1987: 4,7%; LT-Wahl Baden-Württemberg: 4,7%; Senatswahl Berlin: 7,5%), hat verschiedene Ursachen:

Erstens erscheint eine »Normalisierung« der politischen Verhältnisse Westdeutschlands auf ein »europäisches Maß« möglich, vor allem seit sich Unionskreise selbst alle Mühe geben, die Bundesrepublik »endlich aus dem Schatten Hitlers« herauszuführen. Wie ein Bumerang kommt der »Historikerstreit« als metapolitisches Geschoß nun auf die Unionsparteien zurück.

Zweitens wirken politische Prozesse in unmittelbaren europäischen Anrainerstaaten im Demonstrationseffekt auf die Bundesrepublik zurück; rechtspopulistische Wahlerfolge sowohl in Frankreich wie auch in Österreich, das »Le Pen-Phänomen« ebenso wie der Einbruch Jörg Haiders (und Kurt Waldheims) in den österreichischen Nachkriegskonsens strahlen nach Westdeutschland aus und setzen Energien frei, die bisher vor hohen institutionellen Schranken, z. B. der »Fünf-Prozent-Hürde«, resigniert hatten.

Damit fällt *drittens*, mit einer Zeitverzögerung von etwa zehn Jahren, in einer Art Symmetrieeffekt auf dem rechten Flügel des politischen Systems »Fleisch vom Fleisch« der »großen Volkspartei der Mitte« wie zuvor der linksökologische Brocken vom Körper der Godesberger SPD.

Viertens fällt der Wert der üblichen Gratifikationen und Kompensationen, die die liberal-konservativen Parteien an der Macht im Angebot haben: Ihre engere Klientel (Bauern, alter Mittelstand) ist tief enttäuscht übers Bauernlegen und die Konzentrationspolitik; in den neuen Wählerschichten sticht die Karte materieller Wohlstandsverteilung nicht mehr und werden langjährige Kompetenzzumessungen zugunsten der CDU/CSU ungültig.

Der »Wertewandel« erfaßt die abgewandte Seite der »Kulturgesellschaft«; mangelnde »geistig-moralische Führung« führt dann zu diffuser Verunsicherung und wachsender Unzufriedenheit. In diesem Vakuum können klassische rechte Themen eingeführt, auch linke Themen umgemünzt und frei fließende populistische Themen besetzt werden, die bereits auf dem »Scheiterhaufen der Geschichte« verglüht zu sein schienen: nationale Identität statt multikulturelle Gesellschaft, Mitteleuropa statt Westbindung, Deutschland statt Bundesrepublik. Lebensschutz statt Wachstum, Religion statt Politik.

Die rechts-übliche Nomenklatur des *Vertriebenen* bezeichnet dieses Syndrom aus Weltanschauungen, Protest und Statusangst wohl am besten: das politisch-kulturelle Motiv der »Vertreibung im eigenen Land« erweckt auch Bevölkerungsgruppen, die (oder deren Vorfahren) niemals »von drüben« nach Westen gezogen sind, und kann durch originäre Rechtsparteien mobilisiert werden. Der ubiquitäre Verlust von »Heimat« verquickt sich mit den akuten Krisenlagen »strukturschwacher Regionen« und dem über Jahre dauernden Abstieg von Revieren, Quartieren und Milieus, an deren Stelle nun zerschlagene Atome im sozialen Feld zirkulieren.

Passau – 15. August 1987:
Das unheilbare Deutschland leckt seine Wunden
(von Ulrich Chaussy)

Sagen wir es gleich vorneweg: Das wird sie innerlich erhoben haben, die Patrioten und vor allem: Abonnenten des *Nationalzeitungs*-Verlegers Doktor Gerhard Frey, die sich zur alljährlichen Großkundgebung der »Deutschen Volksunion« DVU in Passau eingefunden hatten. Nicht nur der Name: »Nibelungenhalle«, da stimmte alles im Saal, was für einen DVUler stimmen muß zur Erbauung: das nationale Kleinklima. Noch wichtiger aber: Draußen vor der Halle stimmte auch vor Ort an unserem armen Deutschland alles nicht, was nicht stimmen darf: Unordnung tobte da und Niedergang. So läßt sich's gut als Bollwerk fühlen.

Ich betrachte dies aus der Innenperspektive, von der mit mindestens 2000 Personen vollbesetzten Nibelungenhalle aus, als Tischnachbar diverser angereister politischer Stammtischgesellschaften, als einer, der das »Jawohl!«, das Auf-die-Tische-Einschlagen, das Aufseufzen und Zischen auf die Rede-Hiebe der nationalen Matadoren oben auf dem Podium aus körperlicher Nähe verspürt hat, eine Nähe, in der sich die Wirkung der dumpfen Worte besser abschätzen läßt als an ihrer dürren Bedeutung.

Die Nibelungenhalle war von Samstag früh an rundum von der Polizei abgeriegelt. Auch in Passau war diesmal eine Gegendemonstration der Bürger zustande gekommen. SPD und GRÜNE, die kirchlichen Jugendverbände wollten es nicht mehr hinnehmen, daß sich die nach Erkenntnissen des Verfassungsschutzes größte Sammlungsbewegung deutscher Rechtsextremisten mit zu dieser Zeit etwa 16 000 Mitgliedern seit 1982 alljährlich in der niederbayerischen Domstadt trifft. Durch die Sperrkordons der Polizei durfte also nur das geladene Publikum.

Am Eingang stehen die jungen Ordner der DVU, manche mit dem Abzeichen der Wiking-Jugend, andere kurzgeschoren in Skin-Tracht mit Bomberjacken und Springerstiefeln. Wieder andere sind traditionell saalschutzmäßig in Schaftstiefeln erschienen, in schwarzen Reithosen, weißem Hemd und Schultergurt. Ich streiche an einer Gruppe vorbei. Sie stehen breitbeinig da, die Arme auf dem Rücken gekreuzt. Ich höre Gesprächsfetzen. Sie diskutieren die Sicherheitslage und reißen Witze über die Gegendemonstranten vor den Absperrgittern.

Drinnen, bis Kundgebungsbeginn, die publizistische Aufrüstung des Fußvolks: Alle Tische sind übersät mit Ausgaben der *Nationalzeitung*, »Ausländerstopp«-Aufklebern, Flugblättern: Auf einem nur so ein Springerstiefel abgebildet, der einen Stern mit Hammer- und Sichel-Emblem zertritt. Aufschrift: »Fegt hinweg den roten Dreck.« Der »Deutsche Block« lädt mit kameradschaftlichem Gruß zu einer Filmveranstaltung über die großartigen Leistungen der Sturzkampfbomber »Stukas« ein, das Deutschlandlied mit allen drei Strophen liegt aus und jede Menge Aufkleber, die einen »Ausländerstopp« fordern.

Der gilt natürlich nicht für die Gäste aus Italien, die bei Marschmusik einziehen, die »Südtiroler Schützengemeinschaft«. Das sind, sagt ein Sprecher übers Saalmikrophon, ebenso wie die Gäste aus Österreich, »herrliche deutsche Menschen«, und nun beginnt die rhetorische Massage. NPD-Chef Martin Mußgnug darf ein Grußwort sprechen. Dann wettert ein Major außer Dienst, derzeit Spitzenkandidat der erstmals zur Wahl angetretenen DVU-»Liste D« im Bremer Wahlkampf: An der Rolandssäule zu Bremen tummelten sich heute nur noch die Schnapsbrüder, und in dieser linksradikalen Stadt sei nun dem unbekannten Deserteur ein Denkmal gesetzt worden. Der Saal stöhnt auf. Heftige Pfui-Rufe.

Ja, Deutschland ist eine einzige Wunde. Das ist das eigentliche Thema des Hauptredners Gerhard Frey, ein Meister des aggressiven Selbstmitleids: Man will ja nur das einige Deutschland, von der Maas bis an die Memel, von der Etsch bis an den Belt, klagt er. Kein Wort davon, was für andere Völker, etwa die Polen, diese Revanche-Politik bedeuten würde.

Die Patrioten seien von allen verraten, ruft Frey in den Saal. Bundeskanzler Kohl sei ein A-Nationaler, der wolle kein geeintes Deutschland, sondern ein geeintes Europa, womöglich mit Türken. Wieder stöhnt der Saal auf. Auch die westlichen Verbündeten wie die USA hätten uns verraten, die lieferten sogar deutsche Wehrmachtsleute an das Reich des Bösen, die Sowjetunion aus. Und überhaupt: Schließlich hätten nicht wir die Indianer vernichtet und die Atombombe geschmissen, sondern die Amerikaner, die die größten Menschheitsverbrechen begangen hätten. Unsre Wehrmacht dagegen sei überhaupt die anständigste Armee der Welt gewesen – und jetzt hackten alle auf ihr rum. Deswegen also Totenehrung für die Unschuldigen, sagt Frey, und alle 2000 im Saal rauschen von ihren Sitzen. Man gedenkt der deutschen Soldaten, der Opfer der Vertreibung, des alliierten Bombenkrieges gegen Deutschland, der Opfer der Mauer. Kein Wort von den Millionen Toten des Nazi-Terrors in Krieg und Konzentrationslagern.

Ich war nicht mit aufgestanden. Kaum ist die gespenstische Szene vorbei, schreit mich ein älterer Herr ein paar Sitze weiter an: »Schweinehund, Dir hau ich in die Fresse. Steht nicht auf für die Ehre der deutschen Soldaten.« Ich weise mich als Pressevertreter aus, ein Saalordner geht dazwischen und vermeidet einen Eklat.

Nach der Weihestimmung dann Kampftöne von Frey: Bremen wird den Durchbruch für die Nationale Rechte bringen, ruft er aus, schwenkt eine Wählerbefragung der Wickert-Institute, die der DVU-Liste D für die Bremer Bürgerschaftswahlen sechs Prozent der Wählerstimmen vorhersagt.

Nach Freys Rede ist Pause im Saal. Am Büchertisch werden dutzendweise Bücher gekauft wie das »Ehrenbuch der deutschen Soldaten«, »Verschwörung gegen Deutschland« oder David Irvings neue »Göring-Biographie«. Irving wird später über »Rudolf Heß' Geheimnis« sprechen. Der Medaillenhandel mit Heß' Konterfei blüht. 485,– Mark kostet er in Gold, für 98,– DM sind er, Afrika-Rommel, Panzer-Guderian, Flotten-Dönitz und andere in Silber zu haben.

Vom Rednerpult aus wirbt jemand für eine kombinierte Südafrika- und Chile-Reise, 18 Tage für 6880 Mark. Man werde dort sehen, daß die linke Propaganda gegen diese Länder nicht zutreffe. Eine Warteschlange hat sich gebildet, vom Saal über die Treppe auf das Podium. Dort oben signieren jetzt die Leitfiguren fürs Fußvolk. Ein junger, hochaufgeschossener Militärfan inspiziert den mit Kriegsorden behangenen Rockaufschlag eines älteren Herrn. Das da – er deutet mit dem Zeigefinger – ist das EK I, sagt der junge, Ehrerbietung in der Stimme. Der Ordensträger nickt stumm und zufrieden. Ein glückliches Lächeln huscht über das Gesicht seines Bewunderers.

Der alte Vorstand der Deutschen Volksunion wird am Schluß der vierstündigen Veranstaltung in fünf Minuten entlastet und neugewählt werden. Ein demokratisches Ritual, angepappt wie ein funktionsloser Wurmfortsatz. Wer eine Aussprache wünsche, fragt der Sprecher schließlich und schaut kurz in die Runde. Kein einziger Arm hebt sich in der zweitausendköpfigen Menge. Ganz still ist es für einen Moment, als mache dies Angebot zur demokratischen Teilnahme die Zuhörer ratlos und verlegen. Hier hat sich das unheilbare Deutschland seine Wunden geleckt, und das ist allen, die da sind, genug.

3. Kapitel: Schönhubers Flugversuche
oder Die Zwerge wollen Riesen sein

> Die derzeitige personelle Ebbe, die eine Parteigründung verzögert, wird sich an dem Tage in eine personelle Flut verwandeln, wo sich herausstellt, daß die CDU nicht mehr in der Lage sein wird, die Gratifikationen zu erbringen, die ihre Mandatsträger bereits fest eingeplant haben. Der Staatsbürger wird sein Tüchlein brauchen, nicht nur um die Tränen über das Ende eines ›hyperstabilen‹ Parteiensystems, sondern auch um den Schweiß bei den Geburtswehen einer neuen Parteienkonstellation fortzuwischen. Inter faeces et urinam nascimur.
> *Caspar von Schrenck-Notzing* (in: Criticón 98/1987)

Jahrelang haben versprengte Kreise versucht, die Neue Rechte so herbeizureden – vergeblich. Seit Mitte der 80er Jahre scheinen die »objektiven« Chancen wieder günstiger zu sein; wie es »subjektiv« aussieht, dazu war in der 1970 gegründeten rechtsintellektuellen Zeitschrift *Criticón* (München) Franz Schönhubers kokettes Plädoyer für eine *neue* Rechte »mit Augenmaß und Verstand« zu lesen: »Die deutsche Rechte hat eine Chance. Sie steckt allerdings noch in den Kinderschuhen, und das Kind hat noch keinen Namen, oder doch?« (*Criticón* 87/1985).

Das war listig formuliert. Seither streiten verschiedene Taufpaten um die Namensgebung des Kindes: die »rechtskonservativen« REPs, die »national-freiheitlichen« von DVU und NPD und die neonazistischen Ultras von FAP, N.S., »Die Deutschen« usw. Diese betrachtend, wie sie sich gegenseitig bekämpfen und auszutricksen versuchen, ist man sofort geneigt, Entwarnung zu geben: diese häßlichen Zwerge, diese politischen Amateure mit polizeilichem Führungszeugnis, werden niemals Riesen werden. Sie sind einfach nicht clever genug, eine neue Gesteinsformation aus der deutschen Geschichte herauszuklopfen, auf die sie wie gebannt rückwärtsstarren. Beim zweiten Hinsehen tauchen allerdings Zweifel an diesem Befund auf.

Piloten ohne Fluggerät

Auch die kurze Geschichte der REPs ist eine Kette von Mißerfolgen: hoher Verschleiß an Führungspersonal, permanenter Spaltpilzbefall und chaotische innerparteiliche Zustände. Bevor die Landung in Berlin klappte, gab es serienweise Abstürze beim Sprung über die Mainlinie; und so schien auch der Berliner *take off* des Herrn Schönhuber mehr von zufälligen thermischen Verhältnissen begünstigt gewesen als durch die Verbesserung der Flugmaschine ermöglicht worden zu sein.

Am 27. November 1983 versammelten sich in der »Bräupfanne« in München sieben deutsche Menschen, bekanntlich gerade genug, um einen ordnungsgemäßen Verein zu gründen. Darunter die CSU-Dissidenten Ekkehard Voigt (Wehrpolitischer Arbeitskreis der CSU), Franz Handlos (Wehrexperte der CSU und bundesdeutscher Vertreter bei der europäischen NATO-Gruppe) und der zwangsweise frühpensionierte Fernsehjournalist Franz Schönhuber nebst Ehefrau Ingrid, ehemalige SPD-Stadträtin und Rechtsanwältin. Die drei Bilderbuch-Bayern bildeten von nun an den Bundesvorstand (»Troika«) einer neuen Partei mit dem Namen »Republikaner«.

Schönhubers dreiste Berufung auf die römische *res publica* kann man auch so kommentieren, daß in Bayern bei manchen schon als Republikaner gilt, wer nicht mehr von der Wiederkehr der Wittelsbacher träumt. Maßgebliches Motiv dieser Neugründung (einer von vielen in diesen rechten »Gründerjahren«) war denn auch ein bayerisch-antimonarchisches: »Enttäuschung« über Franz Josef Strauß, der soeben, als »Nebenaußenminister« der Bonner Regierung und in einer echt Straußschen Rolle rückwärts gegen alle (seine) geheiligten Prinzipien der Deutschlandpolitik, den »Milliardenkredit« an die DDR »eingefädelt« hatte. Von daher gehen die REPs politisch-genetisch eigentlich auf Kohl/Genscher, die eigentlichen Architekten dieser »neuen Ostpolitik« zurück. Sie sind ein Produkt doppelter Enttäuschung über das Ausbleiben der »wirklichen Wende«: Enttäuschung über Strauß – den »großen Zauderer, der neben Axel Springer als einziger das Zeug zur Gründung einer echten Rechten gehabt hätte« (Armin Mohler) – und Wut über die sozialliberale Kontinuität des »Genscherismus« nach innen und außen. Als Partei-Standort wurde angegeben: rechts von der Mitte, in der hybriden Absicht, das konservative Lager außerhalb der CSU zusammenzufassen; es bestand offenbar vage Hoffnung auf weitere Abtrünnige und Dissidenten aus der Union, die sich aber nicht erfüllte. Neben und an Stelle der »Wischi-Waschi-Mitte«, wo so viel »Gedränge« herrsche, daß man Platzangst bekomme, proklamierten sich nun die REPs als *demokratisch legitimierte, authentische Rechtspartei*«.

Kurz nach der Gründungsversammlung stieß Schönhuber zum »Deutschlandrat«. Den hatte sein Freund und Berater, der in München lebende Publizist und (wie er selbst) einstige und frustrierte Strauß-Spezi Armin Mohler, gegründet: der Prophet der nationalen Wende und der Herold des »deutschen Gaullismus«. »Beinahe konspirativ« habe man sich in einer versteckten Waldschenke bei Bad Homburg mit der rechtsintellektuellen Crème der Republik getroffen. Mit den Professoren Helmut Diwald (Uni Erlangen, revisionistischer Historiker der ersten Stunde), Bernard Willms (Uni Bochum, Hobbes-Exeget und Starredner aller rechten politischen Clubs, von der Konrad-Adenauer-Stiftung bis zum national-demokratischen Hochschulbund), Robert Hepp (Uni Osnabrück, »Bevölkerungssoziologe« und »Rassegünther« unserer Tage), Hans Joachim Arndt (Uni Heidelberg, Vertreter der anti-amerikanischen »Politologie für Deutsche«) und Wolfgang Seiffert (Uni Kiel, einst rechte Hand von Erich Honecker, nun gesamtdeutscher *brain trust* im Exil) diskutierten die beiden zwei Tage heiß, und Schönhuber formulierte im Kommuniqué, wie man rechtsaußen (und nicht nur da) die Lage 1983, nach »Raketenherbst« und »Wende« sah:

»Frei ist nur, wer über sich selbst bestimmen kann. Dies gilt auch im Leben der Völker. Nur wer souverän ist, kann ein verläßlicher Bündnispartner sein. Jeder Staat muß über die Waffen auf seinem Boden verfügen können.« Dieser »deutsch-gaullistischen« Lagebeschreibung fügten die Waldgänger ihr *ceterum censeo* hinzu: »Wir können weder außenpolitisch noch innenpolitisch dauernd in einem Ausnahmezustand leben. Wir wollen wieder eine normale Nation sein. Dazu gehört auch die Entkriminalisierung unserer Geschichte als Voraussetzung für ein selbstverständliches Nationalbewußtsein.«

Schönhuber, der arbeitslose journalistische Profi und einzige Unstudierte unter diesen Radikalen im öffentlichen Dienst, bekam die Mission übertragen, den seit dem »Historikerstreit« und bald darauf durch Strauß' Hofer Wahlkampf-Losung, man müsse »aus dem Schatten und dem Dunstkreis Hitlers heraustreten«, rechtsverbindlichen Aufruf »den Redaktionen zu übermitteln«. Die gähnten damals noch, und »der Deutschlandrat starb den sanften Tod des Vergessens«.

Schönhuber zog seine Lehren: Schwadronierende Professoren à la Willms oder Rohrmoser gehen immer nur bis hart an den Rubicon politischer Aktion, aber nie darüber hinaus. Wenn der Normalisierungsgedanke wirklich populär werden sollte, mußte er die akademischen Zirkel und ultrarechten Denkfabriken des »Deutschlandrates« (Mohler, Diwald), des »Studienzentrums Weikersheim e. V.« (Rohrmoser, Filbinger), der »Gesellschaft für Publizistik« (Willms), des »Arbeitskreises ehemaliger DDR-Akademiker« (Seiffert) und die Spalten der vielen ungelesenen rechten Blättchen (*Criticón, Mut, wir selbst, Nation Europa* usw.) verlassen und *Partei* werden.

»Die deutsche Rechte muß vor allem heraus aus dem Mief von Vereinsmeierei. Heraus aus den Kellern der Verweigerung. So verständlich und begrüßenswert Kameradschafts- und Traditionstreffen sind, es genügt nicht, die Schlachten von gestern zu schlagen. Es gilt, Front gegen die Gefahren von heute zu machen: Arbeitslosigkeit, drohender Verlust der nationalen Identität, Zerstörung unserer Umwelt, mangelndes Geschichtsbewußtsein«, entwarf Schönhuber das Phantombild einer Rechtspartei, die auf der Höhe der Zeit war. Und er skizzierte den Punkt, an dem eine neue Rechte den Hebel ansetzen müßte: »Bei allem Pragmatismus in der Bewältigung gegenwärtiger Probleme: Ohne Visionen, ohne Utopien kann keine zukunftsorientierte Politik gemacht werden. Die Utopie von heute kann die Realität von morgen sein. Meine Vision beinhaltet ein wiedervereinigtes Deutschland mit Berlin als des Reiches Hauptstadt.«

Und das sollte neu sein? Immerhin: Ein 16seitiges Grundsatzprogramm unter dem (irrsinnig originellen) Zeichen der
REP-Raute muß die neue Partei in München und Umgebung bereits so bekannt gemacht haben, daß sich binnen
Jahresfrist 2000 Mitglieder als »Republikaner« einschrieben.

Schlägt sich, verträgt sich oder Rangeleien im Cockpit

Der erste richtige Parteitag fand am 30. September 1984,
während des Oktoberfestes, in München statt. Dieses Mal
tagte man im »Schwabinger Bräu« und auf der Theresien-
wiese waren 200 Plätze im »Hippodrom« reserviert, für Delegierte, die von der Politgaudi genug hatten. Das Triumvirat
Handlos, Schönhuber (»die am meisten redegewandte Persönlichkeit«, wie der bereits anwesende *FAZ*-Korrespon-
dent zu berichten wußte) und Voigt rannte weiter gegen die
CDU-Deutschlandpolitik an; als »vaterlandslose Gesellen«
geißelten sie jene, die »Honecker ihre Aufwartung machen
und sich nicht schämen, würdelos Schlange zu stehen, bis sie
endlich die blutige Hand dieses Diktators schütteln können.« (*FAZ*, 1. 10. 84)
   Auf die Feldherrenhalle marschierte man 1984 wahrlich
nicht. Die Gästeliste zeigt, welche Marginalos sich da zu-
sammengefunden hatten: Ehrengast war der Exil-Tscheche
Ludek Pachmann, damals Vorsitzender einer weiteren
»Vierten Partei«, der Konservativen Aktion; eine Grußbot-
schaft kam von General Kießling, der ebenso schlecht von
Wörner und der CDU behandelt worden war und seither die
rechten Säle quer durch die Republik füllt. Einen philose-
mitischen Alibi-Auftritt verschaffte man sich in Gestalt des
dubiosen Professors Horst Andel, der zur (wenn's sein muß:
gewaltsamen) Wiedervereinigung aufrief und aufs schärfste
kritisierte, daß der Parteitag nicht die *erste* Strophe des
Deutschlandliedes singe.
   Alsbald wurden, um den Eindruck des wuchernden Sek-
tierertums vollständig zu machen, erste Vorwürfe laut,
Schönhuber übe eine innerparteiliche Diktatur aus – ein
Vorwurf, der sich in periodischen Abständen wiederholt
und zu permanenten Abspaltungen führt. Verdeckt wurde

die *erste Parteikrise* zunächst durch unerwarteten Wählerzu-
spruch bei den Bayerischen Kommunalwahlen: der Zug des
landesweit bekannten Fernsehstars und »Bewältigungsop-
fers« Schönhuber durch die Bierzelte und Feuerwehrvereine
trug, auch ohne Erwähnung im Fernsehen, erste Früchte ein.
Hier und da zogen REPs in Rathäuser ein, in Sonthofen
(dem Ort, wo FJS vor Jahren den REPs zuvorkommen
wollte) mit über 8%. Eine bayerische Kuriosität?

Der bayerische Ministerpräsident und seine Staatspartei
ergingen sich damals noch in Witzchen über die Hinterwäld-
ler; was drohte der modernen, absolut hegemonialen Volks-
und Bayernpartei von ein paar hergelaufenen Rechtschao-
ten? Und sie schienen recht zu bekommen, angesichts nun
auch handgreiflicher Auseinandersetzungen bei einer Parteiversammlung in Regensburg, an deren Ende 1985 die allei-
nige Machtübernahme Schönhubers stand. Die beiden Ex-
CSUler hatten ihm den Vorwurf gemacht, die Partei werde
mit seiner Hilfe durch NPDler und Wehrsportgruppenmit-
glieder unterwandert und als Werkzeug von Schönhubers
Privatrevanche am Bayerischen Rundfunk mißbraucht. »Für
Radikalinskis ist bei uns kein Platz«, erklärte Voigt.

Doch wer radikal ist, bestimmt bei den REPs allein
Schönhuber, und Voigt wurde bald selbst aus der Partei ausgeschlossen. Dessen ehemaligen Assistenten, den alerten
Jungpolitiker Harald Neubauer, erkor Schönhuber indes zu
seinem Generalsekretär. Der Handlos Franz flog auch aus
dem Kuckucksnest, gründete in seiner Heimat Deggendorf,
wo er 1983 noch das Traumergebnis von 74% erzielt hatte,
die völlig erfolglose »Freiheitliche Volkspartei« und ist seither in der Versenkung verschwunden.

Nun standen größere Auditorien als Festzelte auf dem
Plan: das Maximilianeum, Sitz des bayerischen Landtags.
Das Negatividol Strauß sollte, mitten im Bayernland, eins
ausgewischt kriegen. Eine interne Krise der Bremer CDU
sorgte zunächst noch für unvorhergesehenen Zustrom von
ein paar Nordirrlichtern; unzufriedene CSU-Sympies bildeten eine REP-Fraktion im Bremerhavener Stadtparlament
und eine »Gruppe der Republikaner« in der Bürgerschaft
der Hansestadt. Jetzt protzte der Zwerg schon, er sei von

»Bremerhaven bis Sonthofen in der Verantwortung«. Auf dem zweiten Bundesparteitag im Juni 1985 wurde das »Siegburger Manifest« verabschiedet, und der *BUNTEN* Illustrierten galt Schönhuber jetzt schon als der »nach FJS bekannteste Bayer«. Schönhuber brachte in jedem Dorf tausende auf die Beine, während die CSU-Prominenz (außer Strauß) vor leeren Bänken reden mußte.

So kann von einem »Überraschungserfolg« in Bayern keine Rede sein; die REPs schlugen landesweit mit durchschnittlich drei Prozent ein und sahnten vor allem dort (mit bis zu zweistelligen Ergebnissen) ab, wo erstens rechtsextreme Regionaltraditionen seit der NSDAP bestanden und die NPD am Ende war (wie im protestantischen Mittelfranken), und zweitens in kreuzkatholischen CSU-Hochburgen Oberbayerns, wo die Staatspartei deutliche Verschleißerscheinungen zeigte, Rechtsextreme aber niemals Erfolg hatten.

Gleichwohl verhöhnte die CSU den Konkurrenten aus dem eigenen Stall weiter als »Zwergerl« – und lernte fleißig die Zwergensprache: Der Bundestagswahlkampf der CSU 1986/87, zuletzt auch gegen Geißlers Votum der CDU war nur so gespickt mit Heimatliebe und Schlußstrich-Metaphorik. O-Ton Strauß im »Bayernkurier« (und landesweit in ARD und ZDF): »Die Liebe zur Heimat, zum eigenen Land, zum eigenen Volk ist eine den Menschen in die Wiege gelegte Eigenschaft – sie kann vergessen, sie kann verdrängt, sie kann unterdrückt, sie kann lächerlich gemacht werden, ausgerottet werden kann sie nicht.« Wenn sich, so Strauß weiter, das Geschichtsverständnis der Deutschen vorrangig auf die 12 Jahre Nationalsozialismus bezöge, wäre das »menschlich unzumutbar, moralisch und politisch unerträglich für das deutsche Volk wie für alle europäischen Völker.« Ein zweiter dreister Wortraub fand statt: Strauß wollte den Deutschen den »aufrechten Gang« wiedergeben. Ergebnis: die CDU *und* CSU verloren Stimmen, die Wahlenthaltung erreichte einen neuen Höhepunkt und der rechte Rand (NPD, ÖDP und andere) rappelte sich hoch.

Ein neuer Mitgliederschub erreichte auch die REPs; bundesweit interessierte sich nun die Presse für das »Phänomen

Schönhuber«. Der Vorsitzende ließ sich anpissen und fertig-machen – Hauptsache außerhalb Bayerns bekannt werden. Doch hatte die Mehrheit des Bundesvorstands noch keine Bereitschaft zur Teilnahme an den Bundestagswahlen 1987 gezeigt. In weiser Selbsterkenntnis, denn danach gab es erhebliche Probleme beim »Sprung über die Main-Linie«, wo immer die REPs zu Landtagswahlen antreten wollten, und Bruchlandungen, wo sie tatsächlich antraten:

- in Hamburg bekamen die REPs 1986 die erforderlichen Unterschriften ebensowenig zusammen wie beim ersten Anlauf im 1987 noch von Barschel und Pfeiffer regierten Schleswig-Holstein;
- bei der erneuten Kieler Wahl 1988 kamen sie, trotz galoppierender CDU-Krise und »Parteiverdrossenheit«, nur auf 0,6%, Schönhubers bisher schwerste Niederlage;
- etwas mehr erhielten die REPs in Baden-Württemberg 1988 (0,96%), doch hatte Schönhuber dort die Latte auf »besser als in Bayern« gelegt und wurden die REPs durch andere Rechtsparteien wie die reanimierte, im »Ländle« traditionell starke NPD überrundet;
- die Kandidatur zur Landtagswahl in Rheinland-Pfalz wurde in letzter Minute zurückgezogen: der Spitzenkandidat Hans Bastian, ein Gebrauchtwagenhändler, war erheblich vorbestraft – wg. Kreditbetrug und Urkundenfälschung.

Zwischenzeitlich hatte im Mai 1987 der vorgezogene Bundesparteitag der REPs in Bremerhaven stattgefunden: beschlossen wurde ein Parteiprogramm zur »nationalen Selbstbestimmung und geistig-moralischen Erneuerung«. Schönhuber wurde mit 342 von 373 Stimmen der Delegierten in seinem Amt bestätigt, doch kaschiert dies nur mühsam die *zweite Parteikrise* 1987.

Es kam nämlich zu einem Aufstand von Parteirebellen und einem »Verschwörer«-Treffen im fränkischen Veitshöchheim, darunter die Schönhuber-Rivalen Wolfgang Klimke (Bremen), H. Mahncke (ex-SRP und Waffen-SS-Kamerad Schönhubers), Karl Mechtersheimer (Landesvorsitzender von Baden Württemberg). Ihre Vorwürfe lauteten wieder einmal: »Personenkult«, »Mangel an innerparteilicher Demokratie«, »Vetternwirtschaft«, »Ausbeutung der Partei durch Bundesgeschäftsstelle und res-publica (Verlag)«. Schönhuber leiste dem Neonazismus in der Partei

Vorschub, sagten diese Neonazis. Schönhuber antwortete per Rundbrief: »Neurotiker, Asoziale, Radikalinskis und Querulanten«. Schlug sich, vertrug sich nun nicht mehr. Dieter Berger, erst CSU, dann stellvertretender Bundesvorsitzender, hatte schon von den »Republikanern ohne Schönhuber« geträumt und war geflogen. Was schon als Ende Schönhubers und Anfang vom Ende der REPs gedeutet wurde, führte erstmals zum Ausschluß der »Rebellen« und zum weiteren »antinazistischen« Feldzug Schönhubers; man werde sich von »Neonazis, Rassisten und kriminellen Elementen« in der Partei trennen, gelobte er (*SZ*, 29. 10. 1987).

Auf dem Bundesparteitag in Ludwigsburg (9./10. Januar 1988) war die Abgrenzung von NPD/DVU (die ja unterdessen das Rennen mit Schönhuber aufgenommen hatten) ein Hauptthema, und die neuerliche innerparteiliche Säuberung war abgeschlossen, mehr schlecht als recht. Zum 17. Juni war der Bundesparteitag ins Hambacher Schloß (Neustadt/ Weinstraße) einberufen, um die REPs als »Sammlungsbewegung des demokratischen und humanen Patriotismus« zu präsentieren und im Anschluß »an die 1832 in Hambach bekundeten demokratischen Freiheitsideale« ein »Hambacher Manifest« zu verabschieden. Die Wiederwahl Schönhubers erfolgte nur mit 247 von 268 Stimmen; denn von nominell 490 Delegierten waren nur 270 vertreten. Ein bisheriges Aushängeschild der REPs, Konteradmiral a. D. Günter Poser, ein Jahr lang stellvertretender Bundesvorsitzender, zog sich aus der Partei zurück.

Man kann ohne Übertreibung sagen, daß die Partei nach diesem organisatorischen Chaos und den dauernden personellen Querelen schlingerte wie ein leckes Schiff, aber (leider) nicht unterging. Die sachkundige Journalistin Franziska Hundseder schrieb am Vorabend der Berlin-Wahlen, die REPs müßten zwar von der CDU als ernstzunehmende Splitterpartei betrachtet werden, aber sie hätten kaum eine Chance, »künftig mit Sitz und Stimme im Berliner Abgeordnetenhaus vertreten zu sein« (*Jüdische Allgemeine* 44/1989) – der Wahlerfolg in Berlin ist den REPs (wie schon ein Jahr zuvor der Bremer DVU) zugefallen wie ein herrenloser Lotterieschein mit fünf Richtigen plus Zusatzzahl.

Eine Besatzung ohne Flugerfahrung

Noch im November 1988 bezeichnete Schönhuber den »organisatorischen Sprung über die Mainlinie« als verfrüht; doch kandidierte die Partei gleichzeitig zu den Senatswahlen in Berlin – gegen den Widerstand des alten Wohnzimmer-Landesvorstands um Prof. Weinschenk, was dann zur Machtergreifung der jungen Garde Andres/Pagel führte.

Und zum unerwarteten Durchbruch. Seitdem ist Schönhuber auch außerhalb Bayerns bekannt wie ein bunter Hund. 9 von 10 Allensbach-Befragten wissen um die Existenz der »Blauen«. Und nun fällt ihnen auch die unheile Welt des Hinterlands als Beute in den Schoß. Im zerstörten Milieu der Dörfer und Kleinstädte, wo jedes Gegengewicht urbaner Öffentlichkeit fehlt, stimmt ihnen bereits jeder Fünfte zu.

Man kann jedoch die REPs bisher kaum als schlagkräftige Parteiorganisation charakterisieren; zu dünn ist außerhalb Bayerns (4000 Mitglieder) und in Ansätzen Baden Württembergs (1000) die Personaldecke, zu stark die Fluktuation an Haupt und Gliedern, zu amateurhaft das Funktionärspersonal. Allerdings erscheint das gegenwärtige Wachstum beeindruckend: Die Mitgliederzahl zu Beginn 1989 wurde auf 8000 geschätzt. Seit dem Berliner Erfolg sollen jeden Tag körbeweise Aufnahmeanträge in München und in den Landesgeschäftsstellen eingehen (dasselbe meldet die DVU in unerbetenen Briefen an »Freunde der deutschen Sache«); bis Ostern sollen über 10 000 REP-Mitglieder erreicht sein – im Februar und März seien 4300 neue Mitglieder aufgenommen worden, verkündete Schönhuber am 4. April in Frankfurt. Die Organisationskraft werden diese jetzt angeblich 13 000 Mitglieder zunächst deutlich schwächen, da die wackligen Strukturen total überlastet werden. Der hessische Landesvize Boris Rupp kritisiert die Wellenreiter »nach Berlin« schon als Pöstchenjäger und fordert strengste Härte bei der Qualitätseingangskontrolle. Eine Wachstumskrise steht ins Haus, aber: die REPs wachsen auch über sich hinaus. Die Blauen kommen?

Über die genaue soziale Zusammensetzung der engeren,

aktiven Anhängerschaft ist wenig bekannt. Angeblich sind mehr als die Hälfte der Mitglieder (und 20-30% der jüngsten Eintrittsschwemme) Bundeswehrangehörige, vor allem Offiziere, bzw. Staatsdiener und Polizisten, was sich die *FAZ* voller Verständnis so erklärt, »daß oftmals die Aufgabe der Polizei, für Sicherheit und Ordnung zu sorgen, von der politischen Führung (was sich nicht auf die SPD beschränkt) mit einigem Opportunismus ausgelegt wird.« Im Klartext: Schnoor und andere sozialdemokratische Softies (Gladbeck!), aber auch CDU-Liberale sind die Geburtshelfer der REPs.

Wer möchte zu den REPs? Zum Beispiel Heinz Hohensinn, im Juli 1988 im besten Alter von 41 Jahren aus Gesundheitsgründen aus der Münchener Kripo ausgeschieden und wegen seines unermüdlichen Einsatzes als Sonderfahnder (2000 Festnahmen) berühmt, nebenbei Buch- und Drehbuchautor, Schauspieler und Faschingsprinz der »Würmesia«, – dieser »Kripo-Heinz« wird nun seine reiche Erfahrung »in die Politik einbringen«; nach Lektüre der Parteiprogramme fiel ihm »die Entscheidung für die Republikaner nicht schwer«. Auch der neueste Ex-CDU-Promi, der Frankfurter Staatsanwalt Gerd Feldmeier, bis zu seinem Parteiaustritt Anfang 1989 Vorsitzender des »Arbeitskreises Strafjuristen« in der hessischen CDU, mag nicht zuletzt durch leidvolle Erfahrungen mit den rechtsstaatlichen Fesseln bei der Verbrechensbekämpfung zu den REPs getrieben worden sein. Der Richter am Bayerischen Sozialgericht Kremzow (Ex-CSU) will mit seinem Übertritt »ein Zeichen setzen gegen die Diffamierung der Republikaner«.

Wichtig ist, daß Mitglieder- wie Führungsstruktur definitiv (und stärker als bisher bei DVU/NPD und genau wie bei den militanten Neonazis) »postfaschistisch« ist; das Durchschnittsalter der 1988 eingetretenen Neumitglieder liegt (laut *Republikaner* 2/89) bei unter 30 Jahren; unter den im Februar und März 1989 eingetretenen seien (laut Schönhuber) sogar 70% unter 30jährige. Attraktiv sind die REPs also gerade für die Geburtsjahrgänge 1960 bis 1969, nicht nur als anonyme Eintagskandidaten, die man nach der Wahl vergißt, sondern auch als Einstieg in aktive politische Betätigung, oftmals parallel zur »Schülerunion« o. ä. Überdies ist das Qualifikationsniveau der Führungsspitze relativ hoch (und höher als bei den rechtsextremen Altparteien). Dazu gehört die überdurchschnittliche Zahl von Akademikern und Oberschülern. Jung und akademisch – das fügt sich zu den »Jungen Republikanern«, der Nachwuchsorganisation der REPs, oder zum »Ring Freiheitlicher Studenten« (rfs), agilen Burschenschaftlern, die korporativ der Partei beigetreten sind. Und wie es bei Jugendverbänden so ist: sie müpfen auf gegen die langweiligen Alten, wollen markige Programme und forsche Taten.

Der ideale Nachwuchs, den sich Schönhuber wünscht, soll einerseits eine *gang* von *streetfightern* sein, »die sich auch mal schlagen«, andererseits Studierte, »die mich auch mal auf der Pressekonferenz vertreten können«. Wie es der Zufall will, wird die Schnittmenge häufig von rechten Jura-Studenten gebildet.

Deutsches Jungvolk und viel Kölsch
(von Volker A. Zahn)

Spätestens seit dem 22. Februar 1989 hält sich der Jura-Student Markus Beisicht für eine historische Größe. Mit ihm sei fortan zu rechnen, hatte er den Anwesenden in der Gaststätte »Alt-Köln« bedeutet und auch ansonsten mächtig Wind gemacht. Kein bleiernes Gefasel, keine ungewandte Gestik, sondern schon recht halbprofessionell schmetterte Beisicht all das übelmalerische Zeug über Volk und Verderben in die Reihen; ein Vortrag ganz nach den Erfordernissen der zeitgenössischen Willenslenkung. An den Rest der Welt die Warnung: Ohne uns geht hier bald nichts mehr.

Große Augenblicke im Leben einer kleinen Partei. Zur öffentlichen Mitgliederversammlung hatte der Kreisverband der Kölner »Republikaner« das Fußvolk ins Lokal gebeten. Auf der Tagesordnung: Programm- und Personalentscheidungen zur bevorstehenden Kommunalwahl; für etliche der 120 kölschen REPs zudem erste Gelegenheit, sich persönlich mit den Parteifreunden gemein zu machen. Die meisten hatten erst »nach Berlin« den Weg in die Mitgliederkartei gefunden, und nun war der Haufen erstmals vollständig versammelt.

Die Beteiligten: ebenerdig die Basis, Schnauzbärte, Wampen, die Delegationen der Biertische, Pfahlbürger mit Jagdinstinkt und Tötungsphantasien, ehrenamtliche Exekutionskommandos, denen pro Abend wenigstens eine Minderheit vor die Wortflinte kommt; auf dem Podium die Funktionäre: weder Polizisten noch SS-Verbrecher, statt dessen junge Akademiker, der Worte mächtig, mit echtem politischen Sachverstand offenbar – optimales Führungspersonal, das nicht die falschen Worte für die rechten Forderungen wählt und auch in der politischen Auseinandersetzung mithalten kann (die zum Bedauern der Parteibasis noch mit Argumenten ausgetragen wird). Also wird der Trupp auch für die Wahl bestellt: Markus Beisicht, 26 Jahre alt, soll im Oktober als Spitzenkandidat ins Rennen gehen; auf den nachfolgenden Plätzen die 19jährige Schülerin Birgit Golombek und Manfred Rouhs, 23, Jura-Student; erst der Fünftplazierte ist älter als 35 Jahre.

Wer hierzulande gegen Ausländer hetzt, dem sind für gewöhnlich auch die Studenten nicht geheuer. Ein faules Pack treibe sich da an den Hochschulen rum, zu nichts nutze und besoffen nur von Büchern. Kopf- und Handarbeiter konnten in der BRD nie so recht übereinkommen, viel lieber stänkerte man sich an. Um so verwunderlicher, daß die traditionell bildungsfeindlichen Saufausbrüder der REP-Basis sich in Köln von einer Akademiker-Clique kutschieren lassen.

Doch alles ging mit rechten Dingen zu, niemand brauchte über den Tisch gezogen zu werden. Denn Typen wie Beisicht und Rouhs mögen zwar in der Außendarstellung wirken wie richtige kleine Politiker mit reichlich Kopfballast, aber eigentlich unterscheiden sie sich vom übrigen Parteivolk nur unwesentlich – und bisweilen entpuppen sich die vorgeblich klügsten Köpfe auch als die ärgsten Radaubrüder. Das bisherige politische Wirken der Kölner Führungstruppe ist nämlich ganz nach dem Geschmack der Saubermänner: viel Rabatz für die gute deutsche Sache, viel Rabatz gegen die notorischen Nörgler und dazu immer: viel Kölsch. Unter *der* Fahne lassen sich die Reihen schließen.

Bevor man die REPs zu Einfluß kommen ließ, trugen Beisicht und Rouhs ihre Kämpfe für eine bessere Welt der Deutschen vornehmlich auf dem Kölner Campus aus; als Matadoren des rechtsradikalen »Rings Freiheitlicher Studenten« *(rfs)* hatten sie mit zahlreichen Veranstaltungen und saudummen Flugschriften regelmäßig an der Uni für Aufruhr gesorgt. Die SA – hieß es da z. B. – lebe einwandfrei fort in den Jungdemokraten . . . Dieser *rfs*, sagt Beisicht heute, ist die »Keimzelle des Kölner Kreisverbandes« der REPs.

Der *rfs* war 1977 im Hause der Burschenschaft »Germania« auf dem Kölner Bayenthalgürtel gegründet worden. Im Foyer, unter einer Gedenktafel für die gefallenen *deutschen* Soldaten der Weltkriege I und II, hatten zahlreiche Verbindungsstudenten über ein wirksames Vorpreschen gegen Umstürzler und anderes Raubzeug nachgesonnen; schließlich kam man überein, die Akademische Bürgerwehr, die von den Burschen der »Germania« getragen wurde, solle die Hochschulpolitik nun auch offiziell aufmischen. Wegweisend befand man damals insbesondere deren Mut zur Tat. Aus einer Festschrift der »Germania«:

»In diesem Zusammenhang muß unbedingt erwähnt werden, daß während der sogenannten Streiktage (im Juni 1977) dank des massiven Einsatzes der örtlichen Burschenschaft, die mit rund 40 Buxen auftrat, mehrere Vorlesungen gerettet werden konnten.

Totenbleiches Entsetzen im Gesicht sahen sich unsere Gegner außerstande, irgendwelche Gegenmaßnahmen zu ergreifen. Zu nichts weniger schienen die Herren Kommunisten aufgelegt, als sich der geballten Kraft Deutscher Burschen entgegenzustellen.«

Wort und Tat stehen bewußt in gewissen deutschen Traditionen; der nun als *rfs* heranmarschierende Haufen erfreut sich bester Beziehungen nach ganz rechtsaußen. Verbindungen gibt es etwa zum »Hochschulring Tübinger Studenten: aus den Reihen des HTS kamen sowohl der Attentäter des am 19. Dezember 1980 mit seiner Lebensgefährtin ermordeten jüdischen Verlegers Shlomo Lewin als auch Gundolf Köhler, der für das Blutbad auf dem Münchner Oktoberfest 1980 verantwortlich zeichnet. Zugetan ist der *rfs* zudem der rassistischen »Deutsch-Südafrikanischen Gesellschaft« und der NPD. Bei den »Nationaldemokraten« mischte auch bis vor kurzem der mittlerweile zum Republikaner geläuterte Manfred Rouhs mit; der Generalsekretär des *rfs* war 1985 zum Landesvorsitzenden der »Jungen Nationaldemokraten« gekürt worden.

Unter Rouhs und Beisicht (seit 1984 Bundesvorsitzender des *rfs*) funktionierte der »Ring Freiheitlicher Studenten« die ehrwürdige Kölner Uni des öfteren zur Boxbude um; unliebsame Gäste werden in der Regel von einer Saalschutztruppe beschäftigt, linke und rechte Studenten hauen sich die Nasen platt, die Polizei fährt Überstunden.

Als die Beamten am Abend des 20. November 1987 an der Universität eintreffen, um derbe Handgreiflichkeiten im Umfeld einer *rfs*-Veranstaltung mit dem Propheten der Neuen Öko-Rechten Herbert Gruhl zu unterbinden, nehmen die Ereignisse einen dramatischeren Verlauf: Der drohenden Verhaftung sucht sich ein führendes *rfs*-Mitglied mit Hilfe einer Gaspistole zu entziehen – erst als auch die Polizei schießt, gibt er auf. Im Wagen eines anderen Aktivisten finden die Beamten (laut Polizeibericht) »pyrotechnische Gegenstände, die zur Herbeiführung erheblicher Körperverletzungen geeignet sind« (nach Informationen der VVN West-Berlin soll der Wagenhalter Markus Beisicht heißen).

Haudrauf-Typen oder nationale Demokraten? Hatte das forsche Jungvolk vor seiner »republikanischen Wende« etwa ein politisches Damaskus-Erlebnis? Ist den Finsterlingen das Grundgesetz erschienen? Wohl kaum. Aber auf dem Weg nach oben braucht es eben eine gewisse Flexibilität: der Kampfanzug für die Stammtische, die weiße Weste für das bürgerliche Lager, und für die Jugend muß man zudem immer so ein bißchen Revolutionsromantik bereithalten, Straßenkampf, Saalschlacht, alles was Spaß macht...

Kein Wunder, daß Markus Beisicht in den Bundesvorstand seiner Partei berufen wurde: ein juristisch ausgefuchstes politisches Schlitzohr, daß den unterschiedlichsten gesellschaftlichen Gruppen derart unverfroren nach dem Munde redet, ist für Schönhuber Gold wert.

Und da kann das kommunalpolitische Programm ruhig etwas dürftig ausfallen. Beisicht: »Wir werden den Kölner Kommunalwahlkampf nicht mit einer Stellungnahme zum

MediaPark gewinnen, sondern mit unseren altbewährten Schwerpunkten.« Das scheint zu reichen: glaubt man den Meinungsumfragen, so werden die Wähler Beisicht und Kameraden in den nächsten Kölner Rat hieven. Was sie da eigentlich sollen, wissen die jungen Funktionäre wohl selbst nicht so genau; über das nationale Wohlbefinden wird schließlich an anderer Stelle entschieden. Aber über die Bepflanzung öffentlicher Plätze vorzugsweise mit deutschen Eichen oder eine Steuerbefreiung für Schäferhunde läßt sich ja auch diskutieren...

Funkverkehr in der Grauzone

Als *Mitgliederpartei* haben sich die REPs in der Grauzone zwischen rechtsextremen Altparteien, rechtem Unionsbzw. SPD-Rand und bisher Unorganisierten eingerichtet. Programmatisch und personell grenzt sich Schönhuber kategorisch nach rechts ab.

»Eine Zusammenarbeit mit NPD und DVU wird auf das Schärfste abgelehnt. Wir wollen nicht mit den falschen Truppen siegen«, lautet ein Bundesvorstandsbeschluß (*SZ*, 30. 3. 1988) und Schönhuber hat während der innerparteilichen Auseinandersetzungen beteuert: »Ich wehre mich mit allen Kräften dagegen, mit der NPD in einen Topf geworfen zu werden. Wir haben mit dieser Partei nichts, aber auch gar nichts zu tun. (...) Die NPD war ja so ungeheuer gestrig in ihrem Zuschnitt. Sie hat nie einen richtigen Schnitt gemacht mit einer unseligen Vergangenheit.« (*Spiegel*-Interview 43/1986)

Das ändert nichts daran, daß sein bisher wichtigster und getreuester Gefolgsmann, Harald Neubauer, in genau diesem »ungeheuer gestrigen«, »unseligen« Milieu politisch sozialisiert wurde, seit er von den »Falken« weg ist. Jahrgang 1951, gehörte er der »Aktion Neue Rechte« Hamburg an, war NPD-Pressereferent in Oberbayern, Landesbeauftragter der DVU in Hamburg, enger Mitarbeiter und Autor im Frey-Presseimperium, u. a. 1974-1983 verantwortlicher Redakteur des *Deutschen Anzeigers*. Nach einem Intermezzo 1984 als Referent der MdBs Handlos und Voigt kam er, angeblich von seinen »Jugendsünden« geläutert, zu den REPs, denen er heute den wichtigsten Landesbezirk Bayern leitet und als zweitbestes Zugpferd bei Veranstaltungen dient. Ein Kronprinz...

Auch von anderen Transfers aus der NPD läßt sich berichten: Karl Denkewitz war 1969 und 1972 Bundestags-Kandidat der NPD in NRW, 1970 und 1975 NPD-Kandidat für den Düsseldorfer Landtag; jetzt ist er stellvertretender REP-Landesvorsitzender im größten Bundesland und Beisitzer im Bundespräsidium. Hinzu kommen Übertritte von rechtsextremen Splittern, z. B. aus der »Kieler Liste für Ausländerbegrenzung« (KLA), der extrem rechten Wiking-Jugend. Kurt Beckmann, stellvertretender Bundesvorstand und im nordrhein-westfälischen Landesvorstand, kommt von der obskuren »Studiengesellschaft für staatspolitische Öffentlichkeitsarbeit«, ebenso Klaus-Dieter Pahl, jetzt Bundesschatzmeister der REPs. Offenen Grenzverkehr hat der alternative Verfassungsschutz (von Staats wegen befaßt sich ja niemand) auch in Richtung ANS/NA und in die Wehrsportgruppen festgestellt.

Vorläufig sind die verschiedenen Fraktionen der extremen Rechten sich gegenseitig Konkurrenz, wenngleich sie ihre Themen derzeit auch arbeitsteilig anpreisen und sich gegenseitig, unter kräftiger Mithilfe der Unionsparteien, aus der Bedeutungslosigkeit herausziehen. Die *Wählerschichten,* die dabei von der DVU/NPD und von den REPs angesprochen werden, dürften sich, jenseits aller *programmatischen* Abgrenzung und Feindifferenzierung nach »rechtskonservativ« und »rechtsradikal« bzw. »neonazistisch«, weitgehend überschneiden (wie am hessischen Beispiel zu sehen war, wo die REPs nur in wenigen Stimmbezirken angetreten waren und die NPD auf »Berliner Niveau« kam).

Nach »links« bestehen, wie deutlich geworden und nach Berlin noch deutlicher ist, programmatische Schnittflächen zur Union (vor allem CSU): Mit uns, meinte die hessische CDU, gibt es kein Ausländerwahlrecht oder »soll Cohn-Bendit unsere Heimat bestimmen?« Doch gibt es seit längerem *personellen* Austausch zwischen Union und REPs, z. B. des Industriellen W. Bogen, früher CDU-Wirtschaftsrat e. V., jetzt im Berliner Abgeordnetenhaus. Allerdings – wer ist schon Bogen?

Einziger (Halb-)»Promi« bisher war Emil Schlee, 66, Berufsostpreuße, Oberleutnant der Wehrmacht, Lehrer, Hauptmann der Reserve, Pädagogik-Professor in Mainz, Landtagsabgeordneter der CDU in Rheinland-Pfalz. Von Gerhard Stoltenberg wurde Schlee als Ministerialrat und »Landesbeauftragter für Vertriebene und Flüchtlinge« ins Sozialministerium nach Kiel geholt; nach erheblichen Auseinandersetzungen ging er frühzeitig in den Ruhestand und trat 1984, nach 17jähriger Mitgliedschaft, aus der CDU aus.

Aktiv blieb der Pensionär in Vertriebenenverbänden, vor allem als Vorsitzender der Landsmannschaft Mecklenburg und Vizepräsident des »Bundes der Mitteldeutschen«; vom »Kampfbund Deutsches Schlesien« wurde er ob dieser Verdienste zuletzt ausgezeichnet. Eifrig war Schlee aber auch als Autor rechter Blätter *(MUT, Deutschland in Geschichte und Gegenwart, Nation Europa, Deutschen Monatshefte)*, als Referent des »Deutschen Seminars« in Burg Colmberg, der »Gesellschaft für freie Publizistik« in Kassel, des »Deutschen Kulturwerks europäischen Geistes«, beim »Nationaleuropäischen Jugendwerk«, der »Deutschen Akademie für Bildung und Kultur« in Hohenbrunn, beim »Collegium Humanum« in Vlotho und bei der »Zeitgeschichtlichen Forschungsstelle Ingolstadt«, die der Radikalrevisionist Alfred Schickel als Gegeninstitut zum Münchener Institut für Zeitgeschichte aufplustern möchte.

Das Festreden war dem Pädagogen wohl zuwenig, denn er startete eine Odyssee durch alle rechten Sekten und neue parteipolitische Aktivitäten: nach einem kurzen Gastspiel bei den »Patrioten«, einem Ableger der unsäglichen LaRouche-Partei EAP, wurde er 1986/87 aktiv in der braun-grün schillernden UWSH des Braunschweiger Professorenkollegen Reinhard Guldager; er scheiterte als Landtagskandidat im CDU/Pfeiffer-Sumpf und ging danach zu den REPs. Friedrich Karl Fromme, unermüdlicher Waterkant-Beobachter von der *FAZ*, machte ihn lobend als Garanten gegen »hier und da aufkommende nationalistische Töne« aus (1. 2. 89). Zuletzt war Schlee Landesvorsitzender der (wenigen) REPs im nördlichsten Bundesland; auch ihm wurden (nach Franziska Hundseder, *Jüdische Allgemeine*, 43/1988) einmal Ambitionen auf den Stuhl Schönhubers nachgesagt, noch ein Kronprinz...

Zu den REPs stießen die drei erwähnten Bremer CDU-Abgeordneten. Hinzu kommen (zuletzt wohl massenhafte) Übertritte aus der Jungen Union, z. B. Thomas Schröder, Rechtslehrer und Ausbilder beim BGS, ehemals JU Lübeck, Schlees *young man* bei der Landtagswahl 1988 und Schönhubers Hoffnung für Norddeutschland. Der Ausverkauf der Jungen Union an rechtem Nachwuchs im Berliner Bezirk Tiergarten war gewaltig, aber wohl doch nicht stilbildend. Einen richtig großen Fang haben die REPs im CDU/CSU-Lager bisher ohnehin nicht getan; Heinrich Lummers nur halb dementierte Kontakte zu den REPs, von Schönhuber bestätigt (»es gab zwei Treffen auf seine Veranlassung«), haben wohl beiden Seiten deutlich gemacht, welche Risiken ein solcher Übertritt in sich birgt. Und so führt Lummer weiter als Berliner CDU-Abgeordneter REP-Demos gegen »rot-grün« an...

In der Grauzone herrscht reger »offener Grenzverkehr« (Thomas Assheuer) von Personen und Themen. Das Partei-Etikett spielt dabei nicht einmal die entscheidende Rolle – und es hat wenig Sinn, bloß die krummen Wege einzelner Protagonisten in der Grauzone detektivisch nachzuverfolgen wie die Karrieren von Rockstars in ihren wechselnden Bands oder von wanderfreudigen Bundesligaspielern in ihren Vereinen. Themenaustausch bedeutet, daß rechtsextremes Vokabular und rechtsradikale Inhalte hoffähig und Allgemeingut werden; und Personentransfer findet nicht allein durch Firmenwechsel, sondern auch durch Rechtsverschiebungen des gesamten politischen Kräfteparallelogramms statt. Zwischen rechts und rechtsaußen gibt es, in der Tat, »gleitende Übergänge« – aber Vorsicht vor unzulässigen Rundschlägen: auch ein Thermostat mißt stufenlos zwischen warm und heiß. Fahrlässig wäre es, die gesamte CDU/CSU wegen dieser Übergänge zu kritisieren. Sinnvoll ist vielmehr, die republikanische Scheidelinie zur authentischen Rechten gemeinsam deutlich zu machen und so auch innerhalb der Union für Diskussion zu sorgen, daß sich die Spreu vom Weizen trennt: in der Koalitionsfrage, in der politischen

Agendafestlegung, in der Programmatik. Die Vernünftigen in der CDU/CSU haben schon genug Mühe, sich mit republikanischer Standhaftigkeit gegen den Dammbruch im eigenen Feld zu stemmen.

Berliner Aufsteiger: Carsten Pagel
(Interview von Volker Hartel)

Ein prüfender Blick durch den Türspion, das Sicherheitsschloß knackt zweimal, dann geht die Tür langsam auf. Carsten Pagel telefoniert, gibt mir beiläufig die Hand, telefoniert weiter und schaltet den Fernseher aus. Zwei Zimmer, Küche, Bad, die Einrichtung ist nüchtern, fast kalt. Im Wohnzimmer ein gepflegter grauer Teppichboden, ein Schrank mit erstaunlich wenig Büchern im Regal, eine schwarze Ledercouch, zwei Sessel, und auf dem Glastisch liegt die *taz*.

Carsten Pagel im September 1988: 25 Jahre alt, angehender Jurist und seit kurzem stellvertretender Vorsitzender der REPs in Berlin. Ein Polit-Yuppie mit Medienerfahrung, einer, der beim Sprechen immer schon den nächsten Satz im Kopf hat, der vor dem Mikrofon nie die Fassung und ganz selten den Faden verliert, einer, der auch Privates wie ein politisches Statement verkündet.

Nach der Berliner Wahl im Januar 1989 wurde er von der Presse zum REP-»Chefideologen« gekürt, seine früheren Parteifreunde in der Jungen Union nannten ihn schlicht »Zorro«. Und das nicht nur, weil er sich als Rächer der politisch Enterbten aufspielte, sondern auch, weil er mit bisweilen rüden Methoden an seiner eigenen Parteikarriere bastelte.

Schon 1981, mit 18 Jahren wurde Carsten Pagel Kreisvorsitzender der Jungen Union im Bezirk Tiergarten. Dem Pennäler wurde eine glänzende Zukunft in der Partei prophezeit, nicht zuletzt deshalb, weil er zu den Schützlingen des einflußreichen Berliner CDU-Bundestagsabgeordneten Peter Kittelmann gehörte. Ins politische Rampenlicht trat Carsten Pagel, Anfang 1983, allerdings mit einem Skandal. Als Mitherausgeber der rechten Schülerzeitung *Klartext* war er verantwortlich für ein Portrait des gerade verstorbenen Wehrmacht-Oberst Hans-Ulrich Rudel, der in einem Artikel als »Adler der Ostfront« und »erfolgreichster Kampfflieger aller Zeiten« gegen die »anstürmenden Sowjethorden« verherrlicht wurde. Trotz heftiger Proteste auch aus Reihen der CDU blieb Carsten Pagel in der Partei und wurde 1985 sogar Bezirksverordneter in der BVV Tiergarten, aber der nächste Karriere-Knick folgte schon kurz darauf. Wieder stolperte der Jungpolitiker über einen Artikel seines jetzigen Mit-Republikaners Markus Motschmann, der in der *Klartext*-Nachfolgezeitung *Pluspunkt* die »Tätowierung von Aids-

Infizierten auf einer nur beim Geschlechtsverkehr sichtbaren Stelle« gefordert hatte. Pagel verteidigte seinen Parteifreund und interpretierte die darauf folgende Empörung innerhalb der CDU als »lediglich innerparteiliches Gerangel«.

Diesen parteiinternen Machtkämpfen fiel er dann im Herbst 1987 selbst zum Opfer. Nach einer kurzfristigen »Mitgliederüberweisung« aus anderen Stadtteil-Verbänden, initiiert durch den JU-Landesvorstand, sah Carsten Pagel seine Wiederwahl in den Tiergartener Kreisvorstand gefährdet. Bei der jährlichen Mitgliederversammlung am 25. September des Jahres tauchten dann plötzlich »Saalwächter« in schwarzer Lederkluft im Rathaussaal auf, die die »verschobenen« Jungunionisten an der Abstimmung hinderten und den damaligen Landesvorsitzenden Dieter Dombrowski im Polizeigriff abführten.

Selbst langjährige Parteifreunde warfen dem karrierebewußten Jungpolitiker daraufhin »SA-Methoden« vor und leiteten ein Parteiausschlußverfahren ein. Dem Rausschmiß kam Carsten Pagel allerdings mit seinem Wechsel zu den Republikanern zuvor. Seit Anfang März 1989 sitzt er als jüngster Parlamentarier im Berliner Abgeordnetenhaus.

Frage: *Wie kommt man mit 25 Jahren in den Landesvorstand der Republikaner?*
Ich hab mich relativ früh engagiert, weil es damals an meiner Schule so diverse Gruppen gab wie den Kommunistischen Bund und die SEW, die dort auch Kandidaten aufgestellt hatten für die Schülersprecher-Wahlen. Die Diskussion war also damals sehr rege, und die Thesen, die dort von Linken vorgetragen wurden, haben ziemlich früh meinen Widerspruch herausgefordert, auch die ganze Art und Weise, wie diese Leute Politik machten, und so bin ich zur Schüler-Union gekommen. Im weiteren Verlauf war es dann so, daß ich in meiner CDU-Mitgliedschaft feststellen mußte, daß sich die Partei aus meiner Sicht in vielen wesentlichen Fragen immer weiter nach links entwickelte. Dazu kam aber auch, daß in meinem Bezirk, in Tiergarten, die CDU ja durch ihre Verwicklung in die Korruptionsaffäre, die ich sozusagen von innen als Bezirksverordneter und Mandatsträger miterleben konnte, meiner Ansicht nach an Glaubwürdigkeit ganz erheblich verloren hatte. Ich mußte ja selber erleben, wie versucht wurde, Dinge runterzuspielen und Dinge zu vertuschen, die ganz eindeutig bis in den kriminellen Bereich reichten, und da kam bei mir irgendwann der Punkt, wo ich

wußte, daß ich diese Politik nicht mehr mit vertreten kann. Das habe ich dann umgesetzt und bin aus der CDU ausgetreten und bei den Republikanern eingetreten.

Woher kommt Ihr Patriotismus, dieses »Deutschland zuerst«-Denken?

Für mich ist das ein Lernprozeß gewesen. (. . .) Ich glaube, daß es mich schon relativ frühzeitig gestört hat, daß die deutsche Geschichte, für die ich mich immer schon sehr interessiert habe, auch schon in der Schule, verengt wurde auf 12 Jahre Nationalsozialismus, und daß auch heute noch, zumindest unterschwellig, Jugendlichen, die lange nach dem Krieg geboren wurden, eine Mitschuld oder eine Mitverantwortung an Dingen angedichtet wird, die völlig außerhalb ihrer Verantwortung lagen. Ich meine, daß man dem einen gesunden Patriotismus entgegensetzen sollte. (. . .) Die These von der Kollektivschuld ist unsinnig. (. . .) Schuld ist immer gebunden an die einzelne Person, sie kann nie für einen ganzen Staat, für ein ganzes Volk gelten. Es hat sicherlich in Deutschland in der Zeit zwischen 33 und 45 eine Menge Leute gegeben, die weggeguckt und mitgemacht haben. Allerdings muß man sagen, daß dies kein deutsches Phänomen ist, das haben wir heute z. B. im Ostblock oder auch in Diktaturen in Lateinamerika ganz genauso, und ich glaube, daß man daraus später für nachwachsende Generationen mit Sicherheit keine Schuld ableiten kann.

Im Parteiprogramm ist viel von Deutschen und Nicht-Deutschen, also Ausländern die Rede. Haben Sie eigentlich persönlich mit Ausländern zu tun?

(. . .) Ich wohne in einem Bezirk, wo der Ausländeranteil recht hoch ist, und ich muß sagen, daß es durch diesen Trend in Berlin insgesamt zu einer gewissen Ghettoisierung, zu einer Zusammenfassung der Ausländer in bestimmten Bereichen gekommen ist, wodurch Kontakt- und Integrationsmöglichkeiten nicht so gegeben sind, wie das vielleicht sonst möglich wäre. Es gibt aber auch noch einen zweiten Schnittpunkt, wo ich mit Ausländern zusammenkomme. Ich bin ja Jurist in der Referendar-Ausbildung und habe bedauerlicherweise bei der Staatsanwaltschaft, beim Strafgericht und auch beim Verwaltungsgericht sehr viel mit Fällen zu tun, wo Ausländer beteiligt sind. Das führt bei mir nun nicht zu der Auffassung, daß etwa ein Großteil der Ausländer hier kriminell ist, das wäre sicherlich ein Vorurteil. Man muß aber schon feststellen, daß es bei Ausländern, gerade in bestimmten Bereichen, z. B. bei der Drogenkriminalität, eine ganz erhebliche Kriminalität gibt, höher als bei den Deutschen.

»Ausländer« und »Asyl« sind zentrale Themen im Wahlkampf der Republikaner. Da heißt es: »Deutschland muß das Land der Deutschen bleiben – Ausländer sind Gäste«. Ist das »Angst vor Überfremdung«, oder was steckt dahinter?

Dahinter stecken eine ganze Reihe von Überlegungen. Im wesentlichen ist es so, daß wir Deutschland erhalten wollen. Und da sind wir der Auffassung, daß insbesondere die Zuwanderung von vielen Leuten aus dem moslemischen Bereich dazu führen kann, daß Deutschland ein Vielvölkerstaat wird, daß hier Kulturen und Vorstellungswelten aufeinander stoßen, die miteinander unvereinbar sind, und daß dies auch soziale und wirtschaftliche Folgen hat, die von uns kaum mehr zu vertreten sind. Wir wollen diese Entwicklung so bald wie möglich stoppen, weil sie ansonsten unter Umständen nicht mehr umkehrbar ist. Außerdem könnte dies auch für die Ausländer, die bei uns sind, eine starke Härte bedeuten, wenn wir noch lange warten.

Also: »Ausländer raus«?

Das heißt nicht »Ausländer raus«, sondern das heißt: Wir wollen, daß die Ausländer, insbesondere diejenigen, die nicht aus dem Bereich der Europäischen Gemeinschaft kommen, nachdem sie hier gearbeitet haben, in absehbarer Zeit in ihr Heimatland zurückkehren. (. . .)

Wie sollen denn die wirtschaftlichen Probleme hier gelöst werden? Wie wollen die REPs z. B. mit der Arbeitslosigkeit fertig werden?

(. . .) Zunächst müssen wir in der Frage der Flexibilität der Arbeitszeit vorankommen, wobei die Gewerkschaften hier bedauerlicherweise ein Hemmschuh sind. (. . .) Wir sind aber auch der Auffassung, daß die Arbeitslosigkeit zumindest zum Teil importiert ist, weil wir in Deutschland allein über eine halbe Million türkische Arbeitnehmer haben, dazu noch viele aus anderen Ländern außerhalb der Europäischen Gemeinschaft, und diese importierte Arbeitslosigkeit sollte, so schnell das möglich ist, abgebaut werden. Jedenfalls sollten für Arbeitnehmer, die nicht aus EG-Staaten kommen, in Zukunft Zeitverträge eingeführt werden. (...)

Es gibt in Ihrer Parteizeitung den Vorschlag, Asylanten an der Grenze abzufangen und Schnellrichtern vorzuführen ...

Das Wort vom »Schnellrichter« ist hier vielleicht ein bißchen mißverständlich gebraucht worden, weil es vielleicht assoziiert, mit schnell sei ›kurzer Prozeß‹ und ein ungerechtes Urteil gemeint. Wir meinen, daß das Asylverfahren erheblich verkürzt werden soll. (...) Wir vermögen nicht zu erkennen, warum das zwei Jahre dauern soll, und ich meine, man kann auch den Instanzenzug dafür erheblich verkürzen. (...) Außerdem gibt es einen Bezug zwischen Asylbewerbern, insbesondere aus dem Libanon, aus Pakistan, aus Sri Lanka, neuerdings auch aus Nigeria, und dem Rauschgifthandel, das ist belegbar anhand der polizeilichen Kriminalstatistik. Wer die hier für Berlin aufschlägt, wird feststellen, daß inzwischen über zwei Drittel der Täter Ausländer sind, insbesondere aus den genannten Staaten, weil es hier ganz offensichtlich die Möglichkeit gibt, direkt aus den Anbaugebieten erhebliche Mengen von Rauschgift nach Deutschland zu transportieren; und ich meine, daß man bei der Frage der Bewertung der Asylpolitik, auch der Frage, wie lange so ein Verfahren dauert, dies mit einbeziehen muß. Es ist eine Tatsache, daß über 90% der Asylbewerber hier abgelehnt werden, das wird auch von den Gerichten in aller Regel bestätigt, und dann werden von diesen rechtskräftig abgelehnten Asylbewerbern nur 6% abgeschoben, der Rest bleibt auf unsere Kosten hier. (...)

Die Republikaner wollen eine »geistig-moralische Erneuerung« gegen die »Verwahrlosung der Sitten in Deutschland«. Wer oder was ist denn »verwahrlost«?

Also, in der Politik einmal ist es so, daß es inzwischen eine ganze Reihe von Leuten gibt, auch in höchsten Positionen – und ich brauche ja bloß den Fall Barschel zu nennen, die Spielbanken-Affäre in Niedersachsen, die Bestechungs-Affäre hier in Berlin – die eben ihr Mandat bekommen und es

83

einsetzen, um sich und ihre Partei in schamloser Weise zu bereichern, und dabei schrecken sie ja auch häufig vor kriminellen Dingen nicht zurück. (...) Der zweite Punkt ist, daß in der Bundesrepublik Deutschland in verstärktem Maße geistige und moralische Werte – z. B. Patriotismus, aber auch die Achtung der Menschenrechte – einfach nicht mehr geachtet werden und daß sie auch in der Schule und in der Hochschule nicht mehr gelehrt werden. (...)

Was ist denn eigentlich ein »deutscher Patriot«?
Ein Patriot ist jemand, der sein Volk und sein Land liebt, aber auch andere Völker und andere Staaten achtet, der also ein positives Verhältnis hat zu seinem eigenen Staat, zu seinem eigenen Volk, der aber eben nicht den Fehler begeht, andere Völker deshalb gering zu achten.

Und davon gibt es in Deutschland zuwenig?
Wir sind der Auffassung, daß es in Deutschland zuwenig Patrioten gibt, weil es eben doch eine ganze Reihe von Politikern inzwischen gibt, denen es z. B. egal ist – so die Äußerung einer SPD-Politikerin – ob das deutsche Volk ausstirbt, die auch bereit sind, die Teilung Deutschlands in zwei Staaten zu sanktionieren. Das sind Dinge, die nicht patriotisch sind. Aber wir meinen auch, daß zum Patriotismus, zum Erhalt Deutschlands und des deutschen Volkes mehr gehört: auch ein wirksamer Umweltschutz, und da wird wohl niemand bestreiten, daß da vieles im argen liegt. (...)

Was unterscheidet denn einen Republikaner von anderen, die sich auch »deutsche Patrioten« nennen, z. B. bei der NPD?
(...) Die NPD und andere rechtsstehende Gruppen fügen dem Patriotismus den größten Schaden zu, den es überhaupt nur geben kann, denn der Versuch, Nachhutgefechte zu führen in der deutschen Geschichte, auch im Bezug auf den 2. Weltkrieg und die Judenvernichtung, die nicht zu gewinnen sind, weil man Tatsachen historischer Abläufe nun mal nicht leugnen kann, ist falsch. Das führt nur dazu, daß der Patriotismus in der Öffentlichkeit zum Teil in die Nähe des Nationalsozialismus und des Neofaschismus gebracht wird, und das halten wir für falsch und verhängnisvoll.

Man wirft den REPs vor, ein »Sammelbecken rechtsextremer

und rassistischer Kräfte« zu sein, besonders in Berlin, wo die NPD und andere rechtsextreme Parteien verboten sind. Wie wollen Sie sich von Rechtsradikalen und Neofaschisten abgrenzen?

Also, wir können schwer überprüfen, wer uns wählt, die Wahlen sind ja bekanntlich geheim. Aber was die Mitglieder angeht, muß man folgendes sagen: Es gibt ja in Berlin rechts von uns sehr wohl eine ganze Reihe von Organisationen, die sich zwar nicht an Wahlen beteiligen dürfen, die sich in der Regel in der Öffentlichkeit auch nicht rühren können, die es aber dennoch gibt und die zumindest ein gewisses internes Leben führen. Und ich nehme an, daß Leute, die sich dahingezogen fühlen, dann auch dahin gehen. Ansonsten muß man natürlich damit rechnen, daß es auch den einen oder anderen gibt, der zu den Republikanern kommt, weil er meint, daß hier vielleicht eine Möglichkeit bestände, politisch wirksam tätig zu werden. Wer sich unserem Programm verpflichtet fühlt, und wer damit auch eine ganz klare Absage zu antidemokratischen oder rassistischen Thesen macht, der kann bei uns mitarbeiten, wer allerdings als Neonazi glaubt, die Republikaner unterwandern zu können, der wird sehr schnell feststellen, daß dies nicht funktioniert. Wir haben auch bisher hier in Berlin nur einen Fall ausmachen können, und dieser Fall wurde nun vor über einem halben Jahr durch den Austritt des Betreffenden geklärt. (...)
Wir fordern außerdem von jedem Mitglied eine Auskunft über seine bisherige parteipolitische Tätigkeit, und wir verlangen von jedem Funktionsträger ein polizeiliches Führungszeugnis – was meines Wissens bei den deutschen Parteien einmalig ist – weil wir die Sicherheit haben wollen, daß nicht etwa von außen Leute eingeschleust werden mit der Zielsetzung, die Republikaner kaputt zu machen, und ich habe den Eindruck, daß dieses System auch gut funktioniert.

Die Republikaner sagen: Wir wollen eine objektive deutsche Geschichtsschreibung. Wie sieht die denn aus?

Also, wir haben uns z. B. sehr über die Empfehlung der deutsch-polnischen Schulbuch-Kommission geärgert, weil hier versucht wird, im Wege der Geschichtsfälschung, bestimmte Teile der Geschichte in Schulbüchern auszusparen, insbesondere was die Vertreibung der Deutschen aus den Ostgebieten angeht, wo ja Millionen auf grauenhafte Weise umgekommen sind. Wir meinen, daß die deutsche und die europäische Geschichte so wie sie war, objektiv mit allen Schwächen und Fehlern, die bei verschiedenen Völkern im Laufe der Jahre vorgekommen sind, gebracht werden muß.

Nachtrag

Nicht allen Karrieren ist allerdings das REP-Milieu gleichermaßen zuträglich. Die stellvertretende Berliner Landesvorsitzende Alexandra Kliche, 19 Jahre jung, ließ sich im Sommer 88 noch von der »jungen Illustrierten« *Coupé* (Eigenwerbung: »Zeitschrift für Aufsteiger«) als jugendliche Idealistin einer unverbrauchten politischen Kraft porträtieren; als Chefredakteurin der Wahlkampfzeitung artikelte sie Anfang 89 munter für »die Erhaltung des deutschen Volkes und seines ökologischen Lebensraumes«, gegen »Wirtschaftsasylanten« und »Frauenpower an der Freien Universität«. Die ansehnliche Blondine (vor anderthalb Jahren noch Teilnehmerin am »Miß-Berlin«-Wettbewerb) moderierte REP-Talkshows im »offenen Kanal« und galt – nachdem auch Schönhuber wiederholt auf die »hübschen Mädchen« seiner Berliner jungen Garde verwiesen hatte – als regelrechte »Vorzeigefrau« *(taz)* der REPs an der Spree. Ende April trat sie aus der Partei aus und beschrieb, exklusiv im *Spiegel*, die Eckdaten eines Szenarios, der die Rechtsextremen wieder ins Sektendasein zurückstürzen könnte – finanzielle Unregelmäßigkeiten der Saubermänner an der Spitze, handgreiflich ausgetragene Richtungsstreits (»nörgelnde« Kritiker werden im »Polizeigriff« des Berliner REP-Chefs unschädlich gemacht), und neonazistische Unterwanderung. »Da kann man sich nur verweigern. Ich trete aus.« Der Parteiaustritt der in der Werbebranche tätigen Studentin zeigt, daß die »Wachstumskrise« (Schönhuber), der Zustrom frustrierter Hau-Drauf-Typen und deklassierter Machos, die REPs auch schnell zu *Image*-Problemen führen könnte. Dann aber würden auch die Umfrageergebnisse bald wieder abknicken...

4. Kapitel: Extremismus der Mitte oder Phantombild einer neuen Rechtspartei

> Ich sage immer, unser Wappentier – der Adler – hat zwei Flügel, doch flatterte der linke stets aufgeregt durch die Gegend, während der rechte gelähmt herabhing. Die Demokratie braucht das ganze Spektrum. Linke, Mitte, Rechte. (...) Wir halten eine demokratisch legitimierte deutsche Rechte für notwendiger denn je. Nachdem die CDU/CSU, aus welchen Gründen auch immer sich scheut, dies zu akzeptieren, sind wir an ihre Stelle getreten.«
> *Franz Schönhuber* (1987)

Was also wollen die REPs – »eine Gemeinschaft deutscher Patrioten, eine freiheitliche und nationale Partei mit hoher sozialer und ökologischer Verpflichtung«? Das *Programm* der REPs zu würdigen, ist in bestimmter Hinsicht überflüssig; kaum einer, der sie zuletzt gewählt hat oder den Emporkömmlingen nun seine Sympathie entgegenbringt, hat je einen Blick in die diversen Programme der Partei getan.

Da gibt es das *Grundsatzprogramm* des ersten Bundeskongresses November 1983, dann das *Siegburger Manifest* 1985, die einzelnen Wahlkampfplattformen bis zum »endgültigen« *Programm der Republikaner* von 1987. Hinzunehmen werde ich im folgenden eine davon stark abweichende »Programmatische Plattform des Arbeitskreises ›Junge Republikaner‹«.

Höchstens haben sie einen flüchtigen Blick auf Flugblätter und Wurfsendungen geworfen, wie ein 1987 in hoher Auflage verbreitetes Faltblatt der »neuen Kraft für Deutschland« mit dem Titel: »Wer sind wir?« (Zu dem Coup des Rivalen Gerhard Frey, per Bundespost Millionen unerbetene Briefe samt Aufnahmeformular abzusetzen, sagen die REPs neidisch, das sei Umweltverschmutzung.) Auf eine Formel gebracht, würde als Programmsatz ausreichen: gegen Dealer und Türken, für (Ordnung in) Deutschland.

Explizit interessiert das Parteiprogramm nur die intellektuell anspruchsvollere Gefolgschaft der REPs (und ihre Kritiker der Linken, die sich von solchen Progammaussagen negativ faszinieren und zu akribischen Exegesen verleiten lassen). Aber solche Töne, die, nennen wir es so: ein »Extremismus der Mitte« hervorbringt, treffen eben einen bestimmten Zeitgeist; sie machen subkutane Tendenzen »von der Bundesrepublik nach Deutschland« (Dan Diner) hörbar. Unter diesem Aspekt ist auch ein weithin ignoriertes Programm interessant, sofern darin das *Phantombild einer neuen Rechtspartei* gezeichnet wird.

Eine neue, massenwirksame Rechtspartei, die aus dem Zustand komischer Sektenhaftigkeit und ihrerseits »aus dem Schatten Hitlers« heraustreten, die zugleich das auf bis zu 15% zu schätzende Wählerpotential »rechts von der Union« zusammenführen will, müßte verschiedene Aktions- und Programmelemente *auf ihre Weise »volksparteilich«* synthetisieren, ohne dabei selbst in konservativ-liberaler Unverbindlichkeit zu verharren:

- den aktionistischen, antiintellektuellen Handlungsimpuls der »Neonazis«,
- das Traditionsreservoir des deutsch-nationalen »Reichs-« und »Stahlhelm«-Konservativismus,
- die auf »Lebensschutz« und »Neutralität« gerichteten Überschüsse der »Ökopax«-Bewegung,
- den »heidnischen« Sozialbiologismus der *Nouvelle Droite* und – Quadratur des Kreises:
- den christlichen Fundamentalismus mit dem zentralen »218«-Issue.

Wenn man daraufhin das REP-Programm durchforstet: Das meiste riecht noch stark nach altbackener »Volkspartei der rechten Mitte«: So die ursprüngliche Selbsteinstufung »konservativ-liberal«, das Treuegelöbnis zum »westlichen Sicherheits- und Wirtschaftssystem« und das obligate Bekenntnis zur »europäischen Einigung« (1983).

Die REPs stehen noch auf der Scheidelinie zwischen deutsch-nationalem bzw. neonazistischem Anachronismus und *Nouvelle Droite;* sie wackeln noch auf der Kippe zwischen bravem »Vierte Partei«-Appendix im antifaschistischen »arco constituzionale« von 1949 und entschiedener postfaschistischer Revision ohne alle Rück-Sicht. Erst zögernd formt sich auch der »heidnisch« *neu*rechte und lagerübergreifend *populistische* Part – unter Zugabe einer Prise verhohlenen *Antisemitismus* (Schönhuber auf Parteiveranstaltungen: »Der Zentralrat der Juden als fünfte Besatzungsmacht« oder »Ich mag Herrn Galinski nicht lieben müssen«), einer gehörigen Portion antiwestlichen *Nationalneutralismus* und unter Akzentuierung des zeithistorischen *Revisionismus*, der nicht mehr bloß der »geschmähten Generation« (und Schönhubers Kameraden von der Waffen-SS) ihr angebliches Recht zukommen läßt, sondern das entnervte Schlußstrich-Postulat der Jungen unterstützt.

»Den Chaoten entgegentreten!«

Wegen des hohen Anteils von Staatsdienern und speziell Ordnungskräften in der Partei lesen sich viele REP-Forderungen wie solche einer rechten Polizisten-Gewerkschaft und ziehen folglich immer neue Polizisten an – auch ein Mittel, Parteien ergrünen zu lassen. Das ganze ist freilich kaum auf der Höhe des Überwachungsstaates (Schönhuber wettert sogar gegen die »Republik der Dossiers«, in der sich die Bürger vor dem Staat ängstigen müssen, und auch der Zimmermannsche Kronzeuge »verdient keine Rechtsverschonung«), vielmehr aus der Froschperspektive des kleinen KOBs oder Bezirksrambos formuliert.

Das »Vertrauen in die Exekutive und ihre Organe« müsse wiederhergestellt werden. Im einzelnen wird dann z. B. Strafbarkeit der Vermummung und passiven Bewaffnung gefordert, die Restauration des Landfriedensbruch-Paragraphen in seiner vor-sozialliberalen Form, weitgehende Demonstrationsverbote, Festlegung von Sperrzonen und zentrale Erfassung von Demonstrationsstraftätern. Ein unverblümt korporatives Anliegen, als Gemeinwohlinteresse verkauft, ist der nimmersatte Ruf nach Beseitigung des Personalmangels und besserer Ausrüstung der Polizei, u. a. mit Distanzwaffen. »Sicherheit geht vor Datenschutz«, wer hat schon etwas zu verbergen? Auch »Lebenslänglich für Dealer« ist eine ebenso populäre wie redundante Forderung. Weiter wollen die REPs die Abschaffung des Hafturlaubs und anderer Vergünstigungen für gefährliche Straftäter; das

»Taximörder-Syndrom« ist schon zusammen, jedoch schreckt Schönhuber vor der Todesstrafe »aus ethischen Gründen« zurück – Le Pen und Pasqua sind da weniger zimperlich. Aus das Ressentiment gegen AIDS-Infizierte wuchert süddeutsch, bleibt aber im Hintergrund – *Gauweiler was already here … and will come back.*

»Sauberkeit, Pünktlichkeit und Ordnung« und wabernde »Staatsgemütlichkeit« (Claudia Wolff) trüben auch nicht die unborussische Doppel-Moral des Kleinkriminellen, die der Berliner Spitzenkandidat und Fraktionsführer, der Polizeibeamte *Bernhard Andres,* 37, geradezu prototypisch symbolisiert: Schimanski ist er nicht, aber gegen ihn läuft ein Disziplinarverfahren in mehreren Punkten; erst nach Zahlung einer Geldbuße in Höhe von 3000 Mark eingestellt wurde in zweiter Instanz ein Strafverfahren wg. Urkundenfälschung. (Noch) nicht die Bestechlichkeit der Großen aus den »Altparteien« ist das Markenzeichen der Partei, auch (noch) nicht der Klüngel der Kommunal- und Staatsparteien von Kiel bis München; sondern die ausufernde Normaldelinquenz der kleinen Leute.

Hier herrscht das paranoide Weltbild eines gesellschaftsumfassenden »Weißen Rings«, in dem alle potentielle Verbrechensopfer sind, und Ede Zimmermanns Bürgerwehr-(tele)vision. Wenn *der* Zimmermann in die Politik ginge …

»Wir sind Deutsche, wollen Deutsche bleiben«

Oder auch: »Andere Völker achten wir, unseres aber lieben wir.« Aggressive »Ausländer 'raus!« – Parolen (der berüchtigte Berliner Fernsehspot) werden gerne verfassungskonform gestylt: Um angeblichen »Asylbetrug« kümmern sich dann »Schnellrichter an der Grenze«; der Bundestag »ändert« mal rasch Artikel 16 GG; abgelehnte Asylbewerber werden sofort abgeschoben, ebenso und unverzüglich ausländische Straftäter, die zudem erkennungsdienstlich behandelt werden. Materielles Ziel dieser »konsequenten« Ausländerpolitik ist die Verringerung des Ausländeranteils durch Nachzugsstop und Rückkehrprämien. Daueraufenthalt, Familienzusammenführung und Sozialleistungsansprüche kommen nicht in Frage: »Deutschland darf kein Einwanderungsland werden!«

Dieser (auch nicht mehr originelle) Restriktionskurs (Vorbild: eine bavarisierte Schweiz) erhält ein möchtegernraffiniertes »ökologisches« Ornament: Die Grenzen dicht zu machen, schützt *uns* vor der Umweltverschmutzung durch Überbevölkerung und die Fremden vor zwangsläufiger »Germanisierung« – eine klassische Finte der Neuen Rechten, die gleichfalls auf die »multikulturelle Gesellschaft« setzt – nämlich qua *Segregation* der ethnischen Einheiten. Natürlich sind die REPs deshalb gegen jede Form des Wahlrechts für Ausländer; aber hier lebende Ausländer sollen immerhin (und schön paternalistisch) eine »Vertrauensperson« in »Gemeindevertretungen und Ausschüsse« entsenden dürfen.

Kleiner Exkurs: Gretchenfrage für Deutschtümler

Der gemeine Ausländerfeind unterscheidet bei den »Fremden« freilich nicht nach »deutschstämmigen« Aussiedlern und fremdstämmigen Einwanderern. Das wirft konzeptionelle Probleme in der Kampagnenführung auf.

In einem Grundsatzartikel werden Spätaussiedler zunächst als »besonders volksbewußte und arbeitsame Menschen, die unter schweren Verfolgungen und stärkstem Druck ihr Deutschtum bewahrt haben«, gewürdigt. Es sei »besonders übel . . ., daß diese Deutschen aus dem Osten und Südosten in der Bundesrepublik oft schlechter behandelt werden als Wirtschaftsflüchtlinge aus der Dritten Welt.« Daß mangelnde Sprachkenntnisse der ersten Gruppe »einige Bundesbürger nicht mehr zwischen eigenen Landsleuten und exotischen Wirtschaftsasylanten unterscheiden« lasse, sei »bitter« (in: *Rep.*, 8/88).

Nun dürfte auch am REP-Hauptquartier in der Münchener Sandstraße nicht vorbeigegangen sein, daß zu diesen Bundesbürgern eine gerüttelte Portion REP-Wähler zählen – was tun? Die Ressentiments erklärt man sich in München so, daß unter den Spätaussiedlern viele, natürlich fremdvölkische Betrüger seien, die sich durch gefälschte Urkunden und Lügen die markschweren Leistungen des Bundesvertriebenenausweises erschlichen:

»Vorteile, die deutschen Spätaussiedlern den schweren Start in ein neues Leben erleichtern sollen, werden schamlos von Polen, Tschechen, Rumänen, Zigeunern und Angehörigen anderer Fremdnationalitäten ausgenutzt.« Ja, es ließen sich »sogar Fälle nachweisen, wo sich ehemalige Vertreiber plötzlich als Vertriebene ausgaben und sich am Volk ihrer Opfer zu bereichern trachteten.«

So kann man die Aussiedlerströme *im Prinzip* gutheißen (und die Bundesregierung ihrer »mangelhaft wahrgenommenen Fürsorgepflicht« wegen tadeln), aber dem Ressentiment *im Detail* gegen den konkreten Aussiedler (der da vor sich hin radebrecht, der den guten Deutschen Wohnraum und Arbeitsplatz stiebitzt usw.) freien Lauf lassen.

»Deutschland zuerst«

Raketenverunsicherung und ostpolitische Erfüllungs-Kontinuität, wir erinnern uns, waren die auslösenden Gründungsmotive der REPs. Im Verhältnis zur DDR wird deswegen »Konsequenz« gefordert: keine Anerkennung der DDR-Staatsbürgerschaft und -Hauptstadt Ost-Berlin; Kredite nur bei entsprechenden Gegenleistungen. Die *Wiedervereinigung,* Granit der westdeutschen Lebenslüge seit Beginn, bleibt oberstes Ziel; ihr muß die westeuropäische Integration strikt untergeordnet bleiben. Hingegen »böten die jüngsten Entwicklungen in der Sowjetunion guten Anlaß, das Friedensproblem mit der deutschen Frage sinnvoll zu verknüpfen. Hierzu ist allerdings weniger ›atlantisches‹ als vielmehr deutsches Denken nötig«, sagte Schönhuber 1988 *wir selbst,* einer einschlägigen nationalrevolutionären Zeitschrift (zit. nach *Rep.,* 8/1988). Deutschlands Wiederherstellung, kein Wolkenkuckucksheim »in den Grenzen von xy«, wie Intimfeind Geißler gehöhnt hat, sondern als *»Deutsches Reich in allen seinen Teilen«,* ist das Ziel eines Friedensvertrages.

Daß *der Weg zur Wiedervereinigung über Moskau führt,* ist eine bekannte Faustregel der deutschen Rechten; den REPs nahestehende Publizisten und Wissenschaftler haben sie beschrieben: z. B. Harald Rüddenklau, der auch einmal zum »Deutschen Nationalrat« stoßen sollte und nun seinen eigenen (»Neuen Deutschen National«-)Verein gegründet hat, bis vor kurzem Mitarbeiter der reputierten »Deutschen Gesellschaft für auswärtige Politik« in Bonn. Auch das Duo Wolfgang Seiffert und Hermann von Berg, Ex-Spezis von Honnecker und Stoph, in deren Republikflucht sich der preußische Sozialismus zur Kenntlichkeit enthüllt hat, hat sich in dieser Richtung geäußert – deutsch-sowjetische Verständigung, um die Wiedervereinigung zu erreichen. Die Emissäre antichambrieren schon diskret in den Botschaften und in der Lobby der Konferenz- und Tagungsstätten.

Im übrigen profilieren sich die REPs, zuletzt anläßlich des Europa-Wahlkampfes, zunehmend als *Anti-Europäer* und in einem umfassenden Sinne *antiokzidental:* »Deutsche Reinheit im Maßkrug« oder »saubere Wurst ohne Chemie« reichen zwar noch nicht zum EG-Austritt; aber daß man *diese* EG nicht will, ist schon Programm, genauso wie bei der DVU/NPD. Auch das wird wieder ökologisch verbrämt, um die »bäuerliche Landwirtschaft« zu schützen, die durch Brüssel und das Agrobusiness zerstört werde. Die Öffnung der Grenzen gilt aber vor allem als Dammbruch für eine Welle von Gewalt und Euroterrorismus aus dem Ausland und als Durchbruch für die perhorreszierte »multikulturelle Gesellschaft«.

Auch der *NATO-Austritt* ist angelegt, sobald eine weitere Zugehörigkeit nicht mehr »mit den deutschen Interessen vereinbar ist«. Schönhuber: »Von deutschem Boden darf niemals wieder Krieg ausgehen. Aber: Es darf auch niemals wieder Krieg auf deutschen Boden getragen werden, sei es von den Russen oder Amerikanern.« Ein strammer *Antiamerikanismus* führt beim Parteichef sogar zum Votum gegen die Entsendung deutscher Truppen in Spannungsgebiete: deutsche Soldaten seien nicht dazu da, »die Interessen der Wall Street« zu verteidigen.

Unverblümter für ein *»blockfreies Deutschland«* plädieren die Jungen REPs; sie wünschen »alle in Deutschland stationierten Besatzungstruppen samt ihres friedensgefährdenden Rüstungsmaterials« zum Teufel, wollen »einen möglichst hohen Selbstversorgungsgrad unserer Volkswirtschaft und eine verstärkte politische, wirtschaftliche und militärische

Kooperation mit den Völkern der ›Dritten Welt‹«. Besonders entschlossen greifen die Jungen REPs das finstere an-
gloamerikanische Finanzkapital, die Multis und die ganze
amerikanische Ideologie der »one world« an; die BRD empfinden sie als 51. Staat der USA. Ihre volksbefreiende, übrigens klassisch nationalsozialistische Autarkieforderung,
wiederholt im Vorgriff den »Antiimperialismus aus Konkurrenz« (Detlev Claussen) des deutsch-mitteleuropäischen mit
dem angloamerikanischen »Kultur«- und Freihandelsimpe-
rialismus.

Auch Schönhuber hat was gegen amerikanische Kultur-
überschwemmung. Zu wahrscheinlich auch bei seinem
Wahlvolk beliebten TV-Serien meint er tadelnd: »Die Amerikaner haben dem deutschen Volk die Seele genommen.«
Das könnte er auch einer linken WG abgelauscht haben,
ebenso wie die Jungen REPs dem populären deutschen Lied-
chensinger Heinz Rudolf Kunze die flotte Formel: »Wir
sind eben nicht nur politisch, sondern auch kulturell ein
besetztes Land.« Gegen »internationale Kulturstandards«
und »Gleichmacherei« setzen sie auf »Entwirrung«, auf
»Identität und Zugehörigkeit.«

»Der Fahrkartenschalter nach Canossa ist geschlossen«

So redet manisch einer, dem die mißratene eigene Vergangenheitsbewältigung zum Karriereknick geriet und dann zur
Initiation auf der politischen Bühne gereicht hat. Revanche-
halber fordert er nun, als personifiziertes Opfer, »wahrheits-
gemäße Geschichtsschreibung« über die NS-Zeit, die »Versöhnung der Generationen« und den obligaten »Schlußstrich«. Wofür er sich geradezu prädestiniert hält:

Als »ehrliche Haut«, die nicht zu den Siegern und Umer-
ziehern übergelaufen ist und die ganze Wahrheit über den
Nationalsozialismus, inklusive der Begeisterung der meisten
Deutschen, nicht verschweigt. Als Zeitzeuge (»Ich war dabei«), der für Authentizität bürgt (und nicht bloß für Hö-
rensagen, Spätsiegertum und Gratismut). Als (Jugend)Buch-
autor, der sich anbietet, die schwachen oder einseitigen Ge-
schichtskenntnisse der Jugend zu korrigieren und nicht nur

Suzanne, Andrea und Florian, seinen eigenen drei Kindern, »große Zeiten« ersparen, aber auch wieder Nationalstolz geben will. Kurz: Schönhuber handelt, wie Philipp Jenninger in seiner verunglückten 9. November-Rede, in dem Bewußtsein: »Man kann noch nicht alles sagen in Deutschland« (aber ich tue es). Als Großvater, der noch selbst dabei war (in der Waffen-SS und in der »Leibstandarte Adolf Hitler«) für die Enkel, die das verklemmte Bewältigungsgedöns der Söhne, der Lehrer, der 68er, der »Umerzogenen« satt haben und sagen: »Deutschland? Find ich gut!«

Zu dieser Mission (er sieht es so) hat der lebenslange Minderwertigkeitskomplex des Aufsteigers aus kleinen Verhältnissen beigetragen, dem das Jurastudium wegen seiner Waffen-SS-Zugehörigkeit verwehrt war; dann die Rachegelüste einer gequälten Seele, deren steile Karriere gestoppt wurde, während »echte« SS'ler (wie der *Spiegel*-Journalist Georg Wolff) und hohe Schreibtischtäter wie Werner Höfer ihren Weg machten; schließlich das Gerechtigkeitsgefühl des Rechten, der auf die Anklagebank kam, während »linke« Ex-Waffen-SS'ler (wie der Dortmunder SPD-OB Samtlebe) geschont wurden.

Schönhuber kennt alle Register der antifaschistischen Distanzierung; er rechtfertigt und verharmlost unter dem Slogan »Wehret den Anfängen!«. In dieser Pose (»Antifaschismus ohne Verrat«) verkörpert er das ganze Pathos des Revisionismus, der es keinem recht machen kann bei der unbequemen Wahrheitssuche. Als seine Bekenntnisschrift *Ich war dabei* 1981 erschien, haben viele, die das Buch nicht gelesen haben, darin eine »Verherrlichung der SS« und eine »Glorifizierung Hitlers« gesehen. Das greift zu kurz. Schönhuber propagiert vielmehr einen deutschen und europäischen *Faschismus ohne Hitler, minus Auschwitz und Weltkrieg;* eine nationale Revolution, die nicht durch Parteibonzen und SS-Elite verraten wird – eben die Rebellion der kleinen Leute, die sich zu Deutschlands Befreiern aufschwingen wollten und die wahre »Volksgemeinschaft« gebildet hätten, die die Klassengrenzen übersteigt und aufhebt.

»Mein Plädoyer für Deutschland – trotz allem – bedeutet naturgemäß das Ausbreiten entlastender Faktoren für unser Volk . . . selbst wer

von der Einmaligkeit deutscher Verbrechen ausgeht – ich tue dies nicht
–, darf doch vor den Verbrechen der anderen die Augen nicht verschlie-
ßen. (...) Wir brauchen jetzt ein Endlager, eine Entsorgung unserer
Geschichte, die nicht zu einem Freispruch fürchterlicher Verbrechen
führen darf, aber Ursache und Wirkung in ein angemessenes Verhältnis
bringt.«

Schönhuber beschreibt sich damit nicht nur in eigener Sache: Er ist Amateur-Revisionist, der endlich die politischen
Konsequenzen aus den philosophischen Disputen über
»Einzigartigkeit« oder »Vergleichbarkeit« sehen will, ein
Ernst Nolte im Bierzelt, demnächst im Parlament. Daß
Schönhubers Freund und Berater Armin Mohler die eigentlichen Urheberrechte für den politischen »Historikerstreit«
beanspruchen darf, darauf hatten wir beizeiten schon hingewiesen (*Der Geist steht rechts*, III, 3).

Und Schönhuber kennt die klassischen Topoi der Auf-
rechnung: Dresden und Hiroshima gegen eine »Allein-
schuld« Deutschlands am Zweiten Weltkrieg (die es angeblich erst noch zu beweisen gilt), bezweifelte 6 Millionen er-
mordete Juden gegen mindestens 50 Millionen Opfer des
Stalinismus, Auschwitz gegen Nemmersdorf.

Durch die verordnete und verinnerlichte »Umerziehung«
nach 1945 sei das deutsche Volk krank, »nationalmasochi-
stisch« geworden, lautet Doktor Schönhubers Diagnose der
»verletzten Nation« (Noelle-Neumann); dermaßen ge-
schwächt, schlurft der Patient »ängstlich und verstört durch
die Weltgeschichte«. Die Therapie? Zunächst müssen die falschen Doktoren weg: die »Watschen-Beate« (Beate Klars-
feld), der »Oberbewältiger« Jörg Friedrich (Autor von *Die
kalte Amnestie*), die »Psychoanalytikerin« Margarete Mitscherlich (Koautorin von *Die Unfähigkeit zu trauern*), die
»Stachanowistin des Bewältigungsjournalismus« Lea Rosh;
nicht zu vergessen »prominente Juden wie Ministerpräsident
Schamir, der Präsident des Jüdischen Weltkongresses Bronf-
man, vor allem der Vorsitzende der jüdischen Kultusge-
meinde Berlin, Galinski«; die »Richter- und Lehrerrepu-
blik«, die »Professorenschwemme« usw. usf. – sie alle stehen
auf der Abschußliste des Bewältigers der Bewältigung, des
Umerziehers der Umerzogenen. Er selbst braucht gar nicht

mehr selbst abzudrücken: die »unbefangenen« Enkel werden's richten ... Sie werden den neuen deutschen Bewältigungsimperativ beherzigen: »Das Lebensrecht des deutschen Volkes ist aus sich selbst heraus begründet. Es bleibt unberührt von historischen Schulderörterungen.«

Reinhaltung von Mensch, Gemeinschaft und Landschaft

Nicht allein, um im »Trend« zu liegen, ist für neue Rechtsparteien der Rekurs auf ökologische Themen und deren biologisch-völkische Umdeutung obligat. Empirische Untersuchungen haben schon lange die Existenz ökologischer Spurenelemente im rechtsextremen Wertekosmos (und *vice versa*) gemutmaßt; die Nähe des »Natur als Politik«-Paradigmas oder der Lehre von den »natürlichen Kreisläufen« zur geistesgeschichtlichen Tradition der Konservativen Revolution ist in der Tat frappierend.

Am rechten Rand der CDU, aber auch als Spaltprodukt der Grünen der ersten Stunde hat sich unter den »Zwergen« auch ein braungrüner Parteisplitter eingefunden: die 1982 vom ehemaligen CDU-MdB Herbert Gruhl und dem Öko-Bauern Baldur Springmann gegründete »Ökologisch-Demokratische Partei« (ÖDP). Diese Partei wähnt sich seither in einem Zweifrontenkrieg sowohl gegen die rabiate liberal-konservative Modernisierungs- und Wachstumspolitik wie auch gegen die ökosozialistische Linksdrift der GRÜNEN. Ein offener, der CDU entfremdeter Symphatisant dieser Strömung ist der SWF-»Report«-Moderator Franz Alt, der die ÖDP »zwischen Grün und Schwarz« ansiedelte: »umweltbewußter als die CDU, aber konservativer als die Grünen«. Die *Katholische Nachrichtenagentur* bescheinigte der ÖDP, das »hohe C« zwar nicht im Namen, dafür aber im Herzen zu tragen.

Rechtsextreme Tönungen blieben da zunächst im Hintergrund, doch hat sich Ende 1988 die ÖDP nicht zufällig über der Frage gespalten, wie nun deutsch-nationale, sozialbiologische und »monokulturelle« Anliegen integriert werden können, die von der Parteibasis wie auch von Gruhl nachgefragt werden. So entstand ein deutschlandpolitischer Programmteil (»Wiedervereinigung«) mit der Absage an EG (»so nicht«) und NATO und deutlichen Antipathien gegen Einwanderer, um deren »Identitätsverlust« man sich scheinheilige Sorgen macht. Allerdings mußte die ÖDP sich nun um die eigene Identität Sorgen machen – so nahe war sie in den Augen vieler Mitglieder und Sympies schon an NPD und Republikaner gerückt. Als Gruhl sich (im Februar 1989) weigerte, einen »Grundsatzbeschluß zur Abgrenzung der ÖDP von den Rechtsparteien« mitzutragen, wurde er entmachtet ... und vom neuen Vorsitzenden der »Partei der streitbaren Mitte«, Ritter, kurzerhand zum »Vordenker« weggelobt (*FAZ*, 5. 4. 1989).

Von dieser »ökologisch-demokratischen« Seite allein aus war die Konstitution einer neuen Rechtspartei also nicht zu schaffen. Um so interessanter ist nun der umgekehrte Fusionsversuch. Schönhuber bekundete unlängst vor versammelter Medienöffentlichkeit (»Karfreitagszauber« '89 auf dem Bodensee) vorsorglich seinen »tiefen Respekt vor Herbert Gruhl«. Völkisches Reinheitsgebot, »identitäre« Kultur- und Bildungspolitik, technische Umweltschutzmaßen, überfunktionelle Heimatpflege und »Wertschätzung des ungeborenen Lebens« konvergieren in einem kompakten »Lebensschutzparadigma«.

Im übrigen sind die REPs gegen »Abtreibung aus sozialen Gründen«. Der CDU-Austritt von Franz Alt, der mit der Lauheit und Laschheit der Union in der Abtreibungsfrage begründet war, wird im Parteiorgan (*Rep.*, 8/88) ausdrücklich begrüßt. Deutschlands Frauen sollen ruhig schaffen, aber ihre naturgegebene Rolle als Mütter und Familienmittelpunkt bitte weiterspielen. Hier spekuliert die Neue Rechte natürlich auf Bataillone Unzufriedener innerhalb und am Rande der Union: die innerparteiliche Opposition »Christdemokraten für das Leben«, die außerparlamentarischen *Pro-Life*-Kampagnen, die hier und da mühsam revitalisierte katholische »Zentrums«-Tradition und die integristischen Anhänger eines »christlichen Staates« usw. Bis dato hat dieses Milieu dem geringeren Übel, der Partei mit dem hohen »C«, zugesprochen oder sich bei Wahlen enthalten.

Das hindert Schönhuber keineswegs daran, gelegentlich

auch das Register eines rhetorischen Antiklerikalismus zu ziehen: »Theo Waigel ist im wahrsten Sinne des Wortes ein ›Schwarzer‹, ein ›Klerikaler‹. Ein Tiefschwarzer, das war Strauß nie. (Waigels) Vorstellungen sind näher an Geißler als an Strauß«, führte Schönhuber nur eine Woche nach dem Tode des großen Vorsitzenden vor 2000 Bayern das Wort gegen Rom und Bonn. Als Klerikaler gilt besonders Geißler – der angebliche CDU-»Marxist«, oder Norbert Blüm, einer aus dem Volk zwar, aber ein »Herz-Jesu-Sozialist«. Ganz deutlich sind die Invektiven gegen die (nach links offenen, ausländerfreundlichen, ökopazifistischen) Kirchen, die ihr Geld für Südafrikas Neger verschleudern und deren Pfarrer an Wackersdorfs oder Brokdorfs Bauzäunen demonstrieren. – Soll man dafür Kirchensteuer zahlen?

Intellektuelle Vordenker der REPs haben für den katholisch-abendländischen Traditionsfundus des westdeutschen »Gärtnerkonservativismus« (Mohler) ohnehin nur Hohn und Spott übrig und halten sich an die pagane Esoterik der heidnischen *Nouvelle Droite:* Jene, in Frankreich, schielt aber schon längst auf die enragierte Anhängerschaft des Ketzers Lefèbvre: Paris ist eine lateinische Messe wert. Von beidem indessen sind die REPs noch weit entfernt; ein Bischof Dyba braucht noch kein Schisma und die Evangelikalen bleiben in ihren Gemeinden.

Primat der Politik!

Auch wirtschafts- und sozialpolitisch begannen die REPs ganz konventionell: für die freie Marktwirtschaft und die »Stärkung des Klein- und Mittelstandes«. Die Handwerker und Bauern will Schönhuber aus der Fuchtel der »Administratoren und Arbeitsrichter« befreien, und selbst nach der zehnten Steuerreform und Senkung der Angaben ließe sich aus der christdemokratischen Fiskal- und Budgetpolitik immer noch ein kleiner Glistrup-Funke schlagen.

Die Jungen REPs haben schon ein »ganzheitliches« Wirtschaftsprogramm entwickelt, das auf radikale Entflechtung, wirtschaftspolitische Rahmenplanung einer ökologischen und sozialen Marktwirtschaft und genossenschaftliche

Selbstverwaltung als Keimzellen kooperativer Lebensformen hinausläuft. Der *Dritte Weg zwischen Kapitalismus und Sozialismus* steht beim Parteinachwuchs schon ante portas, aufgemotzt durch eine Prise »Konvivialität«.

Die heutige Rechte ist (in ihrem Programm) nicht mehr antidemokratisch, sondern fordert zeitkonform *mehr* Demokratie. Schönhubers Republik ist der »volksnahe« Obrigkeitsstaat, der keine modische Forderung (»mündiger Bürger«, »Zurückdrängung der Gesetzesflut«, »Bürgernähe«, »Ombudsmann«) und keine plebiszitäre Idee (»Volkswahl des Bundespräsidenten«, »Volksbegehren und Volksentscheid«) ausläßt. Das ganze steht freilich unter dem dehnbaren Vorbehalt, daß die Rechte des einzelnen »dort ihre Grenze finden, wo das Wohl der Gemeinschaft in Frage gestellt wird«. Schönhubers Idealbild ist die Volksgemeinschaft, die »gute Seite des Nationalsozialismus« also.

Auf dem Weg dorthin bedienen die REPs insbesondere den Anti-Parteien-Affekt, der sich in grassierenden Vertrauensverlusten und zunehmendem Abstentionismus ausdrückt – will man diese »Partei der Nichtwähler« doch beerben. Insofern setzt Schönhuber agitatorisch wie programmatisch auf *Populismus,* die semantische Verjüngung der »Volksgemeinschaft«. Und wie weiland Glistrup in Dänemark, heute Le Pen in Frankreich und Haider in Österreich nährt er die Aversionen gegen die »Altparteien« und die »korrupte« politische Klasse in Bonn und München kräftig. Der politische Magen der Republik stößt auf gegen den Bonner Wasserkopf und kommt ihm basisdemokratisch:

»Schluß mit der Immunität für Abgeordnete«; gegen den Hochmut der Mächtigen fordert man die Abschaffung des Straftatbestands der Beamtenbeleidigung; gegen den Filz auf allen Ebenen und die Bestechlichkeit aller Gruppen und Klassen von Volks- und Interessenvertreter die »immerwährende Rechenschaftspflicht der Abgeordneten« und die »strikte Trennung von politischem und wirtschaftlichem Mandat« – so soll der Augiasstall ausgemistet werden. Sogar einer Rotation der Mandatsträger redet Schönhuber, der z. Zt. auf mehrere Mandate gleichzeitig zusteuert, das Wort. Solche Blüten und Antipathien reifen auf dem Boden des *pays réel,* ein alter Topos der Rechten, mit dem sie ihre angeblich »wirklichkeitsnahe« Politik gegen das (Pariser, Bonner) *pays légal* herauskehrt: der Stammtisch geht wählen – am besten wäre es, meint der Vorsitzende, alle Wahlen am gleichen Tag abzuhalten.

Doch nimmt Schönhuber mit gewissem Recht für sich in Anspruch: »Das, was ich laut sage, denkt das deutsche Volk leise«. Die »wirkliche« politische Wirklichkeit sei Lichtjahre entfernt von den »abgehobenen« Modellen der Politiker-Politik, von der Tagesschau und den Spiegelungen der politischen Sphäre in den Zeitungen. Daß die Massen medienelektronisch manipuliert werden, glaubt man dem Fernsehprofi Schönhuber gern; er nutzt das Unbehagen der Endlosglotzer über die Dauerberieselung geschickt aus zu Feldzügen gegen die öffentlich-rechtlichen Anstalten – daß sie ihn geschaßt haben, wird er seinen Spezis nie verzeihen.

Nun setzt Schönhuber ohne Jupiterlampen fort, was er mit seinem maßgeschneiderten Fernseh-Kummerkasten »Jetz red' i« begonnen hat. Bürger Bayerns stellten darin öffentlich in einem Wirtshaus in der bayerischen Provinz peinliche Fragen an Staatsminister, höhere Beamte von Bundesbahn, Bundespost und Finanzbehörden; das Munzinger-Archiv lobte diese (auch in Gorbatschows Perestroika und Gabuns Klientelwirtschaft probate) Form, Volkes Quäkstimme zu Gehör zu bringen, als »Beispiel lebendiger Demokratie«.

Ja, so hätten wir armen, ohnmächtigen Bürger es gern: sich mal richtig über die da oben auskotzen, sie schwitzen und zittern, sie womöglich stürzen sehen über ihre Unfähigkeiten und Unregelmäßigkeiten – und das nennen wir dann: Politik. In diese Anti-Politik mischt sich der soziale Neid auf Yuppies, Kir Royal und *high society.* Harald Neubauer in Nürnberg: »Unser politischer Appell richtet sich nicht an die Schicki-Micki-Gesellschaft, sondern an die anständigen fleißigen Menschen« (*taz,* 3. 2. 89). Konklusion der Jungen REPs:

»In diesem Sinne streben wir die Formierung einer *Bewegung* jenseits der überholten politischen Frontlinien (»links – rechts«) und Parteiungen an, die es sich zur obersten Pflicht macht, ungeachtet möglicher Anfeindungen und eingefleischter Vorurteile, die Dinge beim Namen zu nennen und daher allen aufgeschlossenen, nach neuen Wegen und Perspektiven suchenden Menschen unterschiedlichster sozialer, politischer und regionaler Herkunft offensteht, um das aufzufangen, was an Resignation und enttäuschter Hoffnung aus der chaotischen und verantwortungslosen Politik der Etablierten herausfällt.

Keine Gnade in Mettenheim
(von Ulrich Chaussy)

Das Dorf Mettenheim schimmert in der satten Abendsonne dieses Frühlingstages wie ein oberbayerisches Heile-Welt-Versprechen. Es liegt eine gute Autostunde östlich von München entfernt inmitten von Feldern in der Ebene vor Mühldorf, nur wenig abseits der großen Ausfallstraße Richtung Altötting, deren umstrittener autobahnbreiter Ausbau das einzige politische Thema aus dieser Region ist, das von Zeit zu Zeit bis München Wellen schlägt. Mettenheim, das ist eine hochaufragende Kirche mit Friedhof in der Mitte, kreisrund umgeben von einigen Bauernhöfen und dem Gasthof »Frauendienst«.

Hier sind die großen Themen der Republik fernsehfern: keine Inschriften an den Mauern, keine fremdländischen Gestalten in den Straßen, die noch mehr auffielen als ich, der auch nicht von hier kommt, dem es ein jeder beim kürzesten Blick und Gruß anspürt und mancher spüren läßt, daß er fremd ist. Nur ein DIN A 4-Flugblatt, mit zwei Reißzwekken am schwarzen Brett befestigt, erinnert an den Termin des Abends. Es ist nicht übermalt wie manche der blauen Plakate außerhalb Mettenheims. Dort hat hastig irgendwer NAZIS quer drübergesprüht.

Eine Viertelstunde später zurück von einer Runde ums Dorf fädele ich mich ein in den dünnen, aber konstanten Strom der Besucher, die sich jetzt die Wirtshaustürklinke in die Hand geben. Vor der Treppe in den Festsaal im ersten Stock haben Polizisten Stellung bezogen, ihre plärrenden Sprechfunkgeräte zur Hand. Ein massiger Mann im Trachtenanzug – er wird wenig später die Versammlung eröffnen – schiebt sich zu den Beamten hin, begrüßt sie mit Handschlag, schwatzt eine Runde. Man kennt sich und duzt einander.

Eine Treppe höher ist sonst der Tanzboden für große Feste des Dorfes. Helfer der Partei haben ein Rednerpult auf dem kleinen Podium im Eck des Saales aufgebaut. Hier spielt sonst die Musik. Jetzt dient ein Stereogerät mit Boxen als improvisierte Saalbeschallung.

Ich stelle mich als Pressevertreter vor. Ein Herr Böhm kümmert sich sogleich um den bereits angekündigten Reporter, setzt sich mir gegenüber an eine der langen Tischreihen, bedeckt mit weißen Tischdecken und den weißblau gehaltenen Flugblättern und Zeitschriften der Republikaner. Willi Böhm, Mitte fünfzig, kurze weiße Haare, bemüht sich freundlich, mir sogleich klarzumachen, was die Republikaner alles nicht seien: Erstens keine Neonazis. Da kümmerten sich Leute wie er in einer Parteikommission für »Innere Sicherheit« darum, daß die Partei nicht durch neue Mitglieder aus diesem Spektrum unterwandert werde.

– Harald Neubauer, der Generalsekretär der Republikaner, werfe ich ein, der kommt doch von der NDP, war Redakteur der *Nationalzeitung* Gerhard Freys.

Böhm nickt; er vollführt mit seiner schwieligen, zerarbeiteten Hand eine etwas Vages, Geheimnisvolles andeutende Bewegung. Dem Neubauer, antwortet er, dem ist es beim Frey zu heiß geworden. Die Republikaner seien rechts und national, aber keine Nazis.

– Behauptet Gerhard Frey für die DVU auch, gebe ich zurück. Wo da die Republikaner die Grenze ziehen? Und wie man herausbringt, wer wes Geistes Kind ist?

Das merke man im Gespräch. Wieder winkt er wägend mit seiner geöffneten Hand.

– Und der Herr Schönhuber, der so viel Wert legt auf sein immer wiederholtes Bekenntnis zur Waffen-SS. Das sei doch eine Einladung für die Ewiggestrigen?

Das sei eben der Schönhuber. Aber – Böhm hebt beschwörend den Zeigefinger – das ist dem Schönhuber seine private Sache. Da gebe es manches einzuwenden und viele in der Partei, die ganz anderer Meinung seien als der Vorsitzende. Ganz stolz sagt das Willi Böhm. – Franz Glasauer hat sich zu uns gesetzt, der Redner des Abends. Er unterstützt Böhms kritische Bemerkungen über den Parteivorsitzenden. Der Reporter soll bemerken: Hier hat er keinen willfährigen Fanclub eines ehemaligen Fernsehmoderators vor sich, sondern eine Partei kerniger Mannsbilder, Anarchisten von rechts, Repräsentanten der bayerischen Volksseele. Das Bodenständige gelte es wieder in der Politik abzudecken, fährt Glasauer fort. Er ist Mitglied im Bundesvorstand und im Bayerischen Landesvorstand der Republikaner, aber das alles schmeiße er notfalls hin, nur eines nicht: den oberbayerischen Bezirksvorsitz. Daß die Leute hier ihn schließlich wählten, darauf komme es an. Verabschiedet sich wieder, gleich wird die Veranstaltung beginnen. – Noch etwas seien die Republikaner nicht, beschwört mich jetzt mein Gegenüber Willi Böhm: Ausländerfeinde. Mit denen wolle man bei den Republikanern nichts zu tun haben.

Mittlerweile beginnt am Rednerpult der Mann im Trachtenanzug das Begrüßungsritual. Artige Erwähnung finden die anwesenden Gemeinderäte, die Presse, der Wirt, die Polizisten. Eine arme Partei sei man, ohne Flick-Spenden und Regierungsgelder, darum werde auch heute wieder Geld gesammelt. Die Partei aber sei im Aufwind, brauche überall Kandidaten, weshalb der Kontaktmann für die Bürger von Mettenheim ein kurzes Grußwort spreche.

Der Letzguß, Siegfried, wie er sich vorstellt, faßt sich kurz. Techniker ist er, verheiratet, zwei Kinder, schon in der vierten Wahlperiode Betriebsrat. Warum er seit zwei Jahren in der Partei ist, fragt er rhetorisch und lacht: Das braucht man nicht groß begründen. Er sei immer der Meinung gewesen, die großen Parteien werden's schon richten, der kleine Mann könne eh nichts tun. Aber daß dies nun anders sei, hätten die Wahlen in Berlin und Hessen bewiesen.

Der Hauptredner Franz Glasauer steigt in den Ring. Publikumswirksam beginnt er mit einem politischen Gelübde. Er habe seinen Vollbart vor einigen Tagen abrasiert und sich geschworen, der kommt erst wieder hin, wenn er in den Landtag einziehe. Gleich zu Beginn spielt er auf ein Thema an, auf das er in zweieinviertel Stunden Rede immer wieder zurückkommen wird: Ohne Schluckbeschwerden stolz sagen zu können, »wir sind national, patriotisch und heimatverbunden!«, dies sei schon bewirkt worden von den Republikanern. Erster Beifall im Saal. Runde zwei: Wie bei einem lange ruhenden Vulkan sei nun von den Republikanern die Kuppe abgesprengt, die patriotische Lava quille hervor. Da sehe man, wie unterdrückt unser Volk gewesen sei nach 44 Jahren UMERZIEHUNG. – Plötzlich wirbelt der schillernde Begriff aus dem Wörterbuch der Rechtsextremisten in den Raum. Beifall.

Rechts überholen lassen wir uns nicht, auch nicht von der CSU, sagt Glasauer, und: Neben uns ist nur noch der Abgrund. Da habe doch der Chef der Jungen Union unter dem Eindruck der Republikaner die Todesstrafe für Rauschgiftdealer gefordert. Und das unterscheidet uns von der CSU, ruft Glasauer aus: Wir fordern nicht die Todesstrafe. Jeder Mensch hat das Recht auf Leben und darauf, für seine Taten einzustehen. Das heißt für die Republikaner: Solch ein Dealer werde gnadenlos lebenslänglich eingesperrt bei härtester Arbeit, lebenslang wortwörtlich verstanden. Die Todesstrafe, drei Minuten Angst vor der Hinrichtung, das ist einfach eine zu harmlose Strafe für diese Art Massenmord auf Raten und deshalb abzulehnen. ES DARF KEINE GNADE GEBEN, hämmert Glasauer in den Raum. – Die Todesstrafe als Humanitätsduselei zu verwerfen, macht Eindruck. Diesmal mischt sich kehliges Gebrüll in den heftigen Beifall.

Der Redner erspürt es, spielt weiter auf diesem Klavier beim Thema Hungerstreik der RAF-Häftlinge: Terroristen wollten ein fideles Gefängis haben. Das beste sei, sie hungerten sich zu Tode. Die Gleichheit der Bürger vor dem Gesetz gelte es wieder herzustellen, Bubi Scholz müsse genauso schmoren wie ein gewöhnlicher Mörder ohne prominenten Namen. ES DARF KEINE GNADE GEBEN. – Das ist ein Lieblingssatz des Redners. Die Begeisterung, die er damit auslöst, läßt schier vergessen, daß die ganze Versammlung im Schatten eines mächtigen dörflichen Kirchturms tagt.

Bekannte Politikernamen benutzt der Redner wie Umleitungsschilder am Straßenrand. Egal woher, sie weisen alle zu den Republikanern: Strauß, das war Recht und Ordnung, der hat uns bei der CSU gehalten. Seine politische Hausmannskost gebe es nun ausschließlich bei den Republikanern. Kurt Schumacher, das war ein patriotischer Sozialdemokrat, solche gebe es bei der SPD schon lange nicht mehr. NUR EINEN WILLY BRANDT, DER EIGENTLICH HERBERT FRAHM HEISST. – Adenauer läßt grüßen bei diesem Satz, er erfand in den sechziger Jahren diese Spielart der Hetze, mit der Brandt zum vaterlandslosen Gesellen gestempelt werden sollte.

Schließlich das Thema Ausländer. Glasauer benutzt die Formel, die Bundesrepublik könne nicht zum Sozialamt der Dritten Welt werden. Wirklich verfolgt seien die wenigsten, 98% der Asylanten, so glaubt er zu wissen, sind Wirtschaftsflüchtlinge. Die Asylantenheime malt Glasauer aus als Brutstätten der Kriminalität und des Rauschgifthandels. Schnellrichter müßten her an der Grenze. Und immer ein *Aperçu* zum Auf-die-Schenkel-Schlagen: In den Raum Tegernsee – eine bevorzugte Wohngegend einflußreicher CSU-Politiker – würden niemals Neger geschickt, das ließen sich die echten Schwarzen nicht bieten. – Gelächter im Saal.

Warum die SPD partout das Ausländerwahlrecht einführen wolle, fragt Glasauer in das belustigte Publikum. – Damit sie als Wohltäter der Ausländer die dann zu erwartende Mehrheit ausländischer Stimmen bekomme. Die aber entfielen dann wahrscheinlich auf einen Bürgermeisterkandidaten namens Ali. Ach, und die Aussiedler! Tragische Fälle gäbe es da und ungeheuerliche. Glasauer spricht von den Polen. Die sollten lieber das von ihnen verwaltete Land an Deutschland zurückgeben, wir würden dann schon etwas Fruchtbares daraus zu machen wissen. Statt dessen werde Bundespräsident Weizsäcker büßenderweise versuchen, Willy Brandt zu übertreffen.

Das Finale also: die Bewältigung der Vergangenheit. Glasauer stellt im Rundumschlag fest, unsere Väter seien höchstens anständige deutsche Soldaten gewesen. Wir hatten zwölf Jahre Unrechtsstaat, stellt er fest, aber unsere Geschichte ist länger, ES IST NUN SCHLUSS DAMIT, DEUTSCHLAND AUF AUSCHWITZ ZU REDUZIEREN. – Tatsächlich, hier läßt Franz Josef Strauß aus dem Grabe grüßen. – Doch der Redner setzt noch eins drauf: Vielleicht waren unsere Väter immerhin besser als die Hiroshima-Amis. – Wer hier wohl grüßen läßt?

Die Versammlung ist nach über zwei Stunden zu erschöpft, um zu diskutieren. Der Saal leert sich schnell. Franz Glasauer bekommt von den örtlichen Parteifunktionären wieder einen Packen Aufnahmeanträge zugesteckt, die er nach München mitnehmen wird.

– Was er dazu sagt, daß die Republikaner als »Stimmungspartei« ohne eigentliches Programm bezeichnet werden, frage ich ihn noch. Er lacht: Gegen den Begriff »Stimmungspartei« habe ich gar nichts. Ohne diese Stimmung gäbe es uns überhaupt nicht.

Nachtrag

Am Samstag, den 20. Mai 1989, trat Franz Glasauer bei einer Wahlkundgebung seiner Partei in Regensburg auf. Die *Mittelbayerische Zeitung* berichtete über diesen Auftritt: »Ferner hatte er (Glasauer, U. C.) gefordert, den WAA-Bauzaun zu nutzen, um im Innern des Geländes ›das Gesindel und den Abschaum‹ für zehn Jahre zu internieren. Überdies hatte er die Ansicht vertreten, es wäre nicht schade, wenn einige hungerstreikende RAF-Häftlinge ›verrecken würden, weil dann dringend notwendige Zellen für das Gesindel da draußen‹ frei würden. Seine Tiraden gipfelten schließlich darin, als er den Tag der Regierungsmitveranwortung durch seine Partei so formulierte: ›Es kommt noch der Tag der Rache und der Abrechnung‹.«

In der Folge wurde der Journalist der *Mittelbayerischen Zeitung*, der über Glasauers Auftritt berichtet hatte, telefonisch bedroht. Seine Gaskammer sei schon reserviert, ließ ihn ein anonymer Anrufer wissen, ein anderer: Was die Juden schon hinter sich hätten, das habe er noch vor sich. In einem weiteren Anruf wurde dem Journalisten bedeutet, man werde sich um seine (10jährige) Tochter kümmern. Der Redakteur erhielt Polizeischutz, erst nach drei Wochen hörten die Drohanrufe auf.

Unter dem Eindruck heftiger öffentlicher Proteste der Sprecher verschiedener Parteien legte Glasauer am 23. Mai alle seine Parteiämter mit sofortiger Wirkung nieder. Der bayerische REPUBLIKANER-Landesvorsitzende Harald Neubauer hatte zuvor eine parteiinterne Untersuchung der Vorfälle um Glasauer und scharfe Konsequenzen angekündigt.

Anfang September 1989 meldete die *Abendzeitung*, München: Franz Glasauer hat seine Parteiämter bei den REPUBLIKANERN wiederaufgenommen.

5. Kapitel: Der Kandidat
oder Jetzt red I

> Die Wahrscheinlichkeit, daß die Bundesrepublik einem totalitären Feind erliegt, der sich zur leichteren Erkennbarkeit ein Schnurrbärtchen wachsen läßt und braune Hemden bevorzugt, ist ausgesprochen gering. Es wird kein zweiter Hitler sein, der den Bonner Staat auf die Probe stellt, kein Imitator, der die Massen in seinen Bann schlägt. Es wird sich um ein unverwechselbares Original handeln, um eine Erscheinung, die ihrer Zeit angemessen ist und deren Bedürfnissen entspricht. Ähnlichkeiten werden sich verschlüsselt bestenfalls dem Experten offenbaren.
> *Franz Schönhuber* (Trotz allem Deutschland, 1987)

> Der deutschen demokratischen Rechten fehlt die Integrationsfigur. Um den Dilettanten aus dem rechtsextremistischen Lager den Weg zu verlegen, wird man sich in Bonn – und anderswo – etwas einfallen lassen müssen.
> *Gerhard Löwenthal* (Deutschland-Magazin, 11/1988)

Geboren ist Schönhuber am 10. Januar 1923 (laut Document-Center: 19. 1. 23) als Sohn eines »diskutierfreudigen« Metzgers und Viehhändlers in der *Bavarie profonde*, in Trostberg an der Alz im Chiemgau gelegen. Vater Schönhuber, der die Roten ebensowenig mochte wie die Schwarzen, wurde 1931 Parteigenosse, weil die Nazis eine Senkung der Schlachtsteuer versprochen hatten – »wegen solcher Dinge sind die Leute ja zu den Nazis gegangen«; nach der Machtübernahme brachte er es zum zweiten Bürgermeister in einem Nachbardorf – wegen solcher auch. (Franzens Bruder – 1933 geboren – wurde übrigens dem Zeitgeist gemäß auf den Namen Adolf getauft.)

Franz Schönhuber ist ein *plebejischer Aufsteiger*, der einen gewaltigen »Milieusprung« hinter sich gebracht hat. Seine Bücher stecken voller Abrechnungen mit den »feinen Kreisen«, mit dem Geldadel, mit »verdruckten« christlichen Würdenträgern und mit der Schickeria. Voller Respekt sind sie hingegen für die plebejische SA im Verhältnis zu den »Monokelfritzen« des 20. Juli oder auch zum SS-Offizier Hanns-Martin Schleyer, für Strasser und Röhm, gegen die Parteibonzen und alten Eliten (Kirche, Wehrmacht, Industrie), die sich anpaßten.

Während die einen (Schönhuber und andere) »die braune Suppe allein auslöffeln müssen«, sagte man solchen Ex-Nazis am Grab nach, sie hätten sich ums Vaterland verdient gemacht. Im Zweifel ist Schönhuber auch für den »Anstreicher« Hitler im Vergleich zu seinen damaligen Helfern in der deutschen Industrie und seinen intellektuellen und akademischen Kritikern und Richtern von heute: »Mich plagt manchmal blanke Wut über junge Richter, die zu der fragwürdigen Zeit noch in den Windeln lagen und noch nicht geboren waren, wenn sie mit zynischer Arroganz menschliche Wracks in den Orkus werfen.« (Menschliche Wracks sind NS-Täter, der Orkus ist das Gefängnis.)

Schließlich ist Schönhuber voller Sympathie für eine SPD, in der Arbeiter noch etwas bedeuteten (wie zu Schumachers Zeiten) gegenüber der heutigen Lehrer- und Beamtensozialdemokratie. Aus diesem Stoff gewirkt ist das Weltbild eines politischen Parvenüs, der es nicht mehr dabei belassen will, Bücher zu schreiben.

Vom Meßdiener zum »anständigen Faschisten«

Als Schüler besuchte er zuerst ein streng katholisches Maristen-Internat, dann bis zum Notabitur 1942 eine Oberrealschule in Dresden, wo der Vater Abteilungsleiter im Schlachthof wurde; er war Meßdiener und Hitlerjunge, Leistungssportler und Schürzenjäger, bevor er als Freiwilliger zur Luftwaffe und dann wegen Fluguntauglichkeit als 19jähriger zur Waffen-SS ging – drei Jahre seines Lebens, die ihn bis heute tief geprägt haben und beherrschen.

»In der Waffen-SS schien jeder den Marschallstab im Tornister zu haben. Auch heute noch bin ich der Meinung, daß auf diesem Gebiet in der Waffen-SS ein neuer und revolutionärer Geist herrschte, das Prinzip der Leistung über allem stand.« Seine Ausbildung bekam er, mit 1,80 Meter gerade noch im Gardemaß, bei der »Leibstandarte Adolf Hitler« in Berlin-Lichterfeld. »Ich konnte es kaum fassen. Das war für mich die Elite der Elite.«

Die Waffen-SS gilt Schönhuber auch in der letzten Auflage seiner Bekenntnisschrift als Vereinigung »gläubiger, tapferer und anständiger Menschen. Man hat sie politisch mißbraucht und militärisch verheizt.« Viele davon glaubten an die »Zweite Revolution«, die »Nutznießer und Bonzen hinwegschwemmen und einen wahren idealistischen Nationalsozialismus schaffen« sollte. Hängt Schönhuber diesem Nationalsozialismus noch an? Er gibt eine nicht ganz *fdGO*-gemäße Antwort:

> »Heute weiß man, daß dies ein frommer, aber sinnloser Wunsch war. Man kann ein System nicht im Detail reformieren, wenn es als Ganzes falsch ist. Und wenn es tausendmal stimmt, daß der Nationalsozialismus nicht nur schlechte Züge hatte, daß manches sogar die Zeiten überdauert; es darf keine Rechtfertigung für ein System geben, das andere Menschen wegen ihrer Rasse diskriminierte oder gar liquidierte. Ich bin überzeugt, daß die übergroße Mehrheit der Kameraden der Waffen-SS ähnlich denkt.«

Das klingt nach Distanzierung, aber es schwingt deutlich Bedauern mit: »Unser Zeitgeist erlaubt ja keine anständigen Faschisten.« Und auch Trotz: rechts gebe es wohl kein Recht auf politischen Irrtum. Der größte Teil des Buches berichtet über Schönhubers Tätigkeit als Ausbilder in Frankreich, besonders über die SS-Freiwilligen der Brigade »Charlemagne«, einer Kerntruppe der faschistischen »Nation Europa«. Zu den 1985 in Bitburg ja auch hochoffiziell mitbedachten Aufgaben und Taten seines Haufens steht Schönhuber in der Tat auch heute noch. Im Verhältnis zu dieser männerbündischen Lebenswelt wird alles andere im NS-System zum »Detail der Geschichte« – vor allem dieser »Rassefimmel«, der ihn am NS am meisten gestört habe. Befreit worden ist Schönhuber jedenfalls 1945 von nichts außer soldatischen Todesängsten.

Schönhuber ist auf seine Weise in der Tat ehrlich, ehrlicher als viele, die ihre Vergangenheit unter den Tisch gekehrt haben und solche, die sich eine Rede Philipp Jenningers nicht anhören können, weil ihnen das Geländer der Anführungszeichen fehlt. Aber natürlich verharmlost er den »Eurofaschismus«, den er gewollt vom Nationalsozialismus abhebt. Keine einzige selbstkritische Frage betrifft den glühenden Idealismus der SS-Freiwilligen, kein Zweifel regt sich über die Ziele ihrer Ausbildung; auch die Katastrophe, die der Nationalsozialismus verursacht hat, trifft im Rückblick vorrangig das *deutsche* Volk.

Neuerdings besteht gegen Schönhuber übrigens ein in seinen Kreisen schlimmer, ja ehrenrühriger Vorwurf: Schönhuber sei »irgendwann Anfang März 1945 desertiert und in Lazaretten und Krankenhäusern untergetaucht«, behauptete ein Journalistenkollege, Dietmar Stutzer. Während seine Einheit, die 11. SS-Freiwilligen-Panzergrenadier-Division »Nordland« geschlossen in russische Gefangenschaft geraten sei, habe Schönhuber nur kurze britische Gefangenschaft und Internierung durchmachen müssen. Dazu der Chef der REPs, die im Bremer Wahlkampf ein Mahnmal für Deserteure eigenhändig entfernen wollten: »Gar nix Lücken. Im Chaos von 1945 ... konnte man nur noch fliehen, nicht mehr desertieren« (*Spiegel* 23/1988). Er sei »koa Softie«, beteuerte Schönhuber, und strengte einen Prozeß gegen Stutzer an, der nun zumindest nicht mehr behaupten darf, Adolf Hitler sei Schönhubers Idol. Ein neuer Prozeß steht nun gegen einen anderen Journalisten-Kollegen an: Karlheinz Lange will herausgefunden haben, daß Schönhuber auch nicht Träger des EK Zweiter Klasse sei. Aber was sollen solche Enthüllungen?

Nachkriegskarriere und Knick

Nach der Entlassung aus der Kriegsgefangenschaft war Schönhuber zunächst Schauspieler und Sportreporter beim KPD-nahen Blatt *Deutsche Woche,* beides Überlebensjobs. Seine journalistische Karriere hingegen führte ihn weit, als Kolumnisten zur *Münchener Abendzeitung,* in deren Spalten er in den 60er Jahren mit den wilden Jusos gegen den damaligen Münchener OB Hans Jochen Vogel zu Felde zog. 1972 wurde er Chefredakteur des Münchener Boulevardblattes *tz* und »gehobener« freier Mitarbeiter beim BR. Der Spezi von Intendant Reinhard Vöth wurde 1975 zum Leiter der Hauptabteilung »Bayern-Information« und moderierte die populäre Serie »Jetzt red i«. Auf dieser Woge der Einschaltquoten und als Protegé des mächtigen Münchener Hofstaates (Schönhuber gehörte zum »Franzens-Club« um

FJS, in dem alle Franz mit Vornamen hießen) brachte er es bis zum Hauptabteilungsleiter und stellvertretenden Chefredakteur des strammen CSU-Senders, ohne daß er es jemals nötig gehabt hätte (wie er heute betont), in dieser »bourgeoisen Volkspartei« Mitglied zu werden. Schönhuber, der heute gern in Bierzelten gegen die lametta-behangenen Ordenshammel wettert, ist selber Träger des bayerischen Verdienstordens – die schlimmsten Kritiker der Elche ... Wäre da nicht diese unangenehme Sache mit der Waffen-SS gekommen und Schönhuber nicht so halsstarrig gewesen, er wäre von denselben, die nun bald »Kreuziget ihn!« rufen sollten, mit Hosianna noch weiter nach oben befördert worden.

Ich war dabei (Gesamtauflage 180 000; eine Neuauflage als Taschenbuch bei Ullstein vom November 1988 ist aufgrund von Protesten von Angestellten des alten jüdischen Verlagshauses nach den Berliner Wahlen zurückgezogen worden; jetzt macht Schönhubers Hauptverleger Herbert Fleissner allein das Geschäft), entstand offenbar als Reaktion auf anonyme Briefe, in denen der populäre und mächtige Fernsehmann wegen seiner früheren Zugehörigkeit zur Waffen-SS angeschwärzt wurde. Dabei hatte die Bekenntnisschrift zunächst überwiegend positive Rezensionen in den Münchener Boulevardblättern *(tz, Abendzeitung)*, auch von Paul Pucher im *Münchener Merkur* und in der Münchener *Katholischen Kirchenzeitung* bekommen. Nicht loben lassen darf man sich jedoch in der *Deutschen Nationalzeitung* des Dr. Gerhard Frey. Erst diese Lobeshymne (»Buch des Jahres«), zufällig aufgespürt vom BR-Kollegen Dagobert Lindlau, ließ eine Anti-Schönhuber-Front entstehen und bewirkte das Umkippen der Meinungen; eine Orgie des Opportunismus in München und außerhalb Bayerns hob an.

Schönhuber wurde als Ehrenvorsitzender des Bayerischen Journalistenverbandes mit 89 zu 55 Stimmen abgewählt und vom BR-Intendanten Vöth fallengelassen. Bei seiner Entlassung am 29. April 1982 erklärte er: »Ich muß nicht Chefredakteur werden. Mein Buch bringt mir hochgerechnet 200 000 Mark ein. Ich kann also auch etwas anderes machen« *(SZ*, 17. 12. 1981). So kam Schönhuber, neben einer satten Pensionsberechtigung in Höhe von 7000 Mark monatlich und einer Abfindung von 290 000 Mark, nicht nur zu einem Mercedes 350 Coupé, zu Villen am Tegernsee und im türkischen Bodrum – sondern auch zur Politik.

Vom Tellerwäscher zum Parteiführer
Ein Gespräch mit Franz Schönhuber

Wer Schönhuber noch nicht erlebt hat und sich einen hartgesottenen Neonazi à la Gerhard Frey vorgestellt hat, bemerkt rasch, was Schönhuber von jenem trennt: die Verbindlichkeit in Person, die Gesprächsbereitschaft mit Andersdenkenden. Schönhuber ist privat ein jovialer älterer Herr, ein sportiver, freundlicher Blacky Fuchsberger-Typ. Von ihm kauft man vielleicht besser keinen Gebrauchtwagen; aber mit ihm wird, wenn's nicht mehr anders geht, die CSU problemlos koalieren. Die meisten Unionspolitiker übertrifft er jedenfalls weit an Eloquenz und telegenem Äußeren. Als ich ihn in München interviewte, kam er gerade von einem Treffen mit einem »hochrangigen CSU-Mann«; anschließend wollte der Sportsfreund in die Sauna. Unser Streitgespräch führten wir in der Halle des gediegenen Münchener Hotels »Vier Jahreszeiten«, wie auf dem Präsentierteller; denn es gab eigentlich kaum einen Hotelgast, der Schönhuber nicht erkannte und kurz stehen blieb. Und auch draußen kennt jeder in München, es ist wahr, den Schönhuber Franz. Von zornigen Blicken oder gar Verachtung keine Spur, in Bayern jedenfalls hat er Heimspiel. Er pflegt immer an solchen Orten (ersatzweise im »Löwenbräu-Keller« oder im »Franziskaner«) Hof zu halten – ein wenig k. u. k.-Kaffeehaus-Flair, ein bißchen große Welt an den Treffpunkten der Münchener *upper class.*

Einen Kellner, der die Kaffeetassen auf dem kleinen Tisch ins Kabelwirrwarr der Mikrophone hineinbugsierte, beschied er kokett: immer habt's ihr Probleme wegen der Presse mit mir; darauf der Mann – er kommt aus Pfarrkirchen, dem »Herz Bayerns« (sagt er): wenn wir nicht mehr Probleme mit ihnen kriegen . . .

Frage: *Wenn man wie Sie aus Trostberg an der Alz kommt, aus dem Rupertigau, was gibt einem das für's Leben?*

Schönhuber: Ich komme, wie man sagt, aus kleinen Handwerkerkreisen. Ein Teil der Familie stammt aus Südtirol – daher habe ich die rhetorische Begabung; der andere aus der Oberpfalz, vom Böhmerwald, von dem habe ich die Nachdenklichkeit.

Wie ist das denn für Sie, wenn sie vor 3000 Leuten im Zelt oder zuletzt vor 8000 in der Halle reden?

Die *Welt* hat geschrieben: in Bayern gibt es zwei große Volkstribune und Populisten. Der andere war Franz Josef Strauß – bitte, ich zitiere das nur. Wir kommen aus ähnlichem Hause; beide Väter waren Metzger und kannten sich übrigens persönlich. In Cham waren das genau 7300 Leute. Es trägt – und man muß aufpassen, daß es einen nicht zu weit trägt. Was in der Atmosphäre einer solchen Massenbegeisterung durchaus stimmig ist, sieht nachher, als kalter Text, ganz anders aus. In der Gefahr war Strauß permanent. Er ließ sich treiben von einer Woge der Emotion. Hier und da drückt man vielleicht zu stark drauf. Aber wer bestreitet, daß es ein verdammt gutes Gefühl ist ...

... ein Gefühl von Macht? ...

... wenn einem 7000 zujubeln, der lügt. Nein, man wird eins mit den Menschen.

Schauspieler in der Politik mögen Sie nicht, haben Sie geschrieben – den Reagan nicht, die Melina Mercouri nicht und den Wojtila auch nicht. Sie haben doch selbst als Schauspieler angefangen.

Das ist ein Schmarren. Ich wollte das alles nicht werden, auch Sportreporter nicht ...

... wäre doch ein schöner Beruf gewesen! ...

noch Schauspieler. Das hab' ich als Job gemacht, um zu überleben. Eigentlich wollte ich Jurist werden, aber da ich belastet war und mein Vater auch belastet war, ging das ja nicht. Ich konnte nie fremde Texte sprechen, immer nur meine eigenen.

Sie waren auch Meßdiener und im Internat bei einem strengen marianischen Orden. In Ihren Büchern erwecken Sie den Eindruck, sie seien fromm.

Ich habe ein gestörtes Verhältnis nicht zur Kirche, aber wohl zur kirchlichen Hierarchie. In der Gegend, aus der ich stamme, hatten die Pfarrer eine riesige Macht, auch in der Nazizeit, wo sie sich sofort angepaßt haben.

Sie sind ein Antiklerikaler?

Ich fühle mich ja sehr als Bayer, und das bayerische Volk hat sehr anarchische Züge. Es ist bestimmt kein Zufall, daß wir hier einerseits die Räterepublik hatten und ein paar Jahre drauf die Geburtsstunde des Dritten Reiches. Bayern neigen zu Extremen (ich übrigens nicht, da bin ich eher ein Slawe), sind nicht so *balanced* wie die Engländer und Nordländer. Auch die bayerische Katholizität ist eine sehr fordernde, revolutionäre, gar nicht zu vergleichen mit diesem schleimigen Kölner Klüngel. Die Bayern wollen Marienandachten, Wandern mit Weihwasser und Fähnchen vornedran, und nebenbei Mädchen vernaschen. Das hat mir eigentlich ganz gut gefallen – damals.

Aber gegen Klerikale in der CDU/CSU haben Sie was, gegen Theo Waigel zum Beispiel?

Ich würde das C in der Politik verbieten – so ein Mißbrauch, eine Okkupation, als hätten die Schwarzen Christus für sich gepachtet. Bei uns werden Kanzel und Podium ständig vermischt. Ich erlebe das ja dauernd, wenn die Pfarrer in Gegenden, wo ich große Erfolge habe, von der Kanzel verkünden: wenn ihr den Schönhuber wählt, dann kommt's ihr in die Hölle. Politisierende Pfarrer sind mir ein Greuel!

Erzbischof Dyba! Es gibt ja derzeit einen schweren Konflikt zwischen den C-Parteien und den katholischen Abtreibungsgegnern. Wollen Sie da absahnen?

Ich bin in der Tat der Meinung, daß die soziale Indikation eine Schande ist für das deutsche Volk. Bei uns sind die Leute doch aufgeklärter als im Regenwald; in Brasilien z. B. hätte ich schon mehr Probleme mit dem, was der Papst so von sich gibt. Aber wir sind aufgeklärt, und Abtreibung, ich muß das so brachial ausdrücken, ist Mord.

Sie verkehren nicht mit Frauen, die abgetrieben haben? Meinen Sie nicht, daß es bei den Republikanern nur so wimmelt von Männern, die ihre Frauen zur Abtreibung veranlaßt haben?

Wenn man eine Freundin hat, die einem privat sagt: ich habe abgetrieben – dann kann man ja anderer Meinung sein, aber es ist letztlich ihre Sache und geht niemanden was an. Aber wenn jemand aufs Podium steigt und sich öffentlich dazu bekennt, das ist der Gipfel von Exhibitionismus und westlicher Dekadenz.

Bloß geht in Memmingen keiner aufs Podium und exhibitioniert sich, sondern die Staatsanwälte schnüffeln im Privatleben von Frauen herum und die Justiz drangsaliert sie und den Arzt.

Memmingen – da bin ich noch zu keinem Ergebnis gekommen. Aber das wird ja von der linken Presse stark ausgeschlachtet und von den Grünen. Mit denen bin ich im Streit: jedes Pflänzchen wollen sie heilig sprechen und ja kein Bäumchen umbringen, und dann ist es doch ein totaler Widerspruch und Heuchelei, wenn die zu dem ›Bäumchen‹, das da im Mutterleib wächst, gar nichts sagen. Abtreibung ist Mord am ungeborenen Leben.

Anderes Thema: Sie führen eine, wie Sie sagen, »demokratisch legitimierte Rechte« an. Mit Dyba habe ich Ihnen schon einen genannt, der landläufig als rechts gilt, und jetzt nenne ich Ihnen noch ein paar weitere, damit wir mal sehen, was rechts ist . . .

Bevor Sie das Spielchen mit mir machen, eine prinzipielle Anmerkung: die klassischen Eingruppierungen Rechts und Links stimmen nicht mehr. Die *Frankfurter Hefte* haben mich kürzlich als schwer faßbaren Populisten bezeichnet, der auch viele linke Elemente aus seinem Leben mitgebracht hat. Trotzdem werde ich immer in die rechte Ecke gestellt . . .

Jetzt sagen Sie bloß, Sie sind auch kein Rechter! Sie sagen doch immer: Wischi-Waschi-Mitte, gebt Deutschlands Rechten eine Chance.

Das hatte Gründe in unserer Anfangszeit, als Franz Handlos, der andere REP-Gründer, aus seiner CSU-Vergangenheit heraus verständlich, die Partei permanent in die Mitte rücken wollte. Da habe ich gegen gesagt: so ein Schmarren, in der Mitte treten sich die Leut' gegenseitig auf die Füße und wir sind nicht erkennbar. Heute bin ich darüber nicht mehr so glücklich, aber ich kann ja den Zug, der im Rollen ist, jetzt nicht durch semantische Kniffs . . .

*Das darf nicht wahr sein! Ein schöner Rechter, der hier mit
am Extremismus-Tabu strickt. Da werden Ihre jungen Anhänger aber sauer sein. Und was ist z. B. mit Friedrich Zimmermann?*

Zimmermann (wir kennen uns gut und sind übrigens per
Du) ist ein knallharter Rechter, geprägt – nolens volens wie
ich auch – vom Dritten Reich, von wo er bestimmte ord-
nungspolitische Vorstellungen mitgenommen hat, also Begriffe von Recht und Ordnung, die deshalb ja nicht schlecht
sein müssen. Zimmermann neigt sehr zum Hierarchischen;
einen Widerspruch macht er nicht gern zur Grundlage einer
Diskussion, sondern nimmt ihn zunächst als Angriff. Das
kommt eher noch aus der Wilhelminischen Ära, stärker
noch von unseren Großvätern, genau wie bei mir, da ist er
ein klassischer Rechter.

Gerhard Löwenthal?

Eine interessante Persönlichkeit! Wenn Juden national sind,
dann sind sie es besonders stark. Er hat ja sein letztes Buch
nicht umsonst genannt: Ich bin geblieben – das ist ja schon
eine Aussage. Er ist sehr stark rechts fixiert. Ihm hat übrigens mein Satz gefallen, der leider immer nur zur Hälfte
zitiert wird: Ich verehre den jüdischen Philosophen Spinoza,
ich schätze die Musik von Mendelssohn, ich schätze den
Maler Chagall, ich schätze insbesondere den *Pour le mérite*-
Flieger des Ersten Weltkriegs, Franke, aber . . .

*Jetzt kommt der üble Spruch mit Herrn Galinski. Machen
Sie mir nicht weis, daß Sie da nicht ganz raffiniert antisemi-
tisch sein wollen! Den Zentralrat der Juden als fünfte Besatzungsmacht darzustellen, darüber grölt doch Ihr Publikum,
und das ist blanker Antisemitismus!*

Da tun Sie mir unrecht. Meine erste Frau war nun einmal
eine Jüdin, und wir haben eine Tochter, die laut Nürnberger
Gesetzen »lebensunwertes Leben« wäre. Ich bin gegen jede
Art von Rassismus und Chauvinismus. Aber mir geht dieser
Galinski in der Tat auf die Nerven.

*Sie nutzen ihn nur als Zielscheibe, er geht Ihnen selbst gar
nicht auf die Nerven.*

Doch, seine permanente Oberlehrerpose, seine demütigende
Art, seine Unausgewogenheit nach links – ich sage doch nur,

was sein Stellvertreter Peter Fürst auch gesagt hat. Erst kürzlich hat er seine blödsinnige Warnung vor der »ultrarechten Gefahr« ausgerechnet im *Neuen Deutschland* verbreitet. Es gibt viele mir bekannte Juden, die seine Tätigkeit als Belastung der deutsch-jüdischen Versöhnung empfinden – dieses permanente Hineinstechen in Wunden ...

Ja – Auschwitz werden Sie den Juden nie verzeihen! Ein »Detail der Geschichte«, wie Ihr französischer Kollege Le Pen gesagt hat?

Das war sehr dumm von ihm, ein absoluter Fehler. Ich weiß aber, unter welchen Bedingungen er das gesagt hat. Er ist immer schlecht, wenn er übermüdet ist, und es ist ihm offensichtlich nur so rausgerutscht. Wahrscheinlich hat er das nur so gemeint, daß es gemessen an der gesamten Weltgeschichte, wie alle historischen Ereignisse, eben nur ein Detail ist.

Ist es aber gerade nicht! Das behauptet nur der Revisionist.

Sicher, der Nationalsozialismus war das größte Unglück, das über unser Volk gekommen ist.

Aber doch nicht nur und in erster Linie über UNSER Volk, über die Deutschen, sondern über alle anderen!

Stimmt, das können Sie jetzt als Unterlassung qualifizieren. Aber dann müssen Sie, und das ist das ganze Elend dieser »Singularitätsdiskussion«, Verbrechen miteinander vergleichen und gegeneinander aufrechnen. Mich interessiert nicht, ob es jetzt sechs oder fünf Millionen Juden waren, die umgebracht wurden; ich sage: einer war schon zuviel. Da stehe ich eindeutig auf der Seite von Ernst Nolte. Denn dann müssen Sie eben die 50 Millionen Opfer der anderen Seite dagegenrechnen, die Opfer des Stalinismus. Da rechne ich auch bewußt auf.

Da sind Sie gleich ganz sicher: 50 Millionen Opfer. Bleiben wir mal beim Nationalsozialismus. Was meinen Sie eigentlich, wenn Sie sagen, er hätte auch seine guten Seiten gehabt?

Natürlich war der NS-Staat ein Verbrecherstaat, aber nicht alle, die damals lebten, waren Verbrecher – das ist für mich die Grundunterscheidung. Die guten Seiten zeigten sich in der Tat nur am Anfang. Ganz ehrlich und offen: für viele Menschen war er zunächst eine Befreiung, denn wieder Arbeit und Brot zu haben, ist auch ein Faktor von Freiheit. Jetzt kann man natürlich nachträglich sagen: ihr müßt das Ende mitbedenken. Aber der Nationalsozialismus hat einen Begriff geschaffen, von dem wir heute noch leben, es aber nicht zugeben: es ist der Begriff der Volksgemeinschaft. Ich habe selbst diese Zeit ja nur als sehr interessierter und aufgeweckter Junge mitbekommen, aber in der Gefangenschaft habe ich mit den englischen Soldaten darüber gesprochen, Leute aus Yorkshire und dem Londoner Westend, die ein fürchterliches Cockney sprachen; was denen ungeheuerlich imponiert hatte, war z. B. »Kraft durch Freude« (KdF) – wenn der Herr Generaldirektor plötzlich neben seiner Tipse durch die Gegend gondelte.

Diese Art von Volksgemeinschaft muß Sie doch auch aus ihrer persönlichen Geschichte heraus, als sozialer Aufsteiger, faszinieren, oder?

Natürlich. Man sagt zwar immer, der ist doch Millionär und hat seine Häuser ...

... sind Sie doch auch, Millionär, oder?

Aber entschuldigen Sie, ich habe das ja alles nicht ererbt! Wenn einer weiß, aus welchen Verhältnissen ich komme und welche Startschwierigkeiten ich hatte ...

... eine Tellerwäscherkarriere!

Sage ich ja immer: ich habe eine amerikanische Karriere hinter mir. Aber das ist ja wohl nichts Schlechtes. Und ich habe nie vergessen, woher ich komme, und mich fasziniert nach wie vor der Begriff »Volksgemeinschaft«, das Zusammenstehen von Menschen aus verschiedenen Klassen. Daher kommt meine sogenannte Anfälligkeit für die Linken, dieses Zusammenrücken gehört auch zu meinem Wesen. Ich war so glücklich, als ich in Berlin unterwegs war mit den Kumpels, mit den Staatsschützern, die sich im wahrsten Sinne schützend vor mich gestellt haben gegen diese Horden.

Apropos Berlin: Heinrich Lummer, auch ein knallharter Rechter, mögen Sie den?

Vor unseren beiden Geheimgesprächen, die auf seine (nicht auf meine) Veranlassung hier in München stattgefunden haben, mehr als jetzt.

Was hat er Ihnen denn versprochen?

Er sagte: *à la longue* muß die FDP verschwinden aus dem politischen Spektrum – absolute Einigkeit zwischen uns. An die Stelle der FDP müssen die REPs treten; mit denen sind wir uns einig in dem, was wir mit der FDP nie schaffen: innere Sicherheit, Deutschlandpolitik, negative Auswirkungen des EG-Binnenmarktes für vitale Sicherheitsinteressen der Bundesrepublik – auch da war zwischen Lummer und mir nicht ein Haar dazwischen, unter Zeugen! Er hat nicht gesagt, daß er *jetzt* übertritt . . .

Er will echt übertreten?

So direkt hat er das nicht gesagt. Er hat unseren Frühstart in Berlin kritisiert und uns eine fürchterliche Niederlage prophezeit, und er meinte: das wird gemeinsame Pläne für später zunichtemachen. Aber bloß um ein bißchen Wortgeklingel zu machen, ist der Mann nicht nach München gekommen.

Vielleicht kriegen Sie ihn ja noch. Warum sind Sie denn überhaupt angetreten in Berlin, das war doch riskant, auch für den Bundesvorsitzenden Schönhuber?

Auch wenn es wieder arrogant klingt: der Erfolg in Bayern war ein reiner Schönhuber-Erfolg. Ich wußte: gefährlich würde es, wenn die Partei auf sich allein gestellt ist. Das zeigte sich sofort in Baden-Württemberg, wo wir nur in den grenznahen Regionen erfolgreich waren. In Bremen hatten wir dann nur das Resultat einer Splitterpartei, und in Schleswig-Holstein bekam ich schließlich die bitterste Niederlage. Der damalige Spitzenkandidat . . .

Emil Schlee . . .

. . . ja, ein anständiger Mensch zwar, aber kein *streetfighter.* Ich habe immer gesagt: ihr müßt auf die Straße gehen, zu den Arbeitern gehen, euch nicht nur mit Admirälen oder Generälen umgeben und am Kamin plaudern. Geht nach Kiel an die Werften – da fällt die Entscheidung, wo Masse ist. Nach diesem Tiefpunkt habe ich mir geschworen: ziehst dich aufs Stammland Bayern zurück und versuchst dort den zweiten Anlauf zu den Europa- und Landtagswahlen – bloß keine weiteren Niederlagen mehr. Doch dann fuhr ich nach Berlin, und ich spürte: das sind *fighter,* die waren wie ich . . .

Die wollten doch gar nicht . . .

Der Berliner Landesvorstand nicht, das sind drei Leute ...
... die sie kurzerhand abgesägt haben!
Unsinn! Die haben Schiß gekriegt. Aber die jungen Leute, die waren so heiß, und ich habe mir gedacht: wer so glüht, wer so den Erfolg will – der schafft's auch. Die Jungen wollen kämpfen, die wollen sich auch kloppen – gehört ja auch dazu!
Wenn Sie meinen ...
Erst um den September '88 herum habe ich den zögernden Bundesvorstand überzeugen können, daß wir antreten müssen.
Aber Sie haben selbst nicht geglaubt, daß Sie es schaffen, geben Sie es zu!
Mit fünf Prozent habe ich gerechnet. Aber Sie haben recht: als ich nach Berlin 'reinflog, ging's mir dreckig, weil ich so hochgespielt hatte. Ich hab' mich übergeben müssen im Flugzeug. Aber ich hatte schon in der *Welt* gelesen, die REPs hätten den Hauch einer Chance – die mußten also schon mehr wissen, und unsere Informanten, wir haben unsere Leute ja jetzt überall ...
Überall? Nennen Sie uns doch mal ein paar!
Das kann ich nicht, das wäre Parteiverrat. Der Berliner CDU-Obere Landowsky hat acht Tage vor der Wahl ihm nahestehenden Reportern Order gegeben: keine Interviews mehr mit Schönhuber, der ist sensationell hoch, um die 4% ... Berlin war die schwerste Entscheidung in meiner Laufbahn als Parteivorsitzender.
Und jetzt wollen Sie wahrscheinlich München erobern?
Umfrageergebnisse eines CSU-Instituts – vor Berlin! – haben uns im Stadtrat und im Landtag über 10% gegeben, nach Berlin geben uns die Experten jetzt 12 bis 14%. Das hat jetzt einen Mitreißeffekt, weil die Leute wissen, die scheitern nicht mehr an der Fünf-Prozent-Hürde.
Sie werden ein unumgänglicher Koalitionspartner für die Schwarzen.
Ein hoher CSU-Funktionär hat mir gerade gesagt: bekämpfen müssen wir Euch natürlich schon, aber wenn ihr mal 14% habt, dann haben wir 40, und was sollen wir dann wohl machen? Mit den Roten koalieren, dazu ist der antimarxisti-

sche Affekt in Bayern viel zu stark. Die FDP ist ohnehin draußen, und sollen wir etwa die anderen regieren lassen? Also ... Ganze CSU-Ortsverbände laufen jetzt zu uns über; im Februar hatten wir 1900 Neuaufnahmen!

Februargefallene ... Wer eintritt, kann auch wieder austreten, wenn er erstmal merkt ...

Heute tritt doch außer bei uns gar keiner mehr ein, bei dieser Parteiverdrossenheit. Nur noch ein Selbstfaller, eine große Dummheit kann uns zurückwerfen. Wir bleiben in der Parteienlandschaft, wie die Grünen, aber wir haben schon ein viel breiteres Spektrum, wir haben Handwerker, Bauern, wir sind stark in den Arbeitervierteln – und da reden alle von Rechtsextremen!

Sie werden noch eine echte Volkspartei! Aber fürs erste tritt mal die große Volkspartei der rechten Mitte gegen Sie an; Geißler und Waigel sagen beide: Schönhuber muß man bekämpfen.

Von wegen: der Wallmann in Frankfurt hat uns doch schon rechts überholt, so weit wie der sind wir doch gar nicht gegangen, oder so weit wie Stoiber! Aber dieser Geißler will uns in die braune Ecke drängen, das ist ein ganz bösartiger, dümmlicher, gemeingefährlicher Ignorant ...

Ich denke, er ist Ihr bester Wahlhelfer?

Wer, ich zitiere, »kraft Volkspartei« apodiktisch erklärt: REPs sind Nazis, sie sind zu zerschlagen – der ist ein Schuft. 50% unserer Parteimitglieder sind Beamte und Angestellte im öffentlichen Dienst, die haben ihren Eid auf die Verfassung geleistet, da kann man doch wohl nicht behaupten, daß die Verfassungsfeinde sind ...

Kommt drauf an, wie man die Verfassung interpretiert: vielleicht Radikale im öffentlichen Dienst?

6000 Staatsdiener und Staatsschützer kann man nicht diffamieren. In Berlin haben uns vier von fünf Polizisten gewählt.

Und alle, die ansonsten NPD oder DVU gewählt hätten. Wenn Sie sich auch von diesen Ewig-Gestrigen distanzieren, ihre Stimmen wollen sie trotzdem haben; Sie müssen alles zusammenkratzen, was Sie rechts kriegen!

Nein. Das sind sehr verstockte und verbohrte Menschen, die mich ständig wegen Verrats an der nationalen Sache anklagen.

Die DVU hat Ihnen kein Angebot gemacht, zusammenzuge-
hen, statt getrennt unter 5% zu bleiben?
Wer so einen Wahlkampf führt wie die DVU in Bremen:
»Die Neger gehören alle rausgeschmissen aus Deutschland«
und so ein Zeug, der ist einfach nicht politikfähig in unserer
Zeit. Der Preis wäre mir zu hoch. Unser Potential liegt anderswo, in CDU/CSU und in der SPD – bürgerliche Men-
schen und Arbeiter. In der NPD sind sehr viele sozial de-
klassierte Menschen, ich sage das jetzt nicht abwertend . . .
Genau wie bei Ihnen. In den Berliner Wohnsilos haben Sie
die Leute doch nicht wegen Ihrer Reden oder wegen Ihres
Programms gewählt, nicht mal wegen dieses katastrophalen
Wahlspots, sondern schlicht, weil sie die Nase voll haben.
Die Leute in Neukölln wittern in unseren Leuten Gleichge-
sinnte, zu recht. Die treffen in den Parteibüros dieselben
Leute an, wie sie selbst sind. Unsere Leute standen jeden
Morgen an den Fabriktoren . . .
. . . ist ja wie '68! . . .
. . . und haben mit den Arbeitern gequatscht. Erst waren die
skeptisch: ist doch 'n Scheiß', was ihr da macht. Lies' doch
erst mal durch, haben wir geantwortet. Und was drin stand
im Programm, das ist die Sprache der Kumpels.
Aber wer liest schon Programme?
Um jetzt mal den makabren Vergleich zu bringen: wer hat
schon »Mein Kampf« gelesen, bevor er Hitler gewählt hat?
Also den Vergleich haben Sie jetzt gezogen!
Moment: vergleichen heißt ja nicht Identität. Ich will sagen:
in der Hitler-Zeit wie heute werden Programme kaum gelesen. Wer kennt schon das CSU-Programm? Nur Schlag-
worte daraus: die sind christlich, ich bin christlich – also
wähl' ich sie. Bei der SPD dasselbe: Godesberger Programm? Keine Ahnung. Aber die Sozis setzen sich für die
Armen ein, das ist drin in den Köpfen.
Was bringen Sie in die Köpfe rein? Sie haben doch bestimmt
auch solche Oberbegriffe?
Zwei. Den größten Beifall kriege ich, wenn ich die Umerziehung feierlich für beendet erkläre und den Fahrkartenschalter nach Canossa für geschlossen.
Umerziehung, Canossa – das versteht doch kein Mensch!

Wenn ich sage: ich bin stolz darauf, ein Deutscher zu sein –
im Nebensaal von Brandt und Momper habe ich das gesagt –
darauf haben die Leute jahrelang gewartet!

*Und Sie sagen's jetzt. Strauß hat es auch gesagt. Sie sind die
Lokomotive der nationalen Wiedergenesung?*

Ich bin doch nicht überheblich, mit einer 7,5-Prozent-Par-
tei. Aber der Joachim Fest von der *FAZ* – ich bin kein
Freund von ihm – hat richtig gesagt: Berlin, das war die
wahre Wende! Ich habe eben die Nase dafür gehabt: dieses
Bekenntnis zum Deutschlandbegriff. Und das zweite ist:
Wir wollen Deutsche bleiben!

Hindert Sie keiner dran. Was ist daran so aufregend?

Ihnen als Intellektueller mag das simpel erscheinen, und ich
bin weiß Gott auch einer, aber ich muß doch mit den Menschen reden und mich nicht immer fein differenziert auseinandersetzen. Soll ich denen von Identität reden oder von
Nation wie Glotz und Stürmer?

*Die Menschen, ein paar jedenfalls, meinen jetzt: Ausländer
'raus! Dafür sind Sie verantwortlich, da können Sie sich noch
so distanzieren.*

Da werde ich immer mißverstanden. Ich sage, genau wie
CDU/CSU: kein Wahlrecht für Ausländer und Zeitverträge
bzw. Rotation nach Schweizer Muster! In meiner eigenen
Partei wird oft nicht verstanden, daß das strikt legalistisch
aufgefaßt werden muß und natürlich nicht rückwirkend
geht. Deutscher ist, wer einen deutschen Paß besitzt, das hat
nichts mit einer völkischen Argumentation zu tun.

*Sie sind für Integration durch Einbürgerung? Finden Ihre
Anhänger sicher falsch.*

Bei der CSU gibt's auch welche, die anders denken als die
Parteispitze. Ich sage nur: man soll die Einbürgerung sehr
hoch ziehen, etwas dafür verlangen: Sprachkenntnisse, An-
passung der ganzen Lebensart, lange Aufenthaltsdauer. Aber
die Ausländer wollen ja gar nicht. Ich kenne den türkischen
Ort Konya, Zentrum des Islams, sehr gut, und sage immer:
die Leute sind in Konya abgefahren und bei uns nicht ange-
kommen, sie sind im Niemandsland gestrandet. Die meisten
Türken wollen ihren Lebensabend wieder zuhause verbrin-
gen.

War der »Bodrumlu Nazi« übrigens mal wieder in der Tür-
kei?
Nein. Aber nicht, weil ich Angst habe. Das ist doch alles von
ein paar Alternativen hier geschürt worden, daß die da unten
die schwarze Fahne an meinem Haus hochziehen. Für die
war das ein Happening. Ich mag die Türken, bewundere vor
allem Atatürks Worte: Türke, sei arbeitsam und fleißig –
und stolz, ein Türke zu sein.
Deutsch-türkische Freundschaft! Sie lieben Deutschland?
Wie soll das eigentlich gehen mit der Wiedervereinigung?
Das ist viel unkomplizierter, als Sie glauben. Das wichtigste
ist, den Glauben, die Hoffnung daran zu bewahren, das
Wollen aufrechtzuerhalten. Ich bin 66 und werde die Wiedervereinigung wahrscheinlich nicht mehr erleben. Aber
meine Aufgabe ist, den grundgesetzlichen Anspruch permanent auf den Tisch zu bringen. Zweitens: die Welt war noch
nie so im Umbruch wie jetzt. Der monolithische Ostblock
löst sich auf. Daran zeigt sich übrigens auch die Stärke des
von mir propagierten nationalstaatlichen Denkens; was ich
propagiere, wollen auch die Balten, die Armenier, die Aser-
beidschaner . . .
. . . und schlachten sich deswegen ab! Führt der Weg zur
Wiedervereinigung über Moskau?
Prawda und Iswestija haben schon wegen Interviews bei mir
angefragt. Aber was soll ich mit denen reden, solange mich
ihre Vasallen, die SEW, in Berlin aufs übelste beschimpfen?
Das werden Sie wohl verstehen, daß Honecker etwas dage-
gen hat, wenn sich Gorbatschow und Schönhuber austau-
schen. Ich kann's jedenfalls.
Allerdings. Ich setze aber gar nicht auf Gorbatschow, der
wird eher stürzen, als wir glauben. Man kann mit den Harten, den Falken in Moskau viel besser reden. Die Deutsch-
landfrage ist jedenfalls auf dem Tisch. Die Wiedervereinigung hat natürlich ihren Preis. Wir sind Partner der NATO,
aber das kann uns nicht hindern, jetzt auszuloten, was der
Preis wäre.
Ihr Preis ist die Blockfreiheit, der Austritt aus EG und
NATO?
Nicht, daß ich denen in Moskau die Bündnistreue preisgebe.

Das geht nur im Konsens mit den Amerikanern, also wenn beide Supermächte an der Beseitigung des Unruheherdes Deutschland im Rahmen globaler Abmachungen interessiert sind. Nicht unbewaffnete Neutralität. Aber wir müssen die Wahl haben, mit wem wir Verträge abschließen. Wer sagt: ich bin Atlantiker *forever*, der gibt die Wiedervereinigung auf.

Das geht ihren nationalneutralistischen Jungen viel zu langsam.

Das sind sehr gute und sehr tapfere Leute. Aber Tapferkeit ist eine Sache, Mut auch, aber Klugheit eine andere. Solange ich Bundesvorsitzender bin, muß ich die verschiedenen Strömungen der Partei zusammenhalten. Und meine Staatsschützer in Berlin denken da ganz anders, sind viel vorsichtiger als die Kölner Studenten.

Aber im Zelt, da sind Sie auch antiamerikanisch.

Ich kann nicht nur die Massen bewegen, sondern auch denken. Und wenn ich aus dem Zelt draußen bin, sage ich: Antiamerikanismus wird nicht geduldet. Wir stehen doch gar nicht unter Zeitdruck, warten wir.

Bei den »volksdeutschen« Aussiedlern aus dem Osten gibt es aber Druck in die umgekehrte Richtung. Begeistert ist man über die Wiedervereinigung mit diesen Brüdern und Schwestern auf bundesdeutschem Boden nicht: Unmut über die Aussiedler macht sich breit – und bringt den REPs Stimmen. Wie würden Sie denn die Aussiedlerfrage lösen? Befürworten Sie »Heim ins Reich« ...

Nein!

... oder unterstützen Sie Kohl und Genscher bei ihrem Bemühen, die Wiederauflage einer autonomen deutschen Sowjetrepublik an der Wolga zu fördern?

Kohl hat das ja erst aufgegriffen, nachdem ich's eingebracht habe! Es geht darum, daß man mit beiden Möglichkeiten arbeiten muß. Aussiedler, die kommen, denen muß man helfen. Aber sie werden in diesem kalten, unpersönlichen, gewinnmaximierenden Westen große Schwierigkeiten haben, wenn sie etwa aus Karaganda kommen und aus einer jahrhundertealten Umgebung herauskatapultiert werden. Ich plädiere darum für klare Auflagen bei der Gewährung von Krediten an den Ostblock, daß man sagt: Laßt den Deutschen ihr Heimatrecht bzw. gebt ihnen wieder ihr Heimatrecht. Das betrifft ja nicht nur die autonome Republik an der Wolga, sondern da gibt es eine ganze Menge betroffener Gebiete. Unten im Odessagebiet gab es eine starke deutsche Kolonie, aber auch oben in den russischen Randstaaten. Ich hielte diese Möglichkeit für anständiger und fairer als nur zu sagen: Wir sind brave Deutsche und nehmen alle Deutschen auf, die zu uns kommen. Das nutzt weder den Deutschen dort in der UdSSR, in Rumänien und weiß der Teufel wo, noch tut es der Republik hier gut.

Wie sieht das Parteiensystem der 90er Jahre aus?

Die FDP wird's nicht mehr geben.

Haben schon viele gesagt, Strauß zum Beispiel.

Aber es besteht doch gar kein Bedarf mehr nach denen! Die Nationalliberalen, Maier, Mende, Dehler (bei denen hätte ich damals auch mal landen können), oder jetzt Haider in Kärnten, die hatten mal über 10% – und heute? Das FDP-Potential decken jetzt die Süßmuth, der Geißler mit seinem Wischi-Waschi-Kurs ab, vielleicht auch Blüm, allen voran von Weizsäcker. Also FDP draußen, links sind SPD und Grüne, in der sogenannten Mitte große Teile der CDU, und auf der rechten Seite wird es geben die REPs *und* die CSU.

UND? *Zwei Rechtsparteien? Wenn die Union sich spaltet, sind die REPs doch weg vom Fenster und die CSU etabliert sich landesweit.*

Bundesweite CSU? Wer soll das denn noch repräsentieren außerhalb Bayern? Waigel & Streibl? Die Zeit ist vorbei. Wenn es mir gelingt, die REPs als eine demokratisch und parlamentarisch legitimierte Partei zu erhalten, werde ich auf das von Frau Noelle-Neumann einmal korrekt auf ungefähr 20% geschätzte national-konservative Potential zusteuern, ähnlich wie jetzt Jörg Haider in Österreich.

Dann sind Sie die Bundes-CSU unter anderen Vorzeichen?

Das glaube ich nicht. Ich glaube vielmehr, daß wir in einer völlig neuen Situation sind und die Karten ganz neu gemischt werden. Und ich habe gute Karten ...

Das kann sein. Die Deutschen könnten Ihnen noch einige Asse zuspielen. Aber wir werden versuchen, Ihnen das Spiel zu vermasseln.

6. Kapitel: Schönhuber, Le Pen, Haider, Hagen und andere oder Die rechte Inter-Nationale?

> Die meisten der jungen französischen SS-Freiwilligen verstan-
> den sich als Weiße Garde, als die große kämpferische Bewe-
> gung gegen den Kommunismus, und fühlten sich als Vor-
> kämpfer einer ›nouvelle Europe‹, eines neuen Europa... Es
> waren, um in der Terminologie von heute zu sprechen, Faschi-
> sten mit menschlichem Antlitz. Nie in meinem Leben werde
> ich die Abende vergessen, die wir diskutierend zusammensa-
> ßen, billigen Rotwein trinkend. Meistens war mein Vorgesetz-
> ter dabei. Ich höre ihn noch heute sagen: »Übersetz doch,
> Franz«...
> *Franz Schönhuber* (Ich war dabei, 1981)

Die REPs bringen Deutsches zum Vorschein, aber der Rechtsextremismus ist kein deutsches Phänomen. Protest gegen *die da oben*, Haß auf die Fremden und alles Fremde, die Gewalt der Sprachen, Gesten und Taten, der Ruf nach Recht & Ordnung und einem endlichen wieder starken Staat sind gesamteuropäische Erscheinungen. Da sich jetzt »Ost« und »West« als politischer Rahmen aufzulösen beginnen, kommen extremer Nationalismus und gewaltbereiter Rassismus an allen Ecken wieder hervor. Im Zerfall der Blöcke, in der Krise des sowjetischen Imperiums genau wie in der jugo-slawischen Republik, verfallen die, denen sonst nichts ein-fällt, auf nationale Aufrüstung. Kaum ist der Türkenjäger Schiwkoff weggejagt, werden die, die ihn abgelöst haben und das Unrecht wiedergutmachen wollten, von bulgari-schen Nationalisten ausgepfiffen: Ihr Unrecht bestand darin, den Türken das Tragen eigener Namen erlauben zu wollen. Wenn Hammer und Ähre, Sichel und Zirkel glücklich aus den Flaggen herausgeschnitten sind, bleiben außer dem kreisrunden Loch die nationalen Farben von annodazumal. Der sowjetische Emigrant André Sinjawski berichtete kürz-lich vom Aufkommen eines russischen Nazismus – das Ge-dächtnis der Leute muß wirklich kurz sein.

Antisemitische Zirkel und Zeitschriften blühen wieder auf, mehr noch: »Antisemitische Ideen bewegen heute in der Sowjetunion die Masse und die Intellektuellen« (*FAZ*, 23. 12. 89). Auf dem Roten Platz läuten nicht nur die Glokken der Basilius-Kathedrale, sondern es finden auch mit offiziellem Segen Kundgebungen des *Pamjat* statt: »Auf, großes Land!« sangen die guten Russen, »auf in den Kampf auf Leben und Tod! Gegen die verfluchten Juden, unsere Nacht und Tod!« In Christi und Rußlands Namen droht wieder mal das Pogrom.

Was geht uns das an? Bei uns werden Ressentiments dieser Art vielleicht weniger drastisch formuliert, sind aber ebenso virulent. Wo immer die Nation gefeiert wird, haben die zu fürchten, die nicht dazugehören oder zustimmen mögen. Organisierter Rechtsextremismus gehört, leider, zum normalen Leiden auch westlicher Industriegesellschaften. Die Bundesrepublik ist nun, nochmals leider, was sie immer sein wollte: ein ganz normales Land, »aus dem Schatten Hitlers« herausgetreten, von fremdem Argwohn und selbstauferlegten Tabus entbunden. Wenn in einer Hundertschaft Deutscher fünf bis zehn rechtsaußen wählen, dann sind das nicht mehr und nicht weniger als anderswo. Aber es ist trotzdem von größerer Bedeutung, als wenn es 15 von Hundert Belgiern oder 18 Prozent Griechen tun. Warum eigentlich, hat mich einer gefragt, der ein dickes Buch über Hitler geschrieben hat.

Seit Europa zart rosa-grün leuchtet – sogar Frankreich und Großbritannien haben sich ökologische Erfolgsparteien zugelegt –, wird auch der reaktionäre Widerschein greller: Unterm aufgesprengten Sarkophag der Nachkriegsordnung strahlt das nationale Spaltmaterial hervor: das häßliche »Europa der Vaterländer« hat auf den Oppositionsbänken des Straßburger Parlaments Platz genommen und hält Reden. Die rechte Internationale, die es eigentlich nicht miteinander aushalten dürfte, hat sich zur »technischen Fraktion« zusammengeschlossen; das sichert die Mittel für antieuropäische Obstruktion und läßt genug Raum für nationalen Eigensinn und rechten Zwist.

Schon die Fraktionsbildung war keine leichte Sache. Zwölf MdEP's aus drei Ländern oder 18 aus zwei Staaten oder 23 Deputierte aus einem Land schreibt die Geschäftsordnung vor. Als man nach der Wahl im Juni die rechten Bataillone versammelte, zählte man zehn Gewählte des französischen Front National (Spitzenkandidat: Jean-Marie Le Pen), sechs bundesdeutsche REPs (Franz Schönhuber), vier italienische Neofaschisten (Pino Rauti) plus zwei aus der Lega Lombarda, schließlich die spanische Liste Ruiz-Mateos und einen versprengten Iren und einen Parlamentär des Vlaams Blok aus Belgien. Das machte eine »Drei-Länder-Lösung« notwendig und, wie es schien, leicht möglich; doch die schließlich gebildete »technische Fraktion der Europäischen Rechten« hat nur 17 Mitglieder. Der Grund liegt in alten und neuen Widersprüchen der europäischen Rechten.

Franz Schönhubers Partner Nr. 1 ist der französische *Front National*. Der hat bereits europäische und nationale Parlamentserfahrung; Frankreich hat weiterhin das absolut und relativ größte rechtsextreme Wählerreservoir in der EG. 1981 gegründet, hat die Partei heute rund 60 000 Mitglieder, darunter eine agile Nachwuchsorganisation. Bei Wahlen auf europäischer Ebene erreichte sie gleich zur Premiere 1984 10,95%, fünf Jahre später, als sie angeblich schon »auf dem absteigenden Ast« war und deutliche Verschleißerscheinungen zeigte, 11,7%. National schnitt sie nicht schlechter ab: 1986 kam sie mit knapp zehn Prozent der Stimmen zu 35 Abgeordneten, da die in die Defensive geratenen Sozialisten das Verhältniswahlrecht eingeführt hatten; nach Restauration des alten Mehrheitswahlrechts der Fünften Republik 1988 reichte es nur zu einer einzigen Abgeordneten im südlichen Département Var (die dann alsbald aus der Partei ausschied). Bei jüngsten Nachwahlen gelang der Partei wieder der Einzug in die Assemblée Nationale. Südfrankreich von Perpignan bis Nizza und das Rhône-Gebiet, neuerdings auch der Elsaß, sind die Hochburgen der Partei, daneben die Ballungsgebiete des industrialisierten Nordens und des Dienstleistungssektors in der Pariser Region und im Dreieck Saint Etienne-Grenoble-Lyon. Jean-Marie Le Pen, der immer noch Stadien und Plätze füllt, kann mit seiner Mischung aus gezielter Provokation und staatsmännischer Bonhommie als abonnierter Außenseiter fest zur politischen Klasse Frankreichs gerechnet werden. Mit einem Verschwinden der Partei ist nicht zu rechnen, selbst wenn sie aus dem Palais Bourbon ferngehalten werden kann; bei den sog. »Nebenwahlen« auf regionaler und europäischer Ebene reüssiert sie nämlich trotzdem und behält so einen konstanten, durchaus noch ausbaufähigen Anhängerstamm.

Älteste und größte Rechtspartei in der EG ist der italienische *Movimento Sociale Italiano/Destra Nazionale:* 1946 gegründet, 120 000 Mitglieder, mit Jugend-, Studenten- und Gewerkschaftsorganisationen im ganzen Land, vor allem im Mezzogiorno, präsent und seit 1948 durchgängig mit bis zu 8,7% der Stimmen bzw. 50 Abgeordneten im Parlament (plus Senatoren) vertreten. Ihre Hochzeit hatten die »Missini« Anfang der 70er Jahre, als die italienische Republik auf der Kippe stand; 1960 erlagen die Christdemokraten für kurze Zeit der Versuchung, die Ausklammerung der Neofaschisten aus dem »Verfassungsbogen« rückgängig zu machen und ließen ihren Premier Tambroni von ihnen tolerieren. Seither jedoch ist die DC in wechselnden Mitte-Links-Bündnissen geblieben. Bei jüngsten Wahlen schnitt der MSI relativ schlecht ab; die Partei ist nach dem Tod der aus Mussolinis Zeiten überkommenen Führungsgruppe 1987 in eine Krise geraten und praktisch gespalten: der Kalabrese Pino Rauti, 63, Gralshüter des faschistischen Erbes, Listenführer bei den Europawahlen, hat sich dem jüngeren Gianfranco Fini (38) nicht unterordnen wollen, der die alten Herren zu einem wirklich Neuen Faschismus mit technokratischem outfit und ökologischen Allüren voranbringen wollte. Überdies hat diese (gesamt)nationale Rechte norditalienische Konkurrenz bekommen; vor allem in Mailand haben sich »Ligen« gebildet, die einen inneritalienischen Rassismus vertreten: »Europa ja, aber nur bis zum Arno!« – die *terroni,* Binnenwanderer aus dem ärmeren Süditalien, der Hochburg des MSI, gehören *fuori,* zurück in die Dritte Welt. Da solche Slogans (und auch Gewaltakte gegen Süditaliener) in Mailand acht von hundert Wählern begeistern konnten, sitzen jetzt zwei Vertreter der lombardischen Lega in Straßburg. Aber auch Rauti will den MSI modernisieren, zum einen durch *movimentismo,* Elemente von »Bewegungspolitik« also, die die trikolore Flamme, Wahrzeichen des MSI, wieder stärker lodern lassen sollen; zum anderen will der alte Mitarbeiter Mussolinis in der Republik von Saló und spätere

131

Mentor der schwarzen Brigaden, Rauti, durchaus »verantwortliche Politik« – ein breites Bündnis von MSI und anderen national verantwortlichen Kräften gegen die afrikanischen, arabischen und asiatischen Einwanderer.

Le Pen, Fraktionschef in spe, mußte in Straßburg erst noch die Wahl treffen zwischen Deutschen und Italienern – eine romanisch-germanische Ehe zu dritt funktionierte nämlich nicht. Der Grund liegt in Südtirol, wo sich deutschnationale Separatisten und italienische Neofaschisten seit jeher in den Haaren liegen. Die einen wollen als deutschsprachige Volksgruppe radikale Autonomie, wenn nicht die Wiedervereinigung mit (Deutsch-)Österreich; die anderen stemmen sich gegen Benachteiligungen, wenn nicht den Ausverkauf italienischen Territoriums. Bei Nachwahlen zum Bozener Gemeindeparlament wurden die Neofaschisten im Mai 1989 mit 27,1 Prozent stärkste Partei vor der von den Deutschsprachigen gewählten Südtiroler Volkspartei und den Grün-Alternativen als dritter, binationaler Kraft, die für ein vernünftiges Zusammenleben der »Volksgruppen« eintritt. Doch sowohl MSI als auch SVP haben sich, fünfzig Jahre nach der verhängnisvollen »Option« zwischen nationalsozialistischem *Heim ins Reich* und faschistischer *italianità* auf ewig radikalisiert. Die Italiener, die mit dem Proporzsystem seit 1945 und der Führungsrolle der Deutschen nicht einverstanden sind, setzen auf die Erben Mussolinis; die regierende SVP hält durch Pflichterklärungen zur Sprachzugehörigkeit den Geist der Option wach, rabiate Vertreter sinnen gar auf Entmischung und Rache und suchen Zuflucht bei den rechtsextremen Parteien im Reich. Während Freys DVU den italienischen Neofaschisten nach wie vor »Verrat« am Befreiungskampf der Südtiroler Volksdeutschen nachträgt, weiß Schönhuber freilich, daß »Hitler der wahre Verräter war«. Eine dezidiert postfaschistische Rechte dürfte dem Zusammenfinden der beiden künftig führenden Wirtschaftsmächte, also einer renovierten »Achse« Europas, eigentlich keine historischen Altlasten mehr in den Weg legen. Doch auch Schönhuber hat sich für das »Selbstbestimmungsrecht der Südtiroler« ausgesprochen, die sich »zwischen weitgehender Autonomie und Anschluß an Österreich« entscheiden können sollen. Das bedeutet also womöglich: den Anschluß an Österreich – und Krieg mit dem MSI.

Zwar erkannte Le Pens Presse sensibel an, daß die Neofaschisten »gute Patrioten sind, die nicht zulassen, daß Grenzen neu gezogen werden« *(National Hebdo);* zwar ahnt der Franzose besorgt, daß für die REPs »der Anschluß Österreichs bloß eine Etappe ist, und daß sie an der Wiedererrichtung eines großen Reichs arbeiten, das die beiden Deutschland, Österreich und Südtirol umfaßt«, also höchste Alarmstufe für einen profunden Verächter der *boches* wie Le Pen besteht. Aber ideologische Gemeinsamkeiten sieht er »in der Ausländerproblematik, der Verteidigung der nationalen Identitäten und der nötigen Härte gegenüber dem Osten«. Auch weil mit den Italienern zur Zeit wenig anzufangen ist und sie sogar mit den Linken sympathisieren (Craxi!), während die REPs als zukunftsfähig gelten, fand in diesem Fall die historische Aussöhnung statt – zwischen Le Pen, dem nationalistischen *maquisard* der Résistance, und Schönhuber, dem eurofaschistischen Landsknecht... die »Nation Europa« (re)formiert sich.

Doch mit 16 Deputierten aus zwei Ländern war immer noch keine euro-rechte Fraktion zu machen. Da der Grieche, Mitglied der Obristen-Partei EPEN, nicht wiedergewählt worden war und die anderen Südeuropäer nicht wollten, fiel die Wahl nach langen erfolglosen Treffen im Juli 1989 auf den Flamen Karl Dillen, der von einem flämischen Separat-Staat mit der Hauptstadt Brüssel träumt. Hochburg der rechten Flamen ist das krisengeschüttelte Antwerpen, wo 1988 bei Kommunalwahlen jeder fünfte für Autonomie und Rassenreinheit Flanderns sowie für die Amnestierung der letzten Nazi-Kollaborateure war. Das klingt nach Ewiggestrigen, nach den katholischen Rexisten Léon Degrelles, die in der Waffen-SS auch zu Schönhubers Nation Europa stießen. Doch um den 63jährigen Dillen hat sich eine Gruppe junger Kader gesammelt, die zum Teil als Ideologen einer neurechten Denkfabrik *(Were di Dietsland)* hervortreten, aber auch bewaffnete Milizen auf Juden, Immigranten und Intellektuelle ansetzen. »Eigen Volk eerst!« – für Schönhuber war das kein Problem; der ethnische Separatismus in

Antwerpen ist einem in Bozen oder Breslau freundlich gesonnen. Den Nationalisten in Frankreich, die Kontakte eher zu den weniger erfolgreichen frankophonen Rechtsaußen der Wallonie pflegen, dürfte es Kopfzerbrechen bereiten, wenn man sich in Brest oder Ajaccio auf ähnliches besänne...

Den REPs am nächsten steht aber eine Partei, die (noch) gar nicht in Straßburg vertreten ist: die *Freiheitlichen Demokraten* (FPÖ) des jungen Jörg Haider, die neurechten *troubleshooter* in Österreich. Haider hat längst das Gewicht einer »dritten Kraft« erreicht, mit dem er die beiden großen, miteinander in Koalition stehenden Volksparteien beschweren kann: Die ÖVP präpariert sich für die kleine Koalition (die Generalprobe in Kärnten hat stattgefunden, wo mit 29 Prozent Haider seit dem Frühjahr Landeshauptmann ist), und die SPÖ muß um ihren grantelnden Anhang bangen. Nach Auskunft von Generalsekretär Neubauer haben mit Jörg Haider »Kontakte und Gespräche auf höchster Ebene stattgefunden«; Boris Rupp (REP-Bundesvorstand) erklärte der *taz:* »Freiheitliche und Republikaner haben in nahezu allen Grundfragen übereinstimmende Ansichten«.

Wenn damit ideologische Grundüberzeugungen wie die »Bewältigung« des Nationalsozialismus durch Täter-Rehabilitation und Opfer-Erniedrigung und indirekte Ansprache antisemitischer Ressentiments gemeint ist, präsentieren sich Haider und Schönhuber als kongeniale Demagogen. Von dem Jungtalent hat Schönhuber auch gelernt, daß »Hitler kein nationaler Mensch war; einer, der national ist, schenkt doch nicht Südtirol her«. Die Allianz von Dabeigewesenen (die FPÖ wurde in den 50er Jahren als Partei alter Nazis gegründet) und der jüngeren »Schlußstrich«-Generation verkörpert Jörg Haider auf viel authentischere Weise als Schönhuber. Die FPÖ ist die perfekte »Brückenpartei« zwischen rechtsextremer Subkultur und rechtslibertären Sozialstaatskritikern.

Doch formelle Kontakte, die die FPÖ die Mitgliedschaft in der Liberalen Internationale kosten können, unterblieben bisher. Otto Graf Lambsdorff hat dem österreichischen Kollegen eine goldene Brücke gebaut; bei einem Treffen in Salzburg erteilte der FDP-Chef den REPs eine klare Absage und teilte mit, daß dies »damit auch für die FPÖ« gelte. Haider findet weiter im breiten Spektrum des Liberalismus Platz, der in ganz Westeuropa ohnehin mehr und mehr zum aggressiven Wirtschaftsliberalismus degeneriert. Er begeistert mit markigen Reden gegen den »roten Filz« und »schwarzen Postenschacher« und seiner »Politik der sozialen Volksgemeinschaft« genau jene jungen Selbständigen und Aufstiegswilligen, auf die die REPs bisher nur sehnsüchtig schielen. Die FPÖ ist in der Tat die führende Partei junger Wähler geworden, die Disco, Sport und schnelle Autos mögen. In Klagenfurt der Kampf gegen die slowenische Minderheit, in Wien Kampf den Bürokraten und Kritikern Waldheims, und für Österreich der zweite Anschluß an ein wiedervereinigtes Deutschland... »Mitteleuropa« wächst zusammen, und deutschsprachige Rechte wollen sich das nächste Mal den Fraktionsvorsitz im Europaparlament nicht mehr nehmen lassen.

Westeuropa hat 1989 keinen parlamentarischen Rechtsruck erlebt, eher eine sanfte Linksverschiebung, die die liberal-konservative Hegemonie angeknackst hat. Aber das Europa der Rechten wird ebenfalls stärker, und es ist grenzenlos. Zur neuen »Nation Europa« zählen auch Kräfte, die in Straßburg noch keinen Zugang haben: außer im »karolingischen Kerngebiet«, der alten EWG der Sechs, wo die supranationale Verflechtung am weitesten gediehen und die Grenzen am niedrigsten sind, und der Alpenregion liegen die Hochburgen rechtspopulistischer Parteien und Bewegungen vor allem in der nordeuropäischen Peripherie: der »Steuerrebell« Mogens Glistrup hat in Dänemark ein comeback erlebt, in Norwegen hat sich Carl J. (»Karli«) Hagens *Fortschrittspartei* mit einem Wahltriumph im September 1989 in Szene gesetzt. Im Süden steht ein Generationswechsel von den alten Garden Mussolinis, Francos, Salazars und Papadopoulos' zu alerten Technokraten auf der Tagesordnung, die den ökopazifistischen und befreiungsneutralistischen Jargon »draufhaben« und sich als pragmatische Partner keineswegs nur den bürgerlichen Parteien anbieten. Das Bindeglied zu den restaurierten ostmitteleuropäischen Republiken wird

einrasten, wenn sich, als Preis der Freiheit, neben der demokratischen Tradition der Zwischenkriegsjahre auch der
Chauvinismus (z. B. eines Großserbien), die Judenfeindschaft (wie in Polen) und sogar faschistische Relikte (auf
dem gesamten Balkan) wiederbeleben. Was hält diese rechte
Inter-Nationale zusammen?

Schönhuber und Le Pen haben – da sich die bisher auch
Brüssel-allergischen Grün-Alternativen allmählich proeuro-
päisch umstellen – in der »Europhorie« bis 1993 den Part der
harten Anti-Europäer übernommen. Schönhuber erklärt
sein »Ja zu einer europäischen Zusammenarbeit«, mit
Gleichgesinnten und in Form florierender Exportgeschäfte
»traditionell seit 75 Jahren« (wir rechnen zurück: das ergibt
1914!), aber auch sein »Nein zur Bildung einer ›Europäischen Union‹ und zur bankrotten Wirtschaftsgemeinschaft«,
für die angeblich »der deutsche Steuerzahler« bluten muß
und die den »Ausverkauf deutscher Interessen« betreibt. Für
ihn hat die Wiedervereinigung absolute Priorität vor jeder
weiteren (West)Integration; in anderen Worten gilt dies für
alle anderen Rechtsparteien, die britischen Thatcher-Kon-
servativen inbegriffen, die sich strikt gegen jeglichen Konfö-
derationsimpuls stemmen. *Eigen Volk eerst!* Diese Obstruk-
tionspolitik kann sich auf sehr weit verbreitete Befürchtungen und Distanzen zum realexistierenden Europa der Zwölf
stützen: »In der Frage der Ökologie und Umwelt wird man
sich in der EG auf dem niedrigsten Niveau, dementspre-
chend für unser Land schlechtesten Niveau des Umwelt-
schutzes einigen..., weil der Zielkonflikt Ökonomie-Öko-
logie immer zugunsten der Ökonomie ausgetragen wird.
Wir befürchten eine Verschlechterung der Verhältnisse der
deutschen Arbeiter, Handwerker und Bauern, weil man den
Industriestandort von Deutschland in Billigländer verlegen
wird. Wem nützt die EG? Schlicht und einfach: den Euro-
multis. Die werden die größten Geschäfte des Jahrhunderts
machen«, erklärte Schönhuber in Richtung deutscher Um-
weltschützer, Gewerkschaftler und Mittelbauern, denen
beim Stichwort »1992« im Blick auf ihren Geldbeutel, aber
auch wegen des drohenden »Heimatverlustes« Bedenken
kommen. »Dieses Europa, das hoffentlich nur sehr langsam

zustandekommt, wird einen Haufen kultureller Verwerfungen mit sich bringen, aber auch riesige sozialpolitische Probleme, wenn es vereinheitlicht wird« (Thomas Schmid, *taz*, 22. 7. 89).

Blieben bei Nationalisten traditionell nationale Rivalität und Konkurrenz vorherrschend, einen die Euro-Rechte andererseits gemeinsame Anti-Haltungen, wie sie dem National-Populismus überall eigen sind.

Erstens stimmen die Rechtsextremen in ihrem Affekt gegen die »Altparteien« überein, die sie aber nicht mehr mit außerparlamentarischer Militanz unter Druck setzen, sondern selber parlamentarisch agitieren. Sie suchen programmatisch-politische Eigenständigkeit gegenüber den etablierten Strömungen im europäischen Parteienwesen, besonders den Konservativen und Christdemokraten, denen sie vorwerfen, ins »marxistisch-sozialistische Fahrwasser« und »in den Sog der Systemveränderer« geraten zu sein (*Der Republikaner* 11/89) und denen sie sich zugleich als Bündnispartner gegen die Linksparteien andienen. Damit treten sie heraus aus den Nischen metapolitischer Zirkel oder halbklandestiner Sekten auf eine parlamentarische Bühne, die »vollständig« ist und damit auch solchen Parteien Raum gibt, die national (noch) nicht in den Volksversammlungen vertreten sind wie den REPs.

Front National, REPs und andere Neulinge haben ironischerweise Europa alles zu verdanken: Aufwertung, Finanzierung, Infrastruktur. Ohne die europäischen Wahlgänge wäre ihr Organisationsaufbau kaum so rasch vorangeschritten. Die koordinierte Parlamentarisierung ist damit eine verbreitete und vorherrschende Strategie der europäischen Rechten geworden.

Zweitens hat die Angleichung der europäischen Wirtschafts- und Sozialsysteme die bisher national kolorierten Populismen untereinander ähnlicher gemacht. Gemeinsam ist den Rechtsparteien fast überall derselbe Widerstand gegen die angeblich funktionsunfähige soziale Sicherung und den alles verschlingenden Fiskalstaat. Der Poujadismus der 50er Jahre hatte noch mehr französische Züge als der Populismus des Poujadisten Le Pen; und er unterschied sich von den übrigen Parteien der Vierten Republik sehr viel mehr, als dies trotz aller Rabulistik heute der Front National von denen der Fünften noch vermag. Diese doppelte Nivellierung entspringt europaweiten Anpassungen der politischen Inszenierung, Rhetorik und Wahlkampfführung, von der die »Neuparteien« nur durch ihren anfänglichen Amateurismus ausgenommen sind. Wenn sie aus dem Stadium der Improvisation herauskommen, übernehmen sie, vom Telefax-Gerät bis zur Parteitagsinszenierung, die konventionellen und standardisierten Formen politischer Kommunikation, auch wenn sie im Unterschied zu den Großparteien nicht Zustimmung erheischen, sondern Unzufriedenheit mit (Partei)Bürokratien mobilisieren.

Ein *drittes* Bindeglied ist die alles übergreifende Frage der Immigration, die so summarisch abgelehnt wird, daß es auf nationale Feinheiten gar nicht mehr ankommt. Ist also der Patriotismus verpflichtend, so eint die nationalen Rechtsparteien die Suche nach »europäischer Identität« gegenüber außereuropäischen Mächten und angeblich nichtassimilierbaren Kulturen. Le Pens »Generalbevollmächtigter« Bruno Megret hat als ideologische Grundlage der Euro-Rechten folgende Identitätshierarchie gezimmert:

»Identität wird dem Menschen zum Teil bei der Geburt mit seinem genetischen Erbe gegeben, und im folgenden von den sozialen Gemeinschaften, die ihn umgeben. An erster Stelle steht hier die Familie; später folgt die lokale Gemeinschaft; im umfassenden Sinne ist es dann die Nation, für uns Frankreich, die uns unsere historische Identität gibt. Über der Nation steht noch Europa, da wir alle der gleichen europäischen Zivilisationsgemeinschaft angehören.«

Die »Nation Europa« wird heute vor allem kulturell und ethnopolitisch begründet und – dies ist das *vierte* Merkmal – in »Äquidistanz« gegenüber beiden Supermächten verortet; die nationale Priorität (»zuerst...«) schließt eine geradezu »tiersmondistische« Schicksals- und Befreiungsgemeinschaft der »kolonisierten« Europäer nicht mehr aus.

Vordenker dieser »Europäisierung der Rechten«, die ihrerseits auf Traditionen der »Konservativen Revolution« baut, sind Armin Mohler, sein französischer Schüler-Lehrer Alain de Benoist, die antisemitische Religionswissenschaftlerin Sigrid Hunke oder »Nationalrevolutionäre« wie Henning Eichberg und Wolfgang Strauss. In einer Anfang 1989 auf den Markt gekommene Zeitschrift heißt es programmatisch:

»Jeder Europäer, der nicht Opfer einer mehr oder weniger um sich greifenden intellektuellen Verflachung geworden ist, erstrebt die Befreiung der europäischen Völker von der Bevormundung durch die US-Amerikaner und Sowjets. Um aber frei sein zu können, muß Europa erst seine Zerrissenheit – die in der Spaltung Deutschlands gründet – überwinden« (*Europa vorn*, zit. nach *taz*, 18. 1. 89).

In diesen Gemeinsamkeiten sind aber auch die Konflikte angelegt, die in der schwierigen Entstehungsgeschichte der Fraktionsgemeinschaft mitschwingen. Hier wirken nicht bloß taktische Finessen, sondern uralte Diskrepanzen innerhalb des europäischen Faschismus. Die ethnopluralistische, auf eine europäische Zivilisation sich beziehende Denkweise unterscheidet sich von einer strikt nationalistischen; und eine rassisch-kulturelle Orientierung ist nicht ohne weiteres in Einklang zu bringen mit der etatistischen. Diese Linien durchkreuzen nicht nur das Ensemble, sondern jede einzelne Partei der Euro-Rechten. Der *Front National* und das *Movimento Sociale* stehen in der Tradition des klassisch-bürgerlichen Nationalstaats; die ethnisch motivierten »Befreiungsbewegungen« von Flandern bis Südtirol stemmen sich genau gegen dessen Zentralismus, können aber auch sein reaktionäres Hinterland bilden. Innerhalb der Front überlagern sich Traditionen der Jeanne d'Arc mit denen der Marseillaise, christliche mit heidnischen und laizistischen Strömungen. Das MSI kann an einen zwar an der politischen Mitwirkung gehinderten, aber weniger verpönten oder neuerdings gar rehabilitierten Faschismus anknüpfen und setzt auf solche Tradition; die REPs müssen sich davon und von allen Nachfolgeorganisationen distanzieren und die Teilanerkennung der NS-Vergangenheit erst noch bewirken. Während die französischen Rechtsaußen nicht vorrangig an diese Ära des europäischen Faschismus anknüpfen, sondern an eine andere Vergangenheit, die vergehen soll: den Algerienkrieg mit seiner spezifischen, antiarabischen Stoßrichtung.

Auch das Feindbild unterscheidet sich: Die französischen

Rechtsextremen entstanden in der Phase der sozialistisch-kommunistischen Volksfront nach 1981, ebenso wie die skandinavischen Rechtsaußen gegen eine sozialdemokratische politische Kultur, während die REPs nur in der liberal-konservativen Regierungsphase hochkommen konnten und sich die kleinen Rechtsparteien in den Benelux-Staaten und Italien in einem stark fragmentierten und versäulten Parteiengefüge bewegen müssen. Auch die außenpolitische Interessenlage der feindlichen Brüder weicht ab: Während Le Pen sich als strikter Antikommunist vor einer Annäherung Gesamtdeutschlands an Rußland fürchtet, muß Schönhuber zusätzlich die Rappallo-Karte des deutschen Sonderwegs im Ärmel haben und insgeheim auf die Moskauer Reaktionäre setzen, die den Weg zur Wiedervereinigung öffnen.

Die REPs und die Medien
(von Bernd Gäbler)

Ein Journalist sollte Bericht erstatten, genau beobachten, dies in Bilder fassen, kommentieren und analysieren. Nur wenn es um das Thema REPs geht, ist plötzlich alles anders. Dieses Thema gilt als heikel, demokratische Unbekümmertheit scheint es da nicht zu geben, da s(w)ollen Journalisten einfach mehr sein als gewöhnlich: vor allem Politiker, Sozialarbeiter, Geschichtslehrer, Ethikkommissare, Moralapostel und gute Menschen.

Als sei die Häufung der Krimis schuld an der hohen Zahl der Morde und im Gegenzug die rückläufige Raucherquote auf das Verbot der entsprechenden Werbung zurückzuführen, hält sich unter Journalisten das schmeichelhafte Mißverständnis, Geburtshelfer diverser gesellschaftlicher und politischer Trends zu sein. Tief erschüttert von der eigenen Macht und zugleich voll wohliger Selbstzweifel glauben auch fortschrittliche Journalisten dann, z. B. auch für den Stimmenzuwachs der Republikaner schuldhaft mitverantwortlich zu sein. So stoßseufzen reihenweise fortschrittliche Journalisten – und da schlägt dann die Omnipotenz so herrlich in die ihr entsprechende Ohnmachtsphantasie um –, was auch immer man tue, tauchten die Reps nur irgendwie in den

Medien auf, nutze es ihnen. So absolut denkt gern, wer sich selber Absolution erteilen möchte. Diese Fehlwahrnehmung korrespondiert übrigens wunderbar mit dem Alltagsbewußtsein der Republikaner-Basis, auf deren Hitliste des Abscheus nach klauenden Zigeuner-Kindern und dem Schwulen/Lesbenzentrum auch schon Volkshochschule und WDR rangieren.

Die mangelnde Bescheidenheit, die es zugleich immer wieder erlaubt, ein schlechtes Stück Arbeit mit Hinweis auf die erdrückende Allmacht der Medienwelt verklärend zu entschuldigen, ist selber wiederum nicht journalistisch, sondern politisch. Würden die Medien die Republikaner nicht so oft zeigen, die Leute kämen erst gar nicht auf die Idee, so falsch zu wählen. Das ist der klassische Gedankengang mittlerer Vertreter der Volksparteien, die ihrer Basis hauptsächlich zutrauen, fürs Kreuzchenmalen die traditionelle Spalte zu finden. Wer an die zuvorderst mediale Erzeugung des gesellschaftlichen Trends zugunsten der REPs glaubt, will sich ihm allenfalls oberflächlich, sozialtechnologisch widmen. Dahinter lauert die Versuchung, seinerseits die Medien lediglich besser politisch instrumentalisieren zu wollen. Vor lauter gutem Willen, den Propagandisten eines starken Staates kein Forum bieten zu wollen, wird dann der medialen Aussperrung das Wort geredet. Unfreiwillig wird so die Auffassung bestätigt, daß Demokratie eben wehrlos mache.

Mit Ausnahme jener Printmedien, deren ausgesprochene Zielsetzung es ist, die Koalitionsfähigkeit der REPs herbeizuschreiben, die also unter die Rubrik Lobbyismus fallen, ist das Verhältnis der Medien, der Redaktionen und einzelnen Journalisten zu den REPs verklemmt. Das »heiße Eisen« wird übervorsichtig mit spitzen Fingern angefaßt, nur »wenn was los ist« (in der Regel ein innerparteilicher Streit), überbrückt ein schnell vorgestrecktes Mikro diese ängstliche Distanz. In dieser besonderen Verklemmung zeigen sich aber vor allem allgemeine Schwächen des politischen Journalismus: schlechte Vorbereitung, Oberflächlichkeit und der Hang zu vordemokratischer Pädagogisierung. Ein Heuchler, wer das nicht auch bei Berichten zu CDU, SPD, ADAC moniert und nur zum Thema REPs Problempapiere schreibt, auch wenn hier der sog. »Tanzstundeneffekt« – man spürt die Absicht und ist verstimmt – zweifellos besonders penetrant ist.

Oberflächlichkeit, Banalität, schlechte Vorbereitung von Beiträgen und Interviews gehören zum journalistischen Alltag. Im seichten Brei der (volks)-parteilichen Berichterstattung fällt dies aber in der Regel nicht weiter auf. Genscher, Kohl und Lafontaine läßt man eben reden, fragt mehr oder weniger klug und wird als Antwort schon erfahren, warum sich der Angesprochene gerade jetzt ans Publikum wendet. Die Position des Fragenden, die garantiert irgendwo zwischen halblinker SPD und halbrechter CDU zu suchen ist, spielt keine große Rolle. Meist geht es weder darum, bisher unbekannte Seiten der Personen freizulegen, noch darum, zu Sachthemen zugespitzt den Interviewten in die Enge zu treiben. Für beides gibt es – gerade in den öffentlich-rechtlichen Medien – Nischen und Spezialformen: Plaudern und Verhöre. Geht es nun um die Republikaner, wird vom Journalisten mehr verlangt als sein Alltagsgeschäft: Er soll abschrekken. Die Kombination von journalistischer Gewohnheit und öffentlicher Erwartung führt dann zu dem kuriosen Resultat konventioneller Parteitagsberichterstattung, in dem häßliche Deutsche dadurch ihre Häßlichkeit zeigen, daß sie sich häßlich streiten.

Auch viele Interviews mit Vertretern der REPs enden als Bauchlandungen. Da hat sich ein Journalist nun aber wirklich gut vorbereitet und einige Böll-Zitate, die den Inhalten der Republikaner zutiefst widersprechen, herausgesucht und nähert sich, so gewappnet, jenem Vertreter der REPs im Kölner Rat, der laut Satzung dieses Gremiums bald dem Jurorenkreis für den Böll-Preis angehören soll. Der republikanische Abgeordnete erweist sich als ausgesprochener Kenner und Bewunderer Bölls – wer hätte das erwartet? Der Journalist jedenfalls nicht. Aber immerhin besteht ja noch die Möglichkeit, das Resultat nicht zu senden. Die vielen journalistischen Bauchlandungen sind – das sei eingeräumt – Resultat permanenter Überforderung. Manche Journalisten stellen sich unter einen selbstverschuldeten Druck, durch ein Interview den Vormarsch einer Partei zu stoppen.

Um über Menschen, auch solche, die sich zu einer Partei zusammengeschlossen haben, berichten zu können, muß man sie kennen. In Bonn wissen deswegen Journalisten genau, welche Kneipenbesuche zu unternehmen und welche Frühstückskreise zu besuchen sind, um nicht ausgeschlossen zu bleiben von der Grauzone zwischen Berichterstattung und Lobbyismus. Die Republikaner selbst stehen da noch außen vor, klopfen erst an die Türen der politischen Etablierung. Aus dementsprechender Ferne schreiben und filmen Journalisten über sie. Nähe zu ihnen gilt als anrüchig, dabei ist das Gros der Journalisten hier direkter Einflußnahme gegenüber sicher stärker immun als etwa die Besitzerinnen der »lila Karte« gegenüber den Einflüsterungen Rita Süßmuths. Diese Distanz wirkt für die Republikaner im Gegenzug schon fast wieder als Schutzschild. So eilt Herrn Schönhuber der völlig übertriebene Ruf voraus, ein unglaublich ausgebuffter Medienfuchs zu sein, da er mit der von ihm im Bayerischen Rundfunk moderierten Sendung »Jetzt red' I« unglaubliche Erfolge und Einschaltquoten erreicht habe. Weil sich nur wenige herantrauen, sieht man Schönhuber dann meistens genau aus der Distanz, die ihm für seine Selbstinszenierung die liebste ist. So kann man ihn auch auf Video-Cassette beim REP-Bundesvorstand bestellen. Von unten herauf wird er als Redner gezeigt, der schwitzt und stampft, deftige Worte spricht und ungehörige eindeutige Zweideutigkeiten. Dazu ein Schwenk auf das Publikum, das auch schwitzt und grölt und begeistert ist.

Ganz selten wurde bisher die Distanz zu den Republikanern für guten Journalismus überwunden. Ich zähle dazu das *SPIEGEL*-Portrait des REP-Vorsitzenden von Jürgen Leinemann, das Fernsehinterview Wolfgang Korruhns in der WDR III–Sendung ZAK und einen Bericht im SPIEGEL-TV über die Republikaner, der nicht nur die üblichen Zerwürfnisse kommentierte, sondern z. B. dabei war, als der Berliner Wahlsieger Bernd Andres erfuhr, daß Schönhuber ihn fallengelassen hatte. Das Weinen dieses »starken Mannes«, sein entgeistertes Schluchzen, Schönhuber habe ihn doch noch vor kurzem »Kamerad« genannt, sagte mehr über die autoritäre Struktur dieser Partei aus, als viele gleichlautende Kommentare. Es war einer der wenigen Augenblicke, in denen das Fernsehen mehr tat, als die ohnehin sichtbare oder sogar bewußt präsentierte Oberfläche noch einmal zu reproduzieren.

Das Zustandekommen politischer Entscheidungen, das Funktionieren ökonomischer Macht, ist ja nie zu sehen. Ein kleiner Blick hinter die Kulissen wirkt da schon wie eine Offenbarung. Den Prozeß der gesellschaftlichen Etablierung der Republikaner, die sich überschneidenden Kreise zwischen Unionsteilen und REPs, die ersten Fühlungnahmen und informellen Gespräche werden erst dann Medienthema, wenn deren Resultate handfest – etwa als erste kommunale Koalitionen – an die Oberfläche kommen. Warum gehen z. B. die Republikaner im allgemeinen deutsch-deutschen Wiedervereinigungstaumel unter? Stimmt das oder ist es nur ganz vordergründig so? Vielleicht ist gerade dies die Phase, in der sich unterschwellig die REP-Triumphe der Zukunft vorbereiten? Kein Thema für die Medien? Nein – Thema ist die Zahl der Flugblätter, die Herr Schönhuber schon in der DDR verteilt haben will.

Eines der häßlichsten Prinzipien der öffentlich-rechtlichen Anstalten ist das der Ausgewogenheit. Mit journalistischer Qualität, etwa der Forderung, umfassend zu recherchieren, hat dieses Kriterium nichts zu tun, und die Auswirkungen dieses Dogmas sind um so katastrophaler, je kleiner die Einheit (Gesamtprogramm, einzelne Sendung, einzelner Beitrag, einzelner Satz) ist, auf die es bezogen wird. Im großen und ganzen sichert es bei völliger Überschätzung des Quantitativen den parteipolitischen Proporz. Neuankömmlinge haben es da schwer, was es wiederum den Hütern der Ausgewogenheit leicht macht, sich als Schutzschild gegen die REPs einen Demokratenbonus zu erschleichen, obwohl sie nichts tun als ihre Argumente gegen die Grünen von vor zehn Jahren zu wiederholen.

Krassester Ausdruck dieses öffentlich-rechtlichen Dogmatismus ist die in ihrem Resultat direkt kontraproduktiv wirkende offene *Ungleichbehandlung* von REP-Politikern in den Medien. Da weigert sich Herr Ruprecht Eser in tellartiger Mannhaftigkeit, seinen Gesprächspartner Schönhuber zu grüßen. Er schneidet ihm die Sätze ab, unterbricht ihn, läßt ihn lieber nicht zu Wort kommen – was jeder normalen Umgangsform widerspricht und bei jenen besonders kurios wirkt, deren Keckheit sich ansonsten darin erschöpft, Herrn Genscher nach eventuellen Widersprüchen zu Erklärungen von Herrn Kohl zu befragen. Lea Rosh, die sicherlich alle historische Wahrheit auf ihrer Seite wußte, verlegte sich in ihrer Talk-Show darauf, sich vom republikanischen Gesprächspartner vor allem ekelgeschüttelt abzuwenden, was weder eine geeignete Protestform ist, um der verantwortlichen Redaktion zu signalisieren, daß sie mit der Ladung dieses Gastes nicht einverstanden war, noch ihrer Wahrheit zum Durchbruch verhalf. Keineswegs soll für permanente und überproportionale Berichterstattung über die REPs eine Lanze gebrochen werden, und erst recht ist nicht an jene Formen und Mischungen gedacht, die von manchen privaten Sendern als besonders »explosiv« empfunden werden. Bei solchem Journalismus säßen am Ende ein Holocaust-Überlebender und ein ehemaliger KZ-Wächter aneinandergebunden auf einem »heißen Stuhl«, um sich einer Abstimmung per »TED« zu stellen. Die Sendungen, in denen im Fernsehen bisher eine rationale, argumentative Auseinandersetzung mit den REPs stattgefunden hat, sind aber an einer Hand abzuzählen. Wieder ist SPIEGEL-TV zu erwähnen. Natürlich bot die Diskussionsrunde mit Glotz, Kleinert, Nenning, Baum, Lummer und Schönhuber, letzterem auch ein Forum zur Darstellung seiner Positionen, und er verließ am Ende auch nicht am Boden zerstört das Studio – aber zu welcher anderen Schlußfolgerung kann das führen als zu der, die Diskussion zu studieren, schwache Gegenargumente zu erkennen und für die Zukunft treffendere zu erarbeiten?

Ein entscheidender Unterschied zwischen Journalismus und Pädagogik – und dies scheinen manche Kollegen zu ignorieren – besteht allerdings schlicht darin, daß es nur eine Schulpflicht, aber keinen Medienzwang gibt. Die meisten Beiträge und Sendungen über die Republikaner sind so angelegt, daß sie eine Gruppe gewiß nicht erreichen: die potentiellen REP-Wähler. Die *Diktatur der guten Absicht* setzt auf die Geduld derjenigen, die es ohnehin schon wissen, nutzt im günstigen Fall der Qualifizierung dieser Zuschauer, aber erstickt journalistische Neugier. Da darf zwar jeder, und dann auch noch der sympathische Litti seine Ablehnung der REPs ins Mikro sagen, und es berichten auch genügend Autoren von »sozialen Brennpunkten«, um den »eigentlichen sozialen Ursachen« gerecht zu werden, aber es bleibt ein Kommentieren und Referieren, statt direkte Konfrontation und Artikulation, die sich dem Risiko aussetzte, im Sinne des aufklärerischen Ziel auch danebengehen zu können. Aufklärung ohne Risiko des Scheiterns aber ist nie echt. Typisch für solch mangelnde Authentizität ist eine im WDR zirkulierende »Handreichung für Redakteurinnen und Redakteure«, die mit bester Absicht und durchaus abwägend verfaßt ist, aber über diese »gute Absicht« selber zu wenig nachdenkt. Darin wird zum Beispiel allen Ernstes die These geprüft: »Die Ausländer, die Fremden gehören ins Programm, nicht die Fremdenfeindlichkeit«, die dann in dieser Absolutheit zwar verworfen wird, um im dann folgenden Resultat: »Fremdenfeindlichkeit also nicht als das Hauptthema unseres Umgangs mit Fremden, aber sie auch nicht verleugnen, . . . und dabei auch die Beispiele des Umdenkens berichten, die es ja gibt«, erneut ein manipulatives Verhältnis zur Wirklichkeit zu offenbaren, was wiederum zu Schwierigkeiten führt: »Noch eine zweite Falle droht: wird nur das Positive berichtet, dann werden Fremde per se zu den besseren Menschen stilisiert.« Ja, so ein Journalist ist schon ein Jongleur!

Das spannendste an den Republikanern sind zweifellos ihre Wähler, die Menschen also, die sich durch die Stimmabgabe für diese Partei artikulieren. Mit Ausnahme bestimmter Lobby-Gruppen, die eigentlich mit den Volksparteien verbunden sind und ihre Abwanderungsdrohung zu den REPs vor allem als Vehikel zur Durchsetzung von Spezialinteressen benutzen, schreiben REP-Wähler kaum kluge Artikel oder »fietschern« spannende Reportagen.

Gerade zu den urbanen rot-grün schillernden Mittelschichten gibt es eine soziale und kulturelle Distanz, die weit größer ist als etwa die zum sozialdemokratischen Facharbeiterstamm. Die Journalisten, die mittags beim Italiener Krabbensalat löffeln und überm Espresso die nächsten Projekte festlegen, verfügen allerdings über einen wunderbar nebulösen Sammelbegriff für diese Fremdlinge: sie sind »der Stammtisch«. Der Nebel wird nur manchmal durch sozialarbeiterische Vortrupps durchstoßen, so daß die größte Aussparung der Medien in der Berichterstattung über die REPs gerade in jenem Bereich existiert, der der interessanteste sein könnte, weil sie hier mehr sind als eine Partei, die ein Verhältnis zu anderen Parteien sucht: nämlich eine Entsprechung des Massenbewußtseins. Die REPs als REPs sind tatsächlich so interessant wie der ADAC, als »Schutzbund deutscher Mann«, »Volksfront gegen Dummschwätzer« und »Heimatverein treuer Deutscher« könnten sie ein ertragreiches Feld für neuartige journalistische Erkundungen sein.

7. Kapitel: Hauen und Stechen

Das Mannus-Lied

Unser Mannus! Tyr beschütze
Dich und unser Vaterland;
Halt auch in des Donars Blitze
Schützend über Dich die Hand.
Schirme Tyr Dein teures Leben,
Seine Huld, die sei uns nah'
Bei dem Ruf, den wir erheben:
Wotan und Germania!

Unser Mannus! Für Dich schlagen
Aller Herzen Mann für Mann;
Sollte je ein Feind sich wagen
An das uns're Reich heran:
Steht das ganze Volk in Waffen
Kampfgerüstet um Dich da,
Für das Reich, das Tyr geschaffen,
Für Dein Reich, Germania!

Unser'm Mannus ew'ge Treue,
Unser Arm und unser Mut
Seien Dir geweiht aufs Neue:
Wir sind Dein mit Gut und Blut!
Wölfe heulen, Raben kreisen,
Rings das freudigste Hurra,
Hoch der Stamm aus altem Eisen,
Wotan und Germania!

Zu singen nach der Melodie des
Deutschland-Lieds, aus dem Liederbuch
von »Wotans Wölfen«

Tatsächlich, Wunder geschehen: »Mannus«, Göttersohn und Stammvater der Ingwäonen, Istwäonen und Herminonen, ist zurückgekehrt. Zwar wandelt er nicht wie einst in der Walhalla, dem Sitz des höchsten Germanengottes Wotan; zu erkennen gibt er sich heute vielmehr in Gestalt des korpulenten und schnauzbärtigen Verwaltungsangestellten Friedrich Ring, 41, Mitglied der REP-Fraktion im Kölner Rat. Seit mehreren Jahren zelebriert Hohepriester Mannus alias Ring die Riten von »Wotans Wölfen – Kultgemeinschaft für germanische Volksreligion«, welche die »geistige Erneuerung der Söhne und Töchter des Tyr« zwecks Wiederaufbau eines gewaltigen Germanenreiches erstrebt. Doch parallel zur spirituellen Missionsarbeit wandelte Ring schon während der 60er Jahre in den weltlichen, nämlich nationaldemokratischen Niederungen der Parteipolitik. Das nach dem unaufhaltsamen NDP-Untergang erworbene CDU-Parteibuch mußte er allerdings wieder abgeben, als er Mitte der 80er durch die Gründung seines rechtsextremistischen »Deutschen Bürgerschutzes« Schlagzeilen im Verfassungsschutz-Bericht verbuchen konnte. Jedoch von seiner göttlichen Berufung besessen, vollzog Ring die Metamorphose vom Ausländerfeind zum Autofreund und konstituierte die »Deutsche-Autofahrer-Interessen-Gemeinschaft« (DA-FIG). Hauptforderung der DAFIG: Ein von Abtreiberinnen und Ausländern bereinigtes gesamtdeutsches Autobahnnetz in den Grenzen von...?!

»Domet uns Kölle kölsch bliev!«
(von Meral Rüsing)

Im März 1989 paraphierten Friedrich Ring und der Kölner »Republikaner«-Chef Markus Beisicht die DAFIG-REP-Fusion, um so die Kräfte für den anstehenden Kommunal-Wahlkampf zu bündeln. Für eine aussichtsreiche Kandidatur offerierte Ring 500 der insgesamt 1200 zum Wahlantritt benötigten Unterstützer-Unterschriften. Im Frühjahr vergangenen Jahres nämlich wetzte Beisicht die Waffen und wappnete sich für den »republikanischen« Durchmarsch in der Domstadt. »Überfremdung, Scheinasylanten, Korruptionsaffären, Zigeunerkriminalität, der sogenannte Kölsche Klüngel und vieles mehr bereiten uns eine ideale Ausgangsposition«, trompetete der Pate und Vorsitzende des 1987 gegründeten REP-Kreisverbandes Köln. Der 27jährige Rechtsreferendar, ein schmächtiger Bursche, dem man gerne das Haar ordnen und das Hemd in den Hosenbund stopfen möchte, erlebte im Jahr 1 nach Berlin die lang ersehnte Sternstunde: Nach jahrelanger subversiver Tätigkeit für den rechtsradikalen »Ring Freiheitlicher Studenten« *(rfs)* witterte er nun mit gesträubtem Oberlippenflaum die Gnade parlamentarischer Weihen (alsdann Klein-Markus sich übrigens unverzüglich und auf geradezu rührende Weise in charismatischer Polit-Onkelhaftigkeit zur Bemäntelung seines oft hysterischen Extremismus übte).

Im Bündnis mit seinem *rfs*-Kameraden Manfred Rouhs mühte sich Beisicht nun um den effizientesten Einsatz seiner minimalen programmatischen, personellen und finanziellen Wahlkampf-Mittel. Hierfür gewann Beisicht zunächst den finanzkräftigen Kölner Geschäftsmann Reiner Reusch. Reusch, der in den 70er Jahren noch als FDP-Landtagskandidat beispielsweise gegen die Diskriminierung von Homosexuellen gewettert hatte, stellte der Kölner REP-Truppe fortan nicht nur Räumlichkeiten und Gelder zur Verfügung, sondern verfaßte auch das bisher einzige kommunalpolitische REP-Programm. Schließlich gerierte sich Reusch, der an der Kölner Volkshochschule jahrelang über deutsche Philosophen von Lessing bis Heidegger dozierte, in der Öffentlichkeit als die bisher eher unbekannte akademisch-humanistische REP-Variante. Doch trotz solcher Anstrengungen zwecks seriöser Parfümierung des braunen Stallgeruches vergaß Beisicht nicht den Mann für's Grobe: In die Kölner Arbeiterviertel mit einem entsprechend hohen Anteil ausländischer Mitbürger, von den Kölner Metropolenpolitikern zumeist vernachlässigt, wurde Marcus Bauer entsandt. Der Vorsitzende des Arbeitskreises »Junge Republikaner« in NRW und typischer Vertreter des »national-*revolutionären*« bzw. »national-*sozialistischen*« rechten Jungvolks, agitierte erfolgreich morgens um sechs vor den Toren der Kölner Fordwerke. Auch für die rechtstraffende Organisation hinter den Parteikulissen ward mittlerweile gesorgt: Hierzu wurde der ehemalige Bundesvorsitzende der »Jungen Nationaldemokraten« Reiner Vogel – eindeutig ein Klon von Barschel-Handlanger Pfeiffer – eingestellt.

Von entscheidendster Bedeutung für den Kölner REP-Wahlkampf jedoch erwies sich der bereit erwähnte Manfred Rouhs, 25jähriger Jurastudent und ambitionierter Herausgeber des revisionistischen Blättchens *Europa vorn*. Abseits allen mythologischen Firlefanzes und persönlicher Karrieresucht ging es dem ehemaligen NRW-Landesvorsitzenden der »Jungen Nationaldemokraten« und intellektuellem Vorkämpfer der sogenannten Neuen Rechten schlicht um die hinlänglich bekannte Sache. Hatte er sich als Studentenpolitiker nicht gescheut, sein faschistoides Gedankengut mithilfe leninistischer Parolen zu verbreiten, so verfiel er im Kölner Wahlkampf auf eine ähnlich originelle Idee: Entsprechend der Prophezeiung vieler Kölner Meinungsmacher, eine extremistische Partei in der Domstadt sei ob des karnevalesken Klimas ohnehin chancenlos, pries Rouhs seinen Verein unverdrossen als rheinisch-liberale Schunkelpartei: Reichlich alberne Slogans wie »Domet uns Kölle kölsch bliev« oder »Republikaner, damit der Frohsinn nicht vergeht« verfehlten jedoch ihre Wirkung nicht: 30 000 bzw. 7,4% der Kölner Lokalpatrioten katapultierten am 1. Oktober 1989 eine siebenköpfige REP-Fraktion in den Stadtrat. Lediglich in dreien von insgesamt 46 Wahlkreisen verfehlten sie knapp die 5%-Hürde; in den traditionell SPD-dominierten »Marcus Bauer«-Stadtteilen (hohe Arbeitslosigkeit, hoher Ausländeranteil usw.) verbuchten sie z. T. zweistellige Ergebnisse. Köln, so die erschütternde Erkenntnis, gehört zu den metropolitanen REP-Hochburgen! Doch bereits drei Monate nach den Kommunalwahlen steht Beisicht vor den Trümmern seiner Fraktion. Denn gerade die strategisch so geschickt ausgeklügelte Kandidatengarde sollte den erfolgreichen Kölner Kreisverband schließlich in eine tiefe Krise treiben.

Die Kür der Ratsaspiranten nämlich und speziell die aussichtsreiche Plazierung von »Mannus« und einem seiner autofahrenden Kumpane sei komplett manipuliert gewesen, monierten einige Dutzend Kölner »Republikaner« bereits im März '89. Letztere beharrten auf der Ungültigkeit der Kandidatenkür, brandmarkten sie vielmehr als weiteren Beweis für den autokratischen Despotismus der »Beisicht-Mafia« und zettelten in Folge eine verheerende Schlacht vor sämtlichen parteiinternen Schiedsgerichten an. Während sich der NRW-Landesvorstand alsbald mit den Kölner Dissidenten solidarisierte, war das Landesschiedsgericht fest in Beisichts Hand; auch der REP-Bundesvorstand und insbesondere Schönhuber protegierten den jungen Kölner Hoffnungsträger, während das Bundesschiedsgericht stets im Sinne der Beisicht-überdrüssigen Ankläger entschied.

Urteile wurden ausgesprochen, nach Belieben revidiert, variiert und ignoriert. Der Kampf bis auf's Messer, begleitet von zahlreichen Intrigen, Denunziationen und wüsten Beschimpfungen, führte zur Gründung eines zweiten Kölner Kreisverbandes. Im November '89 schließlich war die Situation derart verfahren, daß sie den gesamten und ohnehin schwachbrüstigen NRW-Landesverband zu spalten drohte. Schönhuber betraute seine Gattin, die Rechtsanwältin Ingrid Schönhuber, mit der Klärung, und sie handelte zwischen München, Düsseldorf und Köln schließlich folgende Abmachung aus: Die Rechtmäßigkeit der Kölner Kandidatenwahl wird nicht weiter diskutiert, Beisicht rehabilitiert, den DA-FIG-Vertretern das Parteibuch verweigert, Manfred Rouhs, Reiner Reusch und Marcus Bauer aus der Partei geworfen.

Somit hatte Schönhuber den Kopf seines liebsten politischen Ziehsohnes Beisicht noch einmal gerettet, doch die Kölner REP-Ratsfraktion war am Ende. Reusch erklärte nach dem Rauswurf seinen Austritt und wird beizeiten zur CDU-Fraktion wechseln. Der unermüdliche Friedrich Ring gründet derweil eine neue Partei namens »Die Bürger« und plant die Bildung einer eigenen Fraktion, zu der dann noch ein dritter Ex-DAFIG-Mann stößt, welcher wiederum für eine verzogene REP-Frau in den Rat nachrückt. Von der ursprünglichen »republikanischen« Ratstruppe verbleiben nunmehr die völlig verfeindeten Herren Rouhs und Beisicht sowie die subalterne, derweil komplett demoralisierte »Republikanerin« Golombek (die zwanzigjährige Schülerin wird sich nach ihrem mißglückten Ausflug in die Politik nun wohl wieder verstärkt als Holzsammlerin für den völkischen Lagerfeuer-Jungbund »Sturmvögel« engagieren). Unterdessen sammeln sich die Kölner Beisicht-Feinde erneut, eifrig ausspähend nach Verbündeten im Lande, um dessen Einzug in den Düsseldorfer Landtag im Mai '90 zu vereiteln. Kurzum, das Hauen und Stechen innerhalb des schillernden Kölner REP-Soziotops ist weiterhin in vollem Gange.

Der »republikanische« Einfluß auf die Kölner Kommunalpolitik reduzierte sich auf einige innerparteiliche Turbulenzen insbesondere bei der CDU auf Grund der neuen Stimmenverhältnisse im Rat. Doch bereits zur Karnevalszeit hat sich der Klüngel vom Wahlschock weitgehend erholt und auf's Neue etabliert. »Domet uns Kölle kölsch bliev« – ein Wahlziel haben die REPs somit immerhin erreicht.

Fehlstart an der Wümme

Der nationalistische Rückenwind treibt ein Gefährt vor sich her, das bald auch leicht aus der Rechtskurve fliegen könnte. Erfolg hatten die REPs, obwohl ihr innerer Zustand schlicht desolat zu nennen ist: eigentlich ein kaputter Verein, der wenig zu sagen und nichts zu bieten hat, an vielen Stellen in flagranter Auflösung befindlich, im Grunde nicht der Rede und hunderter Podiumsgespräche und Akademietagungen wert. Der rasante Mitgliederzustrom, durch *Januargefallene* nach der Berliner Wahl, hat zu »Wachstumsschwierigkeiten« (Schönhuber) geführt; aus notorischen Querulanten, kleinkarierten Karrieristen und spinnerten Sektierern macht man keine funktionierende Partei, nur Organisationschaos, finanzielle Unregelmäßigkeiten, Betrugsverdacht, Fälschungen von Unterschriften, Rechtsstreitigkeiten, Ordnungsverfahren. Und produziert Abspaltungen der Unterlegenen von Berlin bis ins Saarland, die allesamt zum Untergang verurteilt sind. Das Bundesschiedsgericht tagt in Permanenz; ein Ende des parteiinternen Kleinkriegs ist nicht abzusehen.

Auch Franz Schönhuber, dessen Kampfgeist und Kleincharisma diese »Führerpartei« zusammenhält, scheint ernsthaft angeschlagen. Seine in der Öffentlichkeit freundlich, hinter den Kulissen unsanft durchgesetzte Autorität wird immer mehr angefochten, ohne daß die Partei bisher den erforderlichen Ersatz an vorzeigbaren Kadern und haltbaren Strukturen geschaffen hätte. Das zeigte sich auf dem Rosenheimer Bundesparteitag, wo »der Bundesvorsitzende« (wie er ständig von seinen Unteroffizieren apostrophiert wird) jede kleinste Kommaverschiebung in einem Text zu kommentieren und zu entscheiden hatte. Doch das macht auf die Dauer ganz schön müde.

Viele den REPs 1989 in den Schoß gefallene Mandate blieben unbesetzt oder sind schon wieder verwaist; bei den ihnen noch zufallenden wird das nicht anders sein. Im Alltag spielen die Ratsherren und -damen in aller Regel weder eine (aus ihrer Sicht) konstruktive noch eine destruktive Rolle, da interne Abrechnungen ihre Zeit voll in Anspruch nehmen. Die Landesverbände der großen Flächenstaaten sind weder

für die Landtags- noch für die Bundestagswahl 1990 gerü-
stet: Nordrhein-Westfalen, im Münchener Zugriff durch
den REP-Mitgründer Ekkehard Voigt übernommen und für
die extreme Rechte schon immer schwieriges Terrain, und
Niedersachsen, eine traditionelle Bastion der deutschen
Rechten, die sich jetzt als Achillesferse der REPs erweist.

In Niedersachsen stand die Sache für Parteien rechts von der
CDU immer gut. Welfische Sonderheiten und bäuerlicher
Eigensinn hatten »Deutsche Reichspartei« (DRP) und
»Deutsche Partei« (DP) stark gemacht, die erst Ende der
50er Jahre von der CDU absorbiert oder marginalisiert werden konnten. In den Sechzigern fuhr die NDP hier wieder
ein gutes Ergebnis ein. Die Achtziger waren enttäuschend.
Bei den Europawahlen blockierten sich die Rechtsextremen
mit ihren mageren Ergebnissen (REPs 4,8%; DVU 1,6%)
gegenseitig. Doch einer machte Aussicht auf den großen
Coup: Kurt Vajen, Landwirt und Bürgermeister von Brok-
kel. Das liegt bei Rotenburg an der Wümme, wo die Basis
auch einem rechtskräftig verurteilten Wahlfälscher und Gei-
sterfahrer (2,12 Promille) problemlos die Treue hält.

Umtriebige, wenn auch schwer überalterte CDU-Freun-
deskreise im Hannoverschen wollten ihre Partei ohnehin dafür erwärmen, eine von den ganz schlimmen Nazis gesäu-
berte Rest-REP-Partei um Schönhuber mit einer ihrerseits
national geläuterten Union in den Koalitionshafen zu führen. Damit sollte der CDU-Landesvorsitzende Wilfried
Hasselmann geködert werden. Schließlich ist auch er ein alter Kämpe der DP. Und so erklärte er auf einem Landesparteitag, die Union müsse, bevor sich »Entzündungsherde ausbreiten«, zwischen Wasserkante und Harz eine Politik treiben, die »ein Weggehen von uns unnötig macht«. Ein Frie-
densvertrag und die Wiedervereinigung müßten her, erklärte
der wg. Spielbankenaffäre geschaßte Ex-Innenminister; das
Geschichtsbewußtsein der Deutschen dürfe nicht weiter ver-
fälscht und paralysiert werden. Das kommunale Wahlrecht
für EG-Bürger, das die Nord-CDU in einem Anflug multi-
kultureller Verwirrung in ihr Zukunftsprogramm hatte aufnehmen wollen, mußte schleunigst vom Tisch.

Wozu also noch Vajen? Die Landes-Union wollte den unberechenbaren Heidekönig nicht wieder in den Landtag lassen. Was der garstige Hinterbänkler übel nahm: »Knobel-Kurt« fuhr zu Schönhuber nach Rottach-Egern und fand seine neue politische Heimat. Ernst Albrechts durch Skandale und Affären angekratzte Ein-Stimmen-Mehrheit in Hannover war gefährdet.

Franz Schönhuber, der schon lange scharf war auf so einen nützlichen Idioten mit Mandat, reagierte ganz Staatsmann: Vajen solle für die auslaufende Legislaturperiode erst noch Rot-Grün an Leine und Wümme verhindern, dann könne man weitersehen. Doch die Sache stank bis nach Bonn, und im Zuge des Kohlschen Sommerputzes flog Vajen kurzerhand aus der CDU. Schon drohten Mißtrauensvotum, Neuwahlen und eine rot-grüne Majorität – die Lokalposse wuchs sich bereits zur Staatsaffäre aus, hätte da in Gerhard Schröders Opposition nicht einer für die Schwarzen die Hand gehoben. Ernst Albrecht brauchte nicht zu Bahlsen zurück und konnte wieder lachen. Die REPs waren nun auf ihre *eigenen* Niedersachsen zurückgeworfen, und da sah es sehr finster aus. Und so geht die unendliche Geschichte:

Mindestens drei Fraktionen streiten von Beginn an um Posten: »Neonazis«, die überwiegend aus der alten Rest-DP und von den Nationaldemokraten gekommen waren (darunter NPD-Gründer Fritz Thielen), »gemäßigte« Unionsüberläufer (darunter einige Kreistagsabgeordnete) und »grüne« Rechtsökologen aus der Konkursmasse der ÖDP. Aber das sind eigentlich keine ideologischen Fronten zwischen rechts und ultrarechts, sondern Worthülsen für den Ehrgeiz potentieller MdL's. Zum Hauptmann schwingt sich einer auf, der in den späten Sechzigern schon für die NDP aktiv gewesen ist, das aber verschwiegen hat: Norbert Margraf. Die fdGO-Saubermänner fordern im August 1989 seine Entlassung; der ihm ergebene Landesvorstand schließt daraufhin die Kritiker aus. München legt allen »strengstes Redeverbot« auf, solange Schönhuber im Urlaub weilt; als der Zoff lautstark weitergeht, enthebt die Statthalterin in der Sandstraße, Johanna Grund, (»tränenerstickt«, heißt es) kurzerhand alle unbotmäßigen Nordlichter ihrer Ämter. Was Schönhuber kurz darauf rückgängig machen muß, um die Sache »politisch, nicht administrativ zu lösen«.

Im September 1989 ist die Landes-Partei praktisch gespalten; die Streithähne laden zu getrennten Parteitagen. In einer turbulenten Mitgliederversammlung will Schönhuber mit Schmeicheleinheiten nach allen Seiten alles ins Lot bringen – andernfalls droht der Allmächtige mit Liebesentzug: Nicht-Erscheinen der »Lokomotive« im Landtagswahlkampf. Doch da hat er nicht mit der Dickschädeligkeit der »störrischen« Niedersachsen gerechnet, die schon lange munkeln, man könne ja auch ohne ihn... Margraf bringt die Mehrheit auf seine Seite; im Saal gehen die Wogen hoch und der Konflikt droht in Handgreiflichkeiten auszuufern – gegen die anwesenden Journalisten.

Hinter verschlossenen Türen sucht Schönhuber den Kompromiß. Er weiß jetzt, daß es nicht um diese Provinzheinis hier, sondern um seine Autorität geht. »*Ich* führe diese Partei. *Ich* habe sie zum Erfolg gebracht.« Zwecklos, Margraf wird wiedergewählt. Schönhuber gibt klein bei und sichert dem siegreichen Meuterer »vollste Unterstützung« und dreißig Wahlkampfauftritte zu. Noch einmal rauft man sich zusammen, als die Landeslistenkandidaten für 1990 aufgestellt werden sollen. Doch der »Konsens« ist faul. Der Landesverband zerfällt in zuletzt drei Kleinstparteien: *Republikanische Union, Demokratische Republikaner Deutschlands* und (allen Ernstes:) *Alldeutsche*, letztere von Margraf angeführt, der zum Jahresende doch noch aus der Partei fliegt und jetzt von einer Neugründung der guten alten Deutschen Partei träumt. Schönhuber könne »nicht führen«, sagen die »Gemäßigten« wie ihre »Nazi«-Kontrahenten; er gehöre sogar aus der Partei ausgeschlossen. Außerdem halte München den Niedersachsen 800 000 Mark Wahlkampfpauschale vor. Beim Wahlkampfauftakt in Rosenheim, »Hauptstadt der Bewegung« (Glasauer), rührte sich bei einigen am Geviert der Niedersachsen-Tische keine Hand zum obligatorischen Da capo für Franz S. Fortsetzung folgt...

Polizisten und Wachhunde

Nur Bayern, das mitgliederstärkste Stammland, steht noch einigermaßen solide da. Die Neue Rechte hält subjektiv nicht, was ihr die objektiven Bedingungen versprechen. Den REPs ist es bisher weder gelungen, sich ein politisches »Vorfeld« zu schaffen, ohne das keine Partei auskommt, noch den innerparteilichen Zwist und Spaltpilz zu »Flügelkämpfen« und »Richtungsstreit« zu zivilisieren, wie dies in Parteioligarchien, auch basisdemokratischen, sonst üblich ist.

Als politisches Vorfeld avisiert wurden die staatstragenden Schichten. Eine Vielzahl von Polizisten als Mitglieder und Mandatsträger der Partei suggerierte, die REPs seien unter diesen und sonstigen Staatsdienern (Beamte und Angestellte des öffentlichen Dienstes, Verfassungs- und Grenzschützer, Gefängnispersonal, Offiziere und Soldaten) bestens verankert, was zwar von Betroffenen gern kolportiert wird, aber stark übertrieben erscheint. Interessenvertreter z. B. der Polizeigewerkschaft haben aus diesem Volksvorurteil ein kommodes Erpressungsinstrument gewonnen: Wenn Ihr Politiker nicht Überstunden abbaut und Tarife erhöht, dann... (Dieses Manöver ist übrigens auch bei Verbandsvertretern von Zahnärzten, Apothekern und anderen notleidenden Berufsgruppen beliebt, die sich über Blüms »sozialistische Gesundheitsreform« echauffieren.) Eine überdurchschnittlich hohe Zustimmung im Sicherheitsapparat ist außer bei Polizisten in bestimmten Ballungsgebieten nicht nachzuweisen, und außer dem vielzitierten »Dreisternegeneral« a. D. Uhle-Wettler hat Schönhuber seine angeblich *besten* Kontakte zu *höchsten* NATO-Offizieren und -Generälen nicht preisgegeben, weil er sie vermutlich nicht hat.

Auch eine »Intellektualisierung« der Partei hatte der Vorsitzende angekündigt – ihm ist die Basis auch zu fad und bisweilen »echt meschugge«. Doch hat an gestandenen Ordinarien nur noch einer den Weg gefunden; hinter dem wenig reputierlichen Hausprofessor Emil Schlee kam nur der Erlanger Historiker Hellmut Diwald (Schönhuber in Rosenheim: »der bedeutendste Historiker Deutschlands«), dessen revisionistischer Feder die deutschlandpolitische Präambel des neuen Programms entstammt. Günter »Debakel« Rohrmoser, der schon vielen Vereinen als Hausphilosoph diente, sieht bei den REPs »nicht im entferntesten eine Theorie«.

In einer seiner Denkfabriken, dem »Studienzentrum Weikersheim e. V.«, passierte eine peinliche Panne. Dessen Kuratorium gehören nämlich nicht nur Lothar Späth und andere baden-württembergische CDU-Prominenz an, sondern auch Rolf Schlierer, ein 34jähriger Doktor der Medizin und Philosophie. Als solcher wäre er eine intellektuelle Perle im REP-Stall, wo es nach Erkenntnissen Schönhubers so manchem noch an rudimentären Orthographiekenntnissen gebricht. Aber der junge Hoffnungsträger machte einen Riesenfehler: einer *under cover*-Reporterin des *Stern,* die ihm nahegetreten war, soll er (was er bestreitet) Despektierliches über das »internationale Judentum« ausgeplaudert haben. (Einem Pressesprecher der baden-württembergischen REPs schadet so etwas natürlich mehr als einem solchen der Bundesregierung). Landesvater Späth, der für den Fall einer Koalition mit den Rechtsaußen seinen Rücktritt angekündigt hatte, setzte den Leiter des Studienzentrums, seinen Vorgänger Filbinger, unter Druck. Der Professor h. c. und »furchtbare Jurist« wand sich zunächst, schmiß dann aber »aus eigener Einsicht« den »interessanten, gescheiten und anregenden« Kader aus der Schmiede geistig-moralischer Erneuerung heraus. Dem hat's nicht weiter geschadet: Wenig später haben ihn die Stuttgarter in den Stadtrat gewählt. Als Kopf des deutschlandpolitischen Arbeitskreises und intellektueller Wachhund der tumben Meute auf dem Programm-Parteitag sollte er bald schon seine Sporen für höhere nationale Aufgaben verdienen.

Schlierer kommt aus der christdemokratischen Hochschulgruppe RCDS; sein Abschwenken aus der CDU-Laufbahn in die authentische Rechte ist Beispiel für die Kaderbildung bei den REPs, wo sie nicht auf alte hausbackene NPD-Funktionäre zurückgreifen. Die groß angekündigte »Intellektualisierungskampagne« sollte kaum der Rechtschreibschwäche der Bierzelt-Besucher aufhelfen, die sich ein Autogramm vom eloquenten Vielschreiber Schönhuber (»Die Türken«) holen und im übrigen ihre Gaudi wollen.

Mit acht Prozent ist der Anteil der REP-Anhänger mit Abitur bzw. Studium gering (Gesamtbevölkerung 20%); unter den REP-Wählern dominieren Volks- und Hauptschüler und »einfache Leute«. »A bissl gscheiter könnt's scho sei«, macht sich Schönhuber lustig über sie: Ob sie schon den neuen Glotz gelesen hätten: »der ist nämlich der intelligenteste in der SPD, intelligenter als der Vogel«.

»Wir müssen in den Hörsälen genauso präsent sein wie in den Bierzelten«, setzte Alexander von Schrenck-Notzing, ein 23jähriger Jurastudent aus München, seiner Partei zum Ziel. Er ist Vorsitzender des im Mai 1989 gegründeten *Republikanischen Hochschulverbands* (RHV), der hauptsächlich in Münchener Burschenschaftskreisen wirkt (»Wir haben schon manchem auf den *rechten* Weg geholfen in Studium & Politik, *Wir Danuben*«). Unterdessen sind Filialen in Freiburg, Kiel, Frankfurt und anderen Universitätsstädten eröffnet. Der RHV soll nicht nur ein gescheiteres, sondern auch ein moderates Gesicht der REPs vorzeigen: Politik- und Koalitionsfähigkeit mit CDU/CSU lautet sein Panier.

Mit den REPs sympathisierten schon mehrere rechtsextreme Studentensekten: der *Ring Freiheitlicher Studenten* (RFS), aus dessen trink- und schlagfreudigen Kreisen sich der Kölner Ortsverband rekrutierte, der *Gesamtdeutsche Studentenverband* (GDS), die *Deutschen Burschenschaften*, die auch die Schweiz und Österreich (Südtirol sowieso) problemlos zu Großdeutschland rechnen. Der RHV plant eine eigene Zeitschrift neben diversen sonstigen der Szene: *Europa vorn*, *Münchener Freiheit*, *Student* (Chefredakteur: Rolf Schlierer) und *Junge Freiheit*, die die gesamte rechte Professoren- und Publizistencrème zu ihren Autoren zählen. Sekten und Käseblätter allesamt – der RHV, ohne sich von ihnen wesentlich zu unterscheiden, verfügt indes über die logistische Basis der Partei und genießt das Wohlwollen des Bundesvorsitzenden. Der witzelt zwar gern über die noch recht grünen Bürger- und Adelskinder (Vater Caspar von Schrenck-Notzing leitet die neurechte Traditionszeitschrift *Criticón*); aber über die Schleichwege kultureller Hegemonie ist er im Bilde. Seinem Freund und Förderer Armin Mohler huldigte er auf einer Parteiversammlung, er habe das *coming out* der Neuen Rechten mit seinem beharrlichen Revisionismus und seinem filigranen Netzwerk weit rechts vom Mainstream überhaupt erst ermöglicht. Die REPs haben zwar nur wenig Theoretiker, aber eine Theorie: den Neuen Rassismus und die Neue Anthropologie.

Casino und Hinterhof

Nicht nur um Titel, auch um Mittel geht es. Die neue *Harzburger Front* steht noch lange nicht. Das westdeutsche Kapitel, dessen forsche Zukunftslosung »Ausländer 'rein!« sich mit zentralen Programmaussagen Schönhubers schlecht verträgt, ging auf Distanz. Nur vereinzelte Kontakte haben bisher stattgefunden, organisiert z. B. vom Chef der »Interfinanz«, Carl Zimmerer. Der ehemalige FDP-Mann und Wirtschaftspublizist organisierte in Düsseldorf, einem diesbezüglich traditionsreichen Ort, ein Treffen mit rund hundert mittelständischen Unternehmern und Bankiers, bei dem nach Angaben des REP-Schatzmeisters Klaus Dieter Prahl materiell nur ein paar müde Mark herausgekommen sind. Wo immer sonstige Kontakte ruchbar wurden, kamen postwendend Dementis (wie von seiten des Bauernverbandsvorsitzenden Constantin von Heereman) oder Austritte. Rolf Rodenstock, vormals Präsident des BDI und heute der Münchener Industrie- und Handelskammer, zog sich aus dem renommierten Münchener »Kaufmanns-Casino« zurück, wegen der »Fehlentscheidung« des Vorsitzenden Lex, Schönhuber zum Vortrag mit Aussprache einzuladen. Der REP-Chef wurde wieder ausgeladen.

Schroff ablehnend war auch die offiziöse Stellungnahme des Kölner Arbeitgeber-»Instituts der deutschen Wirtschaft« zu christdemokratischen Anbandelungsversuchen mit den REPs: Heinrich Lummers Taktiererei »erinnert in erschreckender Weise an die Fehleinschätzung der Deutschnationalen Volkspartei (DNVP) am Ende der Weimarer Republik, die glaubte, in der Koalitionsbindung eine Nationalsozialistische Arbeiterpartei (NSDAP) kontrollieren zu können« (*FR*, 7. 7. 89). Man sollte daraus allerdings nicht den voreiligen Schluß ziehen, die Vorliebe deutscher Industrieller für Union und Freidemokraten sei ungetrübt. Den in einer Allensbacher-Umfrage unter Top-Managern festgestellten Vertrauensverlust gegenüber dem Kabinett Kohl kommentierte Elisabeth Noelle-Neumann schon als »Wettersturz«; auch in diesen Kreisen ist fast jeder fünfte im Notfall 1990 für eine die REPs einschließende Bürgerkoalition (*FAZ, 27. 7. 89*).

Und man sollte auch nicht so sehr auf Großkapital und Alten Mittelstand fixiert sein: eine wirklich »moderne« neue Rechte mobilisiert dann auch die neuen Selbständigen, deren unbändiger Ellenbogeneinsatz sich an den eingespielten Konventionen europäischer Sozialstaatlichkeit stößt. Die britische *New Right* und die *Freiheitlichen* in Österreich leisten hier »Pionierarbeit« beim Stiften einer Allianz zwischen Nationalismus und Yuppietum – bei uns können Lambsdorff & Co. noch ruhig schlafen.

Zum Altbestand und den Neumitgliedern (»Januargefallenen«) der REPs gehören hingegen zahlreiche *N-Gruppen*-Mitglieder: alte und neue Nazis aus NPD und DVU. Sogar die FAP, die REPs eigentlich für systemkonforme Schlappschwänze hält, wirbt für »die einzige rechte Partei mit Aussicht auf Erfolg«, den politischen Arm der militanten Szene gewissermaßen. Auch Irrlichter wie »Wotans Wölfe«, Hitler-Verehrer und Freunde schwarzer Messen *(Mannus & Högni)* haben bei den REPs ihre Heimat gesucht und gefunden. Diese (keineswegs denaturierende) Form der »Unterwanderung« wird von der Parteiführung zugegeben und per internem Radikalenerlaß (inkonsequent und vergeblich) bekämpft. Alle Nazis, meint (selber-einer) Harald Neubauer, müßten raus aus der Partei, »sonst stolpern wir über unsere eigenen Beine«. Aber »ganz kompromißlos« wollen Schönhuber und das Schiedsgericht doch nicht vorgehen. Während sich Politik, Publizistik und Verfassungsschutz schwer tun, semantische Klarheit zu gewinnen und die bösen »Rattenfänger« in der Parteiführung von den lieben Ratten in der Wählerschaft unterscheiden, schlägt der politische Profi Lambsdorff gnadenlos zu: Schönhuber ist für ihn ein Nazi. Die Mehrheit des Publikums nimmt ihn genauso wahr. Noch schadet ein »braunes« Image hierzulande, erscheint jedes *nur* extremistische Outfit in der bundesdeutschen Parteienlandschaft deplaziert.

Wie sich die GRÜNEN nicht als linksradikale Milieupartei (im Stil einer radikalökologischen K-Gruppe oder ökosozialistischen USPD) etablieren konnten, bleibt eine rechtsradikale vom Typ der DVU/NPD notorisch erfolglos. Das politische System ist gegenwärtig polarisierungsanfällig, hat aber nicht seinen alten »Mittedrift« verloren; das wird jede neue Rechtspartei bei Strafe ihres Untergangs von rechtsaußen zurück in die rechte Mitte drücken. Rechtsextreme Parteien haben in der Bundesrepublik nur eine Chance auf Stabilität, wenn es ihnen auch gelingt, das Profil der Mitte zu verändern. Eine Gratwanderung also: sie müssen das rhetorische und Aktionsparameter der »Altparteien« überbieten, ohne den antiextremistischen Grundkonsens allzusehr zu verletzen.

Action & Authority gegen Law & Order: Vom republikanischen Umgang mit den REPs

Der Kaufmann Lothar Späth hat die Lehre, die man aus dem Vordringen der REPs ziehen müsse, am kaufmännischsten formuliert: Man müsse Themen aufnehmen, solange sie noch Stimmen bringen, und vermeiden, wenn sie Stimmen kosten. So versteht er den merkwürdigen »Integrationsauftrag« an die Union, rechtsextremes Stimmungs- und Einstellungspotential »einzubinden«. Wer hat eigentlich diesen fdGo-getreuen »Auftrag« erteilt, daß es »rechts von der Union keine demokratisch legitimierte Partei geben darf«? Und warum nicht? Es kommt doch wohl darauf an, welcher Preis dafür bezahlt werden muß. Besser ein Fünf-Parteien-System inklusive einer »demokratisch legitimierten« authentischen Rechtspartei, als »Volksparteien«, die vor lauter Integration deren extreme Politik betreiben oder mit ihr Koalitionen auf den verschiedenen Etagen eingeht. Auch dies hat Späth kurz und knapp beschieden: wenn so etwas geschähe, wäre die CDU seine Partei nicht mehr. Ein Politiker sagt bekanntlich niemals nie. Aber hier hat einer die Bandbreite gezeigt, in der er sich zu bewegen gedenkt: dem Primat der

Machterhaltung will er seine Seele nicht opfern. Ein Lob dem Bürgermeister der bergischen Stadt Gummersbach: Der wollte sich nämlich nicht mit den Stimmen der REPs wiederwählen lassen, selbst um den Preis einer dadurch möglichen rot-grünen Koalition.

»Seit Berlin« wird in Schulen und Bildungsakademien wieder konsequent den Anfängen gewehrt und zur Prophylaxe »Auschwitz als Unterrichtseinheit« aufgeboten, was den historischen Nationalsozialismus bekanntlich selbst noch banalisiert. Manche halten ihre grün-alternativen Soziotope, wo sich kein REP-Wähler hin- (oder heraus)traut, als »nazifreie Zone« sauber. Der rote Verfassungsschutz speichert neue Namen und Querverbindungen – unter der Federführung eines selber autoritären Vereins (VVN/Bund der Antifaschisten), dessen Demokratieverständnis nicht einmal in der dritten Generation soweit langte, sich aus den Krallen des bürokratisch-mafiosen Komplexes der SEDKP zu befreien: Antifaschismus der Marke Mies.

Auch die demonstrierende Linke hat in den REPs einen Jungbrunnen *antifaschistischer Aktion* gefunden, in angeblicher Notwehr, da sie in ihnen den definitiven Beleg für die »Faschisierung des westdeutschen Kapitalismus« gefunden hat; der autonome Wanderzirkus, der den REPs (und ihren republikanischen Kritikern) von Versammlung zu Versammlung nachfährt, ein neues Objekt des Lustschmerzes. Hier wird gehandelt, dieweil die räsonierende Linke noch ratlos und betroffen ist. Militante *action* und wehrhaft-demokratische Verbotsforderungen, darin erschöpft sich fast schon das Handlungsrepertoire des hilflosen linken Antifaschismus. Ein Jahr verschärfte Anstrengung hat nicht mehr zustandegebracht als bürokratische Komitees, die nicht von ungefähr den Unterbau »breiter Bündnisse« von SPD, Gewerkschaften und Kirchen abgeben. Diese selbst ewig Gestrigen verbeißen sich bloß in eine rechtsextreme Minderheit, statt auf eine eigene Mehrheit aus zu sein. Das wäre z. B. eine soziale Bewegung praktischer Antirassisten nach Art des französischen *SOS Racisme,* in der die Einwanderer-(Kinder) selbst tätig sind und die sich als radikale Bürger-Initiative begreift.

Göttinger Intifada – oder: Jagdszenen aus Südniedersachsen

Göttingen, ein niesliger, naßkalter Dezemberabend 1989. Von Norden erreicht man das städtische Herz über eine vierspurig ausgebaute Schnellstraßenvene, die in eine andere urbane Arterie einmündet: die Fußgängerzone. An der Nahtstelle, gegenüber vom alten *Auditorium maximum* und dem neuen Campus, ein nackter Birkenstamm auf dem Mittelstreifen, mit einem Namensschild darauf: *CONNY.* Das improvisierte Kreuz entpuppt sich bei näherem Hinsehen auf die verwelkten Blumen, die ewigen Lichter und die bunten Luftballons als Grabmal, und der Grabspruch ist auf alle freien Beton- und Plastikwände ringsum gesprayt: *17. November, Conny von den Bullen ermordet – hier.* Am Bordstein ein Denkmal mit weiteren Lichtern, Blumen und ein paar Briefen. In ungelenker Kinderschrift, vom Regen schon aufgeweicht, steht da: *Conny, ich kannte Dich kaum. Du bist tot und mir geht es hundsmiserabel. Wir vergessen Dich nicht.* Davor der Asphalt aufgeplatzt von der Hitze einer meterhohen Barrikade, in der fraglichen Nacht angezündet zum Fanal: *Rache für Conny – aus Trauer wird Widerstand.*

17. November 1989. Nördlich vor Göttingen die Neubauviertel und Vorstadtdörfer. Was da freitags abends passiert, kann man sich so vorstellen: Die Glotzen laufen, *Derrick* heute, uninteressant, Münchener *Schickimickikram;* aus den bläulich schimmernden Wohnstuben machen sich grußlos *die Glatzen* auf den Weg in die Innenstadt. Glatzen nennt man superkurz geschorene Skinheads in Bomberjacke und Springerstiefeln, junge Arbeiter, Arbeitslose, Berufsschüler – *im* Kopf auch nicht viel mehr: nur blanke Wut auf diese aussichtslose, mit Sachen vollgestellte Einöde. Sie treffen sich in einer Kneipe: zum *Warmsaufen.* Dann zu dritt oder viert mit der Karre ins Göttinger *Fridaynightfever* – den »Roten« eins aufs Maul geben. Mit *Rotfront verrecke!* sind die linken Gymnasiasten und Studenten in der Stadt gemeint, besonders die *Autonomen* – gleichaltrige Bürgerkinder mit kleinem Anhang von *dropouts.* Denen, mit ihren schwarzen Lederjacken und Palästinensertüchern, gelten die

mitgeführten Schlagringe, Gaspistolen, Knüppel, je nachdem auch Messer und Brandsätze. Das Ritual im weiteren,
jedes Wochenende wieder: Massierung der Skins in der
Disco *Flash* oder in der *Burgschänke*, neuerliche Bierdröh-
nungen, Zug durchs feindliche Gebiet, die linken Kneipen,
da schon ein paar aufs Maul gegeben und hier was abge-
kriegt, denn die anderen sind ja doch stärker und zahlrei-
cher, noch. Zum Finale hagelt es Flaschen, Steine und
Leuchtmunition auf das nahe »Juzi«, tagsüber städtisches
Jugendzentrum Innenstadt, abends Stützpunkt der Autonomen – das Nest, das es auszuräuchern gilt, nicht nur in der
Phantasie der Glatzköpfe: undeutsch, über die Maßen tür-
ken- und perserfreundlich.

Das Juzi liegt am städtischen Umgehungsring, in einer
einstmals schmucken Villa genau jenes Typs, an dem gleich
nebenan die Fahnen der farbentragenden Verbindungen und
Burschenschaften geflaggt sind. Anders hier: meterlange
Bettlaken mit Solidaritätsparolen für die *Genossen im Knast*
drauf und antiimperialistischer Fernstenliebe für die Kämp-
fer in Kurdistan oder El Salvador. Die Welt draußen ein
einziger *Bullenstaat*, Göttinger *Intifada*, Kampf für ein *kol-
lektives, selbstbestimmtes Leben ohne Herrschaft und Ausbeutung.* Jetzt: ein Riesentransparent, das die Verwandlung
von gebückter Trauer in aufrechten Gang mit geballten Fäu-
sten abbildet wie die Menschwerdung des Affen. Die getötete Conny ging hier ein und aus, häufig, sagen die einen
über ihre *Genossin*, eher sporadisch, meinen andere: Corne-
lia Wessmann, Studentin der Geschichte und Sozialwissen-
schaften, 24 Jahre alt, gegen 21.20 Uhr, nur das steht exakt
fest, auf der nördlichen Einfallstraße nach Göttingen auf der
Flucht vor der Polizei von einem Privatwagen erfaßt, in die
Luft geschleudert und tödlich verletzt. Was genau am
17. November geschehen ist, werden auch parlamentarische
Ausschüsse kaum noch abschließend klären. Mord, beharren
ihre Freunde im autonomen Plenum, von einem knüppel-
schwingenden, CS-Gas sprühenden Kommando in den Tod
getrieben wie schon viele Hausbesetzer, AKW-Gegner, Antifaschisten anderswo zuvor. Ganz anders sieht die Polizei
den Vorfall: eine Gruppe von Autonomen, darunter die ge-

tötete Conny, habe sich der Personalienfeststellung im Zusammenhang mit einer der üblichen Freitagabendschlägereien zwischen *Skins und Chaoten,* dieses Mal in der Burgstraße, entzogen – ein bedauerlicher Unfall also, Selbstmord gewissermaßen. Doch was heißt »im Zusammenhang«: nachweislich war diese Gruppe nicht an der Schlägerei beteiligt; gestellt und aufgerieben wurde sie weit davon entfernt.

Kalkulierter Mord, selbstverschuldeter Unfall – unterdessen haben die Hauptquartiere ihre wasserdicht gemachten Kommuniqués verabschiedet und eine Art Nachrichtensperre verhängt, während die Skins, die zur Unfallzeit längst aus der Stadt eskortiert waren, feixen: *Tote Conny – Gute Conny,* hieß ihr verächtlicher Sprühkommentar. Doch Conny ist jetzt auch zur Märtyrerin der *antifaschistischen Aktion* geworden – *sie wird weiterleben in unseren Kämpfen,* dichtete einer aufs Flugblatt. Die Nachrufe, bloß den Vornamen nennend, wollen Nähe ausdrücken, Intimität; aber sie klingen hohler noch als die Nachrufe auf den von der RAF ermordeten Großbankier, der zur gleichen Zeit beerdigt wird. Die Tote ist in konspirative Anonymität getaucht. Nirgends ein Foto von ihr – als sei ein Bilderverbot verhängt. Lange herrschte Unklarheit über die richtige Schreibweise ihres Namens.

Der pädagogisch-polizeiliche Blick auf diese ineinander verbissenen Szenen sieht rivalisierende extreme Jugendbanden am Werk. Der zum Endspiel zwischen *Faschos* und *AntifaschistInnen* stilisierte Miniatur-Bürgerkrieg wird soziologisch gedeutet: Abglanz eines Klassenkampfs zwischen Mittel- und Unterschichtsjugend, Konkurrenz randständiger Szenen um das entleerte Gebiet der Großstadt. Der eher kulturelle denn politische Hintergrund dieser Szenen in der artifiziell wirkenden Uni-Stadt mit ihrer rebellischen Lokalgeschichte vom radikalen Göttinger SDS der 60er Jahre über die berüchtigten *Mescalero*-Campusindianer bis zu den alljährlichen Sylvesterkrawallen einerseits, tiefbrauner Provinztradition bis auf die heutigen Wehrsportgruppen andererseits lassen eine solche Deutung plausibel erscheinen.

Aber so marginal sind beide Parteien nicht, vielmehr gedeihen sie im Milieu einer selbst extremen Normalität, die dem bizarren Kleinkrieg eine brisante Gewöhnlichkeit verleiht: Der rabiate Rassismus der Skinheads ist nur scheinbar meilenweit weg vom gesunden Volksempfinden, an das er dauernd appelliert, indem er Außenseiter und Fremde attakkiert. Nicht zufällig stimmen beide überein im gemeinsamen Haß auf das Juzi, das baldigst aufzulösen sei. Was eine immer unversöhnlichere Staatsfeindschaft der Autonomen hervorruft. Auch die hat ihr Milieu, nicht nur dank eines bisweilen erpresserischen Solidarisierungsdrucks auf die linken Wohngemeinschaften und Uniseminare: die in der Tat massenhafte Abscheu vor einem Apparat, dessen sichtbarster Akteur, die in Göttingen gelegentlich in Sheriffmanier agierende Polizei, sich gebärdet, als wollte er die autonome Denunziation möglichst getreu bestätigen. Dieser Staat wirkt oftmals brachialer als jede anarchistische Gewaltphantasie gegen ihn.

Eine andere Phrase im Gebrauch: als herrsche in der Göttinger Schlachtordnung perfekte Symmetrie zwischen rechts und links. Gewiß knüpfen beide Parteien halbwissend, dafür umso penetranter bei »1933« an: die einen als eine Art neuer SA, die anderen, um nur ja den Anfängen zu wehren und nicht zu verlieren: *dieses Mal nicht*. Auch Übereinstimmungen gibt es: Beide Gruppen fühlen sich von der Gesellschaft verlassen, von den Politikern verraten, vom Staat verfolgt. Aber ihre Bilder von Staat und Gesellschaft sind völlig konträre: das Versagen des Staates empfinden die einen intuitiv als Schande, die nur durch starke Führer gutzumachen sein wird, die anderen mit Bedacht als Vorstufe zu seinem baldigen und begrüßenswerten Absterben. Die Auflösung des Sozialen wollen die einen durch Volksgemeinschaft stoppen, die anderen durch radikale Dezentrierung, Autonomie eben, beschleunigen. Gewiß: beide existieren zunehmend durch Phantasie und Probe gewaltsamer *action* – was sie in einer Weise miteinander verstrickt, die die Frage: wer hat angefangen? alsbald erledigt und den Professoren und Sozialpädagogen am Ort die hilflose Rede von der Gewaltspirale nahelegt.

In dem Maße, wie die Skins, zielstrebig durch Funktionäre der rechtsradikalen FAP formiert und politisiert, *über* ihre Verhältnisse dumpfer Sprachlosigkeit hinauskommen, indem sie Anschläge nicht nur auf das Juzi und Studentenwohnheime, sondern auch auf Asylantenunterkünfte und ausländische Passanten verüben, also veritable neue Faschisten werden, in dem Maße bleiben ihre Gegner *hinter* ihren Möglichkeiten zurück, die Utopie eines selbstbestimmten Lebens auszuprobieren. Der innere Umgang der autonomen Gruppe ist von knallhartem Befehl und Gehorsam bestimmt, was in einem verlogenen basisdemokratischen Anspruch vernebelt wird. Und je mehr die Gegner der Faschisten zur militanten Bürgerwehr, zu Selbstjustiz übenden Kontaktbereichsmilizen verkommen, um so mehr verfallen sie der negativen Faszination durch einen Gegner, den sie militärisch niederzuhalten trachten, aber politisch zur eigenen Rechtfertigung dringender denn je brauchen. So liegt es mit in ihrer Verantwortung, daß heute 16-17jährige Kids mit Baseballschlägern durch Göttingen laufen, den Staat in RAF-Terminologie als *Schweinesystem* attackieren und Bürgerkrieg spielen. Verfolgte Unschuld sind sie schon lange nicht mehr. Nicht zufällig ist der Hauptfeind in Richtung *Deutsche Polizisten schützen die Faschisten* verschoben und auf die Entlarvung solcher, die links, aber auch liberal sind.

Am Bild der symmetrischen Schlachtordnung zwischen extremen Jugendlichen hat aber vor allem die Polizei ein Interesse, weil sie sich als neutrale Schlichtungsinstanz präsentieren kann, wo sie doch längst selbst zur mitkämpfenden Truppe verkommen ist. Denn zwischen den Fronten steht diese Polizei nur in dem Moment, wo die Lage, nicht zuletzt dank ihrer eigenen Fehler, eskaliert und überforderte Bereitschaftsbeamte in Panik ausrasten, die nicht älter sind als ihre vermummten Kontrahenten im schwarzen Block oder die Kahlköpfe. Deren Beinahe-Symbiose wird von der Polizeiführung nicht ausgeglichen oder gekappt, vielmehr am Leben gehalten und zum schlechten Ende gebracht: zu einer Toten jetzt.

Die Göttinger Polizei führt einen langen Kampf gegen die linke Szene; ihre verfehlte Taktik läuft auf Einkreisung und Zerschlagung nur dieser Szene hinaus, da man der vereinzelter auftretenden Skinheads angeblich Herr ist. Wie sehr die Polizei mitmischt, nicht Frieden stiftet, erfährt, wer in Göttingen den Polizeifunk mithört, was unterdessen zum Volkssport geworden ist und einen Einblick ins heutige *Wörterbuch des Unmenschen* gestattet. Die Einkreisung der Gruppe um die getötete Studentin wurde *coram publico* und ungeniert mit den Worten vorbereitet, man wolle die Chaoten bei dieser günstigen Gelegenheit *hoppnehmen* und *plattmachen* . . . Göttingens Polizei entspricht in Teilen schon einer selbstherrlichen privaten Werkschutztruppe, die auf politikfreiem Gebiet *High Noon* spielt. Im nahegelegenen Hannoversch-Münden wurde ein Polizist wieder in Dienst genommen, der bekennendes Mitglied einer Wehrsportgruppe ist.

Daß der Landesinnenminister und die lokale Einsatzleitung aus dem ersten Rechtfertigungszwang wieder herausgeraten sind, verdanken sie wesentlich dem Aktivismus eines kleinen Kreises selbsternannter autonomer Racheengel, die nach dem Tod der Studentin zweimal buchstäblich über eine Leiche gegangen sind und, nach friedlichen Demonstrationen anderer, Banken und Geschäfte in Göttingen *entglast* haben, wie sie in der zynischen Flugblattsprache dann auftrumpfen. Und sie verdanken es den mechanischen Reaktionen der lokalen Presse und Politik, die der Obrigkeit katzbuckelnd Ergebenheit signalisieren und damit eine aufgewachte Öffentlichkeit in der Stadt allein lassen, die eine unabhängige Untersuchung der gesamten Vorgänge und Hintergründe am berühmten *runden Tisch* gefordert hat. Bundestagspräsidentin Rita Süßmuth, die im sozialdemokratisch verwalteten Göttingen ihren Wahlkreis hat, machte da keine Ausnahme, indem sie versuchte, bei aufgeschreckten Bürgern die Angstrente zu kassieren. Und bei der lokalen SPD hat der »Fall Conny« auch nur zur Ablösung einer Landtagskandidatin geführt, die sich zu stark für die Demonstranten eingesetzt hatte.

Der Ausbruch der Gewalt verdeutlicht so nur eine große Leere in (nicht nur) dieser Stadt: die Abwesenheit einer städtischen Öffentlichkeit, das Fehlen anerkannter Vermittler, auch aus der Universität, das Versagen einer kontrollfähigen

Presse. Was da noch bleibt, sind Mahnwachen, Friedensgebete und ehrenwerte Appelle, den Teufelskreis der Gewalt zu unterbrechen – nicht genug, um die Vorgänge vom 17. November unwiederholbar erscheinen zu lassen, weniger jedenfalls als gewisse Zeichen von Einsicht, die man sowohl im Kreis der Autonomen wie auch bei jungen Polizeibeamten feststellen kann. Nicht so bei den Rechtsradikalen, die wieder durch Göttingen ziehen, jetzt schon in Hundertschaft unter der *Reichskriegsflagge*. Denen jedoch nicht mit alternativer Selbstjustiz, sondern nur mit größtmöglicher öffentlicher Wachsamkeit *aller* begegnet werden kann.

Göttingen, vier Wochen danach: mitteldeutsche Normalität. Der Verkehr fließt wieder, darunter die schon gewohnten Trabis aus der nahen DDR – die Durchlöcherung der deutsch-deutschen Grenze verspricht dem lange vernachlässigten Zonenrand noch mehr Umsatz. Am Gänselieselbrunnen, dem Göttinger Wahrzeichen, ist wie immer Weihnachtsmarkt – auch diese Konvention hat den vorübergehenden Ausnahmezustand überdauert. Abends patrouillieren langsam Polizeiwagen durch die Fußgängerzone und die zahlreichen Berber und die *bag ladies* mit ihren Plastiktüten suchen sich einen Schlafplatz in einer geschützten Ecke.

Verfassungsschutz auf republikanisch* (von Horst Meier)

Der Tätigkeit von Staatsorganen auch dort mit wacher Skepsis zu begegnen, wo diese sich am politischen Gegner vergreifen, erfordert nicht nur demokratisches Selbstbewußtsein, sondern schärft auch den Blick für rechtsstaatliche Formqualitäten. Wer sich politische Freiheit um taktischer Vorteile willen abkaufen läßt, verlängert die deutsche Misere in die fortschrittliche Variante des Autoritarismus hinein. Es gehört zur Liste einer rechtsstaatlichen Demokratie und ihrer freiheitsverbürgenden Spielregeln, daß sie immer dort, wo von den einen der Ernstfall ausgerufen wird, für die

---

* Sebastian Cobler zum Gedächtnis

anderen da ist. Das gilt auch für die, die sich Republikaner nennen – wobei das vergangene Jahr einmal mehr gelehrt hat, daß die freiheitlich demokratisch inspirierten Gralshüter des Grundgesetzes ebensowenig wie ihre antifaschistischen Adepten eine gute Figur bei der Verteidigung der Demokratie abgeben.

Als sich nach den Januarwahlen zum Westberliner Abgeordnetenhaus der erste Schock und auch die Empörung darüber gelegt hatte, daß es eine solche Partei überhaupt gibt, besann man sich alsbald auf deren dubiose politische Ziele. Waren diese Leute, allen voran Schönhuber – immerhin ein gestandener Soldat der Waffen-SS! –, nicht irgendwie gegen Ausländer eingestellt und sogar gegen die Bewältigung unserer Vergangenheit (eine Angelegenheit also, mit der sich selbst die derzeitige Kohl-Regierung nicht ohne eine gewisse Ausgeglichenheit befaßt)? Die Europawahlen vom Juni desselben Jahres, bei denen sich zeigte, daß »Republikaner« auch bei bundesweiten Abstimmungen nicht von einer Fünfprozentklausel aufzuhalten sind und jedenfalls mittelfristig mit ihnen zu rechnen ist, taten ein übriges, um bei anhaltender politischer Phantasielosigkeit den hierzulande geradezu reflexhaften Wunsch nach administrativer Ausgrenzung zu stimulieren. Sicherheitsexperten aller Art avancierten in diesen Tagen zu gefragten Interviewpartnern im Streit um die Frage, ob der Verfassungsschutz die Pflicht habe, das Treiben dieser Leute zu observieren.

Welch wohltemperierte Töne waren da zu hören! Ein ganzer Troß von Politikern, Staatssekretären und Verfassungsschützern übte sich in der bis dato im Kampf um die »innere« Sicherheit der Westdeutschen ganz unvertrauten Tugend des Differenzierens. Welche Lehramtsbewerberin hätte es wohl in den siebziger Jahren gewagt, sich mit dem lapidaren Hinweis, sie sei nur linksradikal, bei ihrem künftigen Dienstherrn zu empfehlen? Hier nun, in der jüngsten Sicherheitsdebatte, ging es immer wieder um die delikate Frage, ob jene »Republikaner« eigentlich als rechts*radikal* oder aber rechts*extrem* einzustufen seien. Im letzteren Fall, das zu betonen wurden unsere Experten nicht müde, bleibe gar keine andere Wahl, als den mühevollen Weg der Observation zu beschreiten: Denn während Extremisten immer zu weit gingen, könne man das bei Radikalen, die sich »am äußersten Rand des demokratischen Spektrums« sammelten, eben gerade noch nicht sagen.

Weniger überraschend als jenes neue Unterscheidungsvermögen war in der Folgezeit, daß man nicht so recht darüber einig wurde, welches Prädikat der Verfassungsfeindschaft an die Schönhuber-Partei zu verleihen sei. Fast schon naturgemäß hielten es Christdemokraten und -soziale eher mit dem (durchaus bedenklichen) Rechtsradikalismus einiger national gesinnter Mitbürger, während vor allem Sozialdemokraten üblen Rechtsextremismus witterten. Dabei besannen sich die Vertreter von CDU/CSU keineswegs darauf, rechtsstaatliche Argumente instrumentell einzusetzen, wie einst in der Debatte um das Strafgesetz gegen die sogenannte Auschwitzlüge der Jahre 1984/85. Nein, man urteilte einfach nicht so streng über die sich rechts profilierende Konkurrenz, zeigte viel Verständnis für verlorene Schafe und breitete beredtes Schweigen über den Rest. Was sonst sollte man auch tun? Es hatten sich schnell gute Gründe für den Eiertanz der Union herumgesprochen. Gab es da nicht sehr früh schon einen Heinrich Lummer, der mit der Koalitionsfrage offen zur Sprache brachte, daß man einen potentiellen Mehrheitsbeschaffer nicht ohne Not ausgrenzt? Oder Leute vom Schlage des wackeren Landwirts und Bürgermeisters Vajen, der nach etlichen werbewirksamen Gesprächen mit Schönhuber im September 1989 die CDU-Fraktion im niedersächsischen Landtag verließ, um kurz darauf bei den »Republikanern« eine neue Heimat zu finden? Nicht zu vergessen schließlich der sorgengeplagte Innenminister Edmund Stoiber. Er, der noch im Vorfeld des Europa-Wahlkampfs eine Prüfung der »Republikaner« befürwortete (zu einer Zeit, als man aus dem Bundesinnenministerium noch nichts »Extremistisches« über diese »Radikalen« zu berichten wußte), taktiert jetzt hinhaltend und hütet sich, seine bayerischen Verfassungsschützer allzu voreilig gegen eine auf heimatlichem Boden gewachsene Partei einzusetzen, die bei der Europawahl dort mit knapp fünfzehn Prozent ihren spektakulärsten Erfolg erzielen konnte. Es macht sich einfach nicht gut, einige zehntausend Landeskinder als Verfassungsfeinde in Verruf zu bringen.

Nordrhein-westfälischen Sozialdemokraten blieb es vorbehalten, sich im demonstrativ entschlossenen Kampf gegen die neue Rechte ein paar antifaschistische Sporen zu verdienen. Nachdem eine Serie gewundener Statements quer durch die Republik zu hören war, sich Ermüdungserscheinungen unverkennbar eingestellt hatten und mit den »Sonderzügen in die Freiheit« die ersten Turbulenzen der deutschen demokratischen Erhebung bereits die westdeutsche Aufmerksamkeit zu fesseln begannen, ermannte sich die SPD-Landesregierung zu einem forschen Vorstoß: Ohne die im September vertagte Beschlußfassung der Innenministerkonferenz länger abzuwarten, auf deren »bundeseinheitliche Regelung« der Observationsfrage sich manch ein lavierender Innenminister oder Verfassungsschutz-Chef zurückgezogen hatte, beschloß sie, die politischen Aktivitäten der Schönhuber-Partei fortan überwachen zu lassen. Friedhelm Farthmann, Vorsitzender der SPD-Landtagsfraktion, brachte die Sache kernig auf den Punkt: »Es genügt nicht, nur Zeitungsschnipsel zu sammeln; ich will wissen, was im Hinterstübchen dieser Partei tatsächlich geschieht. Deshalb müssen alle geheimdienstlichen Mittel eingesetzt werden«, schrieb er im Pressedienst seiner Partei vom 21. September 1989 und forderte »eine bundeseinheitliche konzertierte Aktion« gegen die »rechtsradikalen ›Republikaner‹«. Die freilich kam bis Jahresende nicht in Sicht. Verfassungsschützer und Innenminister gingen ein ums andere Mal ohne die vielberedete Einigung auseinander. Derzeit ist zum Beispiel aus dem bayerischen Innenministerium zu hören, die Prüfung werde »mit der gebotenen Intensität fortgesetzt«. Das Kieler Innenministerium ließ Ende Dezember das Parlament wissen, man wolle für Schleswig-Holstein einen »Alleingang wie in Nordrhein-Westfalen« nicht mehr ausschließen. Wenn die Zeichen nicht trügen, ist also auch für 1990, das Jahr der Wahlkämpfe, eine bundeseinheitliche Linie nicht zu erwarten.

Das (vorerst) Allerletzte zur Observation kommt wiederum aus Nordrhein-Westfalen und bringt diese Frage auf die Höhe der gesamtdeutschen Entwicklung. Innenminister

Herbert Schnoor kündigte in den ersten Tagen des neuen Jahres an, sein Land wolle Konsequenzen aus der Entwicklung in der DDR ziehen. Der Minister will seine Bataillone daher mit anderer Schlachtordnung in den Kampf gegen Verfassungsfeinde führen: Eine wachsende Zahl von Staatsschützern soll künftig nicht mehr bei der DKP (die ja bekanntlich auch irgendwie zur DDR gehört) spitzeln gehen, sondern bei Rechtsextremisten und Terroristen. Solche guten Vorsätze riefen umgehend das Bundesamt für Verfassungsschutz auf den Plan. Die Observation von Extremisten sei keine Frage der Quantität, betonte dessen Sprecher, sichtlich konsterniert darüber, daß man in Nordrhein-Westfalen dem Treiben von Kommunisten einfach untätig zuschauen will. Das Bundesamt werde deshalb die DKP, »solange sie verfassungsfeindliche Ziele verfolgt«, »selbstverständlich weiter beobachten«, so, wie es der gesetzliche Auftrag eben gebiete. Dies gelte auch, wenn die in Auflösung begriffene DKP »schwächer würde, ja selbst wenn sie bedeutungslos wäre«. Ist das nicht ein Wort?! Die penible Registrierung gesellschaftlich randständiger, ja irrelevanter Dinge – erst hier gelangt wahrer Dienst an der Verfassung in seiner reinsten Form zu sich selbst.

Haben wir nach vierzig Jahren »freiheitlicher demokratischer Grundordnung« eigentlich noch die politische Vorstellungskraft, uns eine demokratische Bundesrepublik auszumalen, in der es weder die Einrichtung »Verfassungsschutz« noch die damit einhergehende Diskussion um Scheinprobleme gibt? Es sieht ganz danach aus, als läge in der buchstäblich auf den Kopf gestellten westdeutschen Sicherheitswelt jeder nur denkbare administrative Winkelzug nahe – nur nicht die diskursiv-politische Aufarbeitung, wie sie gesellschaftlichen Konflikten angemessen ist. Dazu müßte man eben in einer guten demokratischen Verfassung sein.

Dabei könnte das Auftauchen einer neuen Rechtspartei die Politik eines Landes in Bewegung bringen: Polemiken, Analysen, Anwürfe und Kampagnen wechselten einander ab und günstigstenfalls wären hinterher (fast) alle ein wenig schlauer als zuvor. Doch fehlt in der Bundesrepublik bereits der vitale sportliche Ehrgeiz, dem innenpolitischen Kontrahenten ordentlich zuzusetzen. Kann es da weiter verwundern, daß die ungehemmte öffentliche Debatte ihre regulierenden Selbstheilungskräfte nicht entfalten kann, sondern jedes brisante Problem unversehens zur Verwaltungsaufgabe einer staatlich betriebenen Politikhygiene mißrät? Mit diesem grauen Brot der Depression werden wir uns bis auf weiteres zu befassen haben: statt Verschärfung der Kommunikation – ängstliches Schielen nach »Ämtern für Verfassungsschutz«. Deren Tätigkeit ist – trotz unübersehbarer Legitimationsverluste – noch immer so eng mit dem tief verwurzelten Glauben der Westdeutschen an das Märchen von der stets gefahrenumlagerten Demokratie verbunden, die aus dem Hitler-Reich bittere Lehren haben ziehen und von daher sich »streitbar«, »wehrhaft« oder wer weiß noch was alles gebärden müsse, daß selbst Kritiker der Verfassungsschutzpraxis diesen Glauben teilen, auch wenn ihnen hier und da das Observieren und Speichern entschieden zuweit geht.

Man kann die Sprache drehen und wenden, wie man will: *Die Verfassung schützen – das wollen in der Bundesrepublik irgendwie alle.*

Dabei ist bis heute unklar geblieben, was das sein soll und darf: Verfassungsschutz. Schon die wie selbstverständlich gehandhabte Begrifflichkeit hat ihre Tücken. Da man eine Verfassungsurkunde nicht zu schützen braucht, muß etwas anderes gemeint sein. Aber was? Der Schutz der bürgerlichen Freiheit oder des Eigentums? Der von Ruhe und Ordnung, mithin des Staates? Für letztere Lesart spricht einiges, war doch vor Gründung der Bundesrepublik bei innenpolitischen Fragen oft von Staatsschutz die Rede. Noch heute begegnen uns, wo es um die Verfolgung politischer Straftaten geht, »Staatsschutzabteilungen« der Kriminalpolizei oder »Staatsschutzsenate« von Oberlandesgerichten. Auch im Grundgesetz findet sich keine einheitliche Terminologie, vergleicht man etwa den Wortlaut der Art. 73 Nr. 10 b, 87 Abs. 1 und 96 Abs. 5.

Es spricht einiges dafür, die Dinge klar beim Namen zu

nennen. Der Versuch mag gut gemeint sein, den Begriff »Verfassungsschutz« mit einem liberalen Verständnis gegenzubesetzen, wonach in erster Linie aufrecht streitende Demokraten die Bürgerfreiheit zu verteidigen haben. Während so das Mißverständnis unverfänglicher Bürgernähe evoziert wird, bleibt jedoch tatsächlich das institutionelle Übergewicht staatszentrierter Maßnahmen. Deshalb ist der sperrige Begriff »Staatsschutz« nicht nur sachlich treffender, sondern markiert auch ein sprachliches Warnsignal, in dessen Semantik das stets Prekäre jeder staatlichen Sicherheitspolitik aufgehoben bleibt.

Die heillose Verwirrung unseres Staatsschutzdenkens hängt jedoch vor allem anderen damit zusammen, daß man es in Deutschland ungefähr seit 1933 gründlich verlernt hat, in der politischen Auseinandersetzung zwischen Worten und Taten angemessen zu unterscheiden. Es gehört indes zum grundlegenden Bestand rechtsstaatlicher Traditionen, Eingriffe in die Freiheit einzelner oder Kollektive auf rational nachvollziehbare Weise zu rechtfertigen. Dies geschieht regelmäßig unter Bezugnahme auf die objektive Gefährlichkeit bestimmter Handlungen. Die entscheidende Frage lautet also: *Sind die »Republikaner« gefährlich?* Politisch argumentierend kann man dies ohne weiteres bejahen (wobei freilich die eigentlich spannenden Detailfragen kontrovers sein dürften) – aber sonst? Es hat noch niemand behauptet, daß »Republikaner« irgendwo Gewalttaten begangen oder auch nur dazu aufgerufen hätten. Es klingt banal, und doch sei es gesagt: Wo strafrechtliche Aspekte keine Rolle spielen, es also beim *Meinungs*kampf bleibt, müssen Demokraten lernen, mit den politischen Risiken, die eine freie Gesellschaft entbindet, auch politisch umzugehen. Anders ist Freiheit nicht zu haben.

Wo dagegen die freie gesellschaftliche Selbstregulation im Medium von Legalität und Gewaltlosigkeit, das heißt, ein radikales, prozedurales Verständnis von Demokratie, nicht hoch im Kurs steht, dort veröden Ideologien »streitbarer« Demokratie das öffentliche Leben und zementieren unter dem kümmerlichen Signum von Freiheitlichkeit eine Ordnung des Wertes und der Wahrheit. Wenn dabei auch in sehr unterschiedlichem Umfang politische Freiheit verkürzt wird, so haben diese Konzepte allesamt eines gemeinsam: Sie verlagern staatlich-administrative Eingriffe weit in den Bereich geistiger Auseinandersetzung hinein. Wenn Teilbereiche des politischen Kampfes durch Berufung auf irgendeine Legitimitätsrhetorik virtuell von Legalitätsentzug bedroht sind, ist zutreffend von einem *vorverlegten* Staatsschutz die Rede.

Auf diesem Hintergrund wird deutlicher, welche Rolle die Ämter für Verfassungsschutz bei der Verteidigung des Grundgesetzes spielen. Die nicht gerade originelle Frage, ob die »Republikaner« rechtsextrem und folglich zu observieren seien, dient gewiß nicht der staatsbürgerlichen Erbauung, sondern steht klar in einem strategischen Zusammenhang. Es geht dabei um nichts weniger als die innerstaatliche Feinderklärung gegen eine bestimmte politische Gruppierung – mit all den Konsequenzen, die eine solche Ausbürgerung im Bonner Rechtsstaat haben kann. Das Ensemble nachrichtendienstlicher Ausforschung, die jährliche publizistische Aufbereitung im Verfassungsschutz-Bericht, die Sammlung organisations- und personenbezogener Daten haben nur dann einen sicherheitspolitischen Gebrauchswert, wenn sie bei Bedarf auch als Unterfutter eines präventiven Eingriffs herangezogen werden können.

Unsere Verfassungsschützer wissen schon, was sie an der »freiheitlichsten Verfassung, die es je auf deutschem Boden gab«, haben. Nicht nur bei Art. 9 Abs. 2 (Vereinsverbot) und Art. 18 (»Grundrechtsverwirkung« gegen Einzelpersonen) werden sie schnell fündig, sondern auch beim Parteiverbot des Art. 21 Abs. 2: »Parteien, die nach ihren Zielen oder nach dem Verhalten ihrer Anhänger darauf ausgehen, die freiheitliche demokratische Grundordnung zu beeinträchtigen oder zu beseitigen oder den Bestand der Bundesrepublik Deutschland zu gefährden, sind verfassungswidrig.« Ist es Zufall, daß keine andere westliche Demokratie einen solchen Verfassungsartikel kennt? Das Parteiverbot, 1948/49 zur Zeit der Berlin-Blockade im Parlamentarischen Rat beraten, ist eine einzigartige Schöpfung nachkriegsdeutschen Verfassungsgeistes, in der Kalter Krieg und hilfloser Antifaschismus eine vordemokratische Symbiose eingegangen sind. Der Sache nach handelt es sich bei dieser Antithese zur Parteienfreiheit um nichts anderes als eine Verfassungstreuepflicht für »die Parteien dieser Staatsordnung«, wie es 1956 im KPD-Urteil heißen sollte.

Die einzelnen Tatbestandselemente des Parteiverbots lassen bei genauer Lektüre erkennen, daß hier im überschießenden Läuterungseifer eine wahrhaft synkretistische, hochbrisante Mischung in die Form des Verfassungsgesetzes gegossen wurde. Während etwa mit dem »Verhalten der Parteianhänger« noch so etwas wie der Gefahrenbegriff des traditionellen Hochverrats, also des gewaltsamen Umsturzes, assoziiert werden kann, kündigt sich bereits mit der außerordentlich vagen und »entkörperlichten« Formulierung, Parteien könnten »nach ihren Zielen... darauf ausgehen«, die fdGO »zu beeinträchtigen«, jenes ideologisch aufgeladene Staatsschutzdenken an, das die Bundesrepublik der fünfziger Jahre prägen sollte.

Aus diesem Kontext bezieht die Observationstätigkeit des Verfassungsschutzes in Sachen »Republikaner« ihre eigentliche Brisanz. Antinationalsozialisten und Demokraten tun also gut daran, sehr sorgfältig zu überlegen, ob sie gerade jene Behörden, die sie im Kampf gegen Berufsverbote der Gesinnungsschnüffelei bezichtigten, heute aus durchsichtigen taktischen Erwägungen heraus für ihre antirepublikanische Abwehr instrumentalisieren wollen. Wir haben statt dessen allen Anlaß, die Kriterien eines rationalen Staatsschutzes zu diskutieren. Es käme vor allem darauf an, zwischen den *Zielen* und *Mitteln* von Parteipolitik zu unterscheiden. Parteiziele als solche, welche vermeintlichen oder tatsächlichen Inhalte auch immer damit intendiert sind, dürfen nicht zum Anknüpfungspunkt für Verbotsmaßnahmen gemacht werden; anderenfalls wird die Freiheit der politischen Parteien vom Grund her in Frage gestellt und das Bundesverfassungsgericht zum obersten Politikzensor. Als formale Trennungslinie zwischen Legalität und Illegalität müssen vielmehr die Mittel und Methoden des Parteienkampfes konturiert werden. Dies kann nur unter Rekurs auf den Gewaltbegriff gelingen. Ein Blick auf die Hochverrats-rechtsprechung des Reichsgerichts zeigt zwar, daß auch die tatbestandlich enggeführte Eingriffsgrundlage des gewaltsa-men Umsturzes – insbesondere unter Dehnung des Begriffs der Vorbereitungshandlung – von deutschen Juristen arg strapaziert werden kann. Dennoch gibt es zum Kriterium der Gewaltanwendung als ebenso weite wie strikte Grenze des politischen Kampfes keine berechenbare, das heißt rechtsstaatliche und zugleich freiheitssichernde, das heißt demokratische Alternative.

Was es bedeutet, wenn über Politikinhalte mit einem Sei-tenblick auf den Einsatz staatlicher Zwangsgewalt autorita-tiv gerichtet wird, kann bei Friedhelm Farthmanns Argu-mentation besichtigt werden. Da wird (zurecht) moniert, die »Republikaner« forderten allerhand ressentimentgeladene Gesetze gegen Ausländer: Ein kurzer Blick ins Grundgesetz genügt, und schon ist die verbale Verletzung des Diskrimi-nierungsverbots festgestellt – ein erstaunliches Propaganda-delikt! Ebenso geht es weiter mit der Tarifautonomie, ver-schiedenen »Geschichtsklitterungen«, einem »übersteigerten Nationalismus« und so fort. Zu alledem findet sich irgend etwas im Grundgesetz, so daß Farthmann schließlich eine düstere Bilanz ziehen kann: »Das alles ist verfassungswi-drig.« Solch verhuschte Grundgesetz-Exegese bringt nicht nur jede politische Torheit in die Grauzone des Verdachts, sondern konzediert auch weniger Parteienfreiheit, als die fdGO erlaubt. Immerhin hat das Bundesverfassungsgericht mit seiner Definitionsformel befunden, der fdGO-Begriff umfasse keineswegs das Grundgesetz schlechthin. Ganz ab-gesehen davon wurde im Parteiverbotsurteil von 1952 die »Sozialistische Reichspartei« als Nachfolgeorganisation der NSDAP für verfassungswidrig erklärt; auch wegen dieses Präjudizes haben die »Republikaner« aus Karlsruhe wenig zu befürchten. Wie man hört, gaben für den kürzlich vorge-legten Programmentwurf ein Kriminalbeamter und ein Ver-fassungsschützer Formulierungshilfe, auf daß er fdGO-fest werde. Vielleicht nutzt Herr Farthmann die sich bietende Gelegenheit, seine recht dürftige Beweisführung ein wenig nachzubessern.

In diesen Tagen der deutschen demokratischen Erhebung werden nach landesweiten Besetzungsaktionen die »Ämter für Nationale Sicherheit« geschlossen. Diese umettikettierte Nachfolgebehörde des »Ministeriums für Staatssicherheit«, die man redlicherweise »Amt für Nationale Aktenbeseitigung« genannt hätte, ist damit eine gerade wenige Tage zählende Episode geblieben. Daß neuerdings um ein »Amt für Verfassungsschutz« (!) gestritten wird, mit dem (nicht nur) in der SED-PDS manch einer die Hoffnung verbindet, unter den Vorzeichen des Antifaschismus undemokratische Strukturen retten zu können, kündigt freilich eine nicht gerade vielversprechende gesamtdeutsche Sicherheits-Parallele an. – Ob das Ende des Kalten Krieges, der ja beileibe nicht nur im Osten Verwüstungen anrichtete, auch eines Tages über uns kommen wird? In beiden deutschen Staaten steht jedenfalls eine konsequente *innenpolitische Abrüstung* an. Dies um so mehr, als die Gebilde »Bundesrepublik Deutschland« und »Deutsche Demokratische Republik« auf beispiellose Weise, gleichsam auf einem künstlichen Experimentierfeld, dichotomisch strukturiert und aufgebaut worden sind: »In beiden Teilen des Landes hat sich fast alles, was Besatzungsmächte und deutsche Politiker nach 1945 vorfanden, nach dem Prinzip der wechselseitigen Ausschließung organisiert, das erst ist die eigentliche *Teilung*. Was ›drüben‹, *in der Zone*, die Grundlage von Staat und Gesellschaft ausmachen soll, die Diktatur der Arbeiterklasse..., macht ›hier‹, *bei uns*, im ›Westen‹, das Projekt des Staatsfeindes aus, und umgekehrt...«, schrieb der gebürtige Dresdner Peter Brückner 1978 in seinem *Versuch, uns und anderen die Bundesrepublik zu erklären‹.

Dieser kontradiktorischen, jetzt mit unglaublicher Dynamik aufbrechenden Konstellation verdanken die Ämter für Verfassungsschutz ebenso ihre Existenz wie das ehemalige Ministerium für Staatssicherheit. Natürlich sind beide Institutionen nicht in eins zu setzen. Die Unterschiede zwischen einer – wenn auch sehr mangelhaft – rechtsstaatlich gebundenen Behörde und einem nach den Gesetzen der Staatspartei und seiner Eigendynamik agierenden Apparat, der zudem mit exekutiven Befugnissen ausgestattet war, sind nicht zu übersehen. Doch die Tatsache allein, daß der Verfassungsschutz nicht so häßlich geriet wie sein stalinistischer Bruder, begründet lange nicht die Existenzberechtigung der freiheitlichen Variante unserer Staatssicherheit.

So möge ein jeder von seiner eigenen Schande sprechen. Wir jedenfalls haben uns an den Verfassungsschutz zu halten und sollten einmal für dessen Wirken Bilanz ziehen. Ohne Bruch mit wohlvertrauten Gründungslegenden der Bundesrepublik, wozu an prominenter Stelle die Doktrin von der »streitbaren Demokratie« zählt, wird dies nicht zu bewerkstelligen sein. Bis dahin bleibt jedermann irgend eines anderen Verfassungsfeind.

»Nazis r ...!«
Über den vergeblichen Antifaschismus in der DDR

Nazis rein? – Bei den Aufmärschen der nationalen Revolution in der DDR sind »tonnenweise« Flugblätter der REPs aus dem Westen aufgetaucht; schon am 13. August 1989 hatte der damalige West-Berliner REP-Chef Andres die Gründung eines Ost-Berliner Ablegers bekanntgegeben, und der Bundesvorsitzende Schönhuber hat (vergeblich) versucht, unter Vorlage seines Diplomatenpasses Zugang nach drüben zu bekommen, wo (»Ehrenwort«) bereits diverse Ortsverbände seiner Partei im Entstehen seien. Mag alles sein. Zu denen, die jenseits des perforierten antifaschistischen Schutzwalles die Brüder und Schwestern in Leipzig, Plauen und Neu-Chemnitz umarmen und sich mit ihnen besaufen, gehört ohne Zweifel auch unser ganzes rechtsextremes Bestiarium: bekennende REPs, Abordnungen von Skinheads, Wiking-Jugendliche, die in der Sylvesternacht 89/90 nur knapp an einer kleinen Invasion der sowjetisch besetzten Zone gehindert werden konnten. Bewahrheitet sich, was Stefan Heym noch am 13. August 1989 zur Rechtfertigung der Mauer gesagt hat: daß ihr Bau eine Schande zwar, aber auch ein Schutz gegen Schönhuber und Co. sei?

So stellt es nach dem 9. November auch die SED dar, seit sich die rechtsextremen Gewalttaten, Schmierereien und Parolen häufen bzw. seit massenhaft ruchbar wird, was sich

181

lange schon abspielt. Zu einer »Kampfdemonstration« – der Jargon jedenfalls ist der alte geblieben – wurde mit der Beschwörung aufgerufen: »Dieses Land wurde aus dem Antifaschismus geboren! Laßt es nicht zur Heimstatt der Neofaschisten werden!« Das ist wohl das letzte Argument für die Souveränität der DDR: der Kampf gegen Rechtsaußen von draußen, die Wagenburg gegen faschistische Unterwanderung aus der BRD und Wiedervereinigung!

Nazis raus? – Der Rechtsradikalismus zwischen Rostock, wo zuletzt ein Staatsanwalt Morddrohungen erhielt, der einen NS-Täter verurteilt hatte, und Pirna, wo jüngst meterhoch »Wir sind da – REP« und »Hitler lebt« geschmiert wurde, ist hausgemacht, mögen seine Phrasen und Fratzen zum Teil auch aus dem Westfernsehen abgeguckt sein. Neonazis, rechtsextreme Fußballfans, Hitler-Verehrer, Skinheads in Tracht, Antisemiten, unauffällige Faschos mit kleinbürgerlichem Lebenswandel – das alles gibt es seit längerem schon in der DDR. Auch hier also: miese industriegesellschaftliche Normalität? Doch *nach* der Wende erst wiesen die Experten auf »beträchtliche rechtsextreme Strömungen in der DDR« hin, so der Kriminal- und Jugendsoziologe Wolfgang Brück (*FR*, 18. 12. 89); zwei, in Städten bis sechs Prozent der DDR-Jugendlichen tendierten nach ganz weit rechts, und mit dem Heraustreten rechtsextremer Organisationen »aus dem Dunkeln« sei nun alsbald zu rechnen.

In dieses Dunkel hat die SED das alles bisher lieber abgedrängt, auch die hohe Zahl der Prozesse wegen rechtsextremer Gewalttaten. Akte des »Rowdytums« wurden öffentlich beschwiegen, an den Tätern hernach mit der ganzen Härte dieses selber totalitären Regimes Exempel statuiert. Der gesamte antifaschistische Komplex: Partei, FDJ, Staatssicherheit, Justiz, gleichgeschaltete Presse, Komitees, die Verfolgten des Nazi-Regimes wurde gegen die kleinste Regung von Neofaschismus aufgeboten – man hat mit Kanonen auf Spatzen geschossen. *Heute* schlägt die SED Alarm, und Hunderttausende rufen nach einer runderneuerten Stasi: Gregor Gysi forderte auf der Kampfdemonstration vom 3. Januar 1990 in Treptow (dort war das sowjetische Ehrenmal *von unbekannten Tätern* beschmiert worden), es müsse endlich wieder *ein handlungsfähiger Staat* her. Ohne Zweifel meinte er einen SED-Staat mit menschlichem Antlitz – und Verfassungsschutz. Die SED-PDS, man glaubt es kaum, ist zur »wehrhaften Demokratie« konvertiert.

Handlungsfähigkeit – hoffentlich weiß der Genosse, was er sagt. Es stimmt schon, daß rechtsextreme Piraten nun Räume besetzen, die ihnen die gestürzten Greise gelassen haben. Während die einen der Rückzug der Verkehrspolizei als Parksünder zu wildem Gesetzesbruch animiert, füllen andernorts Schlägertupps den kurzen Winter der Anarchie auf ihre Weise: Neger verprügeln, Punks verdreschen, Rote lynchen. Die Leute haben erfahren, daß sie eine Mafia regiert hat – jetzt bilden ein paar von ihnen eben selber Banden...

Aber gerade die Rechten schreien nach einem wieder handlungsfähigen, einem starken Staat, der das Machtvakuum schleunigst füllt. Sie sind nicht erfreut, sondern zutiefst erschrocken über diese allgemeine soziale Auflösung, das Gequatsche von Demokratie am runden Tisch und den Verfall eines bisher allmächtigen Staates. Denn daß Zucht & Ordnung war (solange sie war), das fanden sie dufte am SED-Staat, auch die Fackelzüge und Pfingsttreffen der FDJ waren so übel nicht. Wie sollen sich diese Leute in demokratisch-zivilen Formen auseinandersetzen, wo sich geübtere Zeitgenossen und die gesamte DDR-Gesellschaft so schwer damit tun?

Jugendliche Gewalt von rechts bildet sich allerorts in der Konkurrenz mit anderen Jugendszenen und im Austausch mit der Mehrheit, mit ihren Staatsorganen, mit der von der erwachsenen Bevölkerung getragenen gesellschaftlichen Normalität. Diese war in der DDR jahrzehntelang hochgradig autoritär und konformistisch geprägt. Nachdem 1945 drüben anders als hüben die faschistischen Köpfe gerollt waren, hat 40 Jahre nachlebenden Mitläufernazismus keine Kulturrevolution mehr, weder Rock 'n Roll noch APO, aufgelöst. Die DDR rückte, als sowjetischer Juniorpartner, gewissermaßen auf die Bank der Sieger über den Nationalsozialismus. Den Rest besorgte, so glaubte man jedenfalls, eine Pädagogik, deren angelernte Sprache keiner ernst nahm; für den Ernstfall gab es die Betriebskampfgruppen. *Antifaschis-*

mus als Staatsdoktrin: Die gute Absicht war rasch kompromittiert durch einen nicht bloß oktroyierten Sekuritätssozialismus, der es ansonsten bei Bonzen und Kameradschaft, Drill und Heldentum beließ. Gewalt, darauf hat der Regisseur Konrad Weiss als Hintergrundmotiv der rechten Gewalteskalation hingewiesen, war in der DDR rundum institutionalisiert: in Gestalt der Mauer und der Zäune, vor die die Leute dauernd gelaufen sind, der Ausbürgerung von Staatsfeinden, der Zensur, der Spitzel, der politischen Justiz, der Berufsverbote, der Erziehung zum linksautoritären Charakter. Und nicht von der Hand zu weisen ist seine Vermutung, daß unter den rechten Randalierern eine gute Portion Sprößlinge von SED-Funktionären sind. Auch ein Vatermord...

So weit sind aber die Extremen auch in der DDR nicht von den Normalen entfernt. Da drüben, kann man wohl sagen, läuft neben der »demokratischen und der konsumistischen Revolution« (Iring Fetscher) eine nationale Erhebung ab; deren freudige Exzesse schaffen Platz für Radikalisierung, die bloß Latentes hochholt. Die scheinbar so esoterischen Provokationen der rechtsextremen Minderheiten richten sich gegen Gruppen, die das *wir sind ein Volk*-Volk schon lange satt hat, im Zeichen Großdeutschlands erst recht: virulenter Judenhaß erinnert an die durchgängig Israel-feindliche Politik des zweiten deutschen Staates, die antizionistisch getarnt wurde. Die dank Gorbi, dem Retter bisher noch unterdrückte Russenhatz speist alter Haß auf den Dauerokkupanten, dessen Befreiungstaten deutsch-sowjetische Freundschaftsgesellschaften zu Tode gelobt haben. Daß polnische Freiheitskämpfer am Beginn des Jahrzehnts den ersten Keil in den Ostblock schlugen, aus dem an seinem Ende auch die DDR herausbrach, ist angesichts der raffenden Polen, ein paar gerissene Spekulanten darunter, längst vergessen. Daß die erste hausgemachte Demonstration im Januar 1989 unter dem Bild Rosa Luxemburgs stattgefunden hat, wollen die nicht mehr wahrhaben, die heute *Rote raus!* brüllen.

Doch nicht Rache für Vergangenes reizt die losgelassenen Rechten am meisten, sondern die heutigen Ausländer, so wenig es mit rund 160 000 in der DDR auch sein mögen.

Auch hier prinzipielle Einigkeit mit der Mehrheit: Die DDR, bekanntlich ein Auswanderungs-, kein Einwanderungsland, praktizierte bisher gnadenlos das Rotationsprinzip für ausländische Arbeitskräfte aus den sozialistischen Bruderländern – 4, 5 Jahre Maloche, dann ab nach Hause, nach Vietnam und Mozambique. Sie ist dadurch so ausländerfrei, wie sich Franz Schönhuber, der neue Buhmann der ganz großen antifaschistischen Koalition in Ost und West, wohl ganz Deutschland, das geheilte Deutschland vorstellt.

8. Kapitel: Prognose '90

Diese Partei scheitert auf jeden Fall an der Fünf-Prozent-Hürde.
Heinrich Lummer, CDU (im Januar 1989 über die REPs)

Wir sind das Volk, meine Damen und Herren.
Franz Glasauer (oberbayerischer REP-Bezirksvorsitzender, Januar 1990).

Out of Rosenheim

Rosenheim, die erste: Im »Auerbräu« treffen sich niedersächsische und hanseatische Delegierte am Kalten Büfett: Jetzt, wo wir Deutschland aufbauen können, mault einer, ist die Partei zerstritten, eine Schande. Ein Hannoveraner verkündet, Wurstbrötchen mampfend, welche Konspirateure er gerade rausgefeuert hat aus der Partei – die nörgeln und intrigieren jetzt nicht mehr. Über den neuesten Stand der Sezession informiert er sich gern, Achtung, Witz, aus wohlinformierten antifaschistischen Kreisen. »So'n Blättchen wie die VVN kriegen wir nicht fertig«. Herr und Frau NachbarIn sind nach Rosenheim gekommen – ein dralles Doppelkopfclübchen, das einen Ausflug ins Voralpenland macht und die gemeinsame Kasse auf den Kopf haut. Wenig später, nach Franz Schönhubers eher müder Rede, hauen sie minutenlang auf die Pauke – nach dem Text eines bekannten Schlagers aus der Feder des kommunistischen Poeten Johannes R. Becher, dessen nationale Phrase auch das Motto des Parteitags abgibt: »Deutschland einig Vaterland!« (vier Minuten Ovation).

Rosenheims Oberbürgermeister Stoecker, CSU, hat sich vergeblich bemüht, beim bayerischen Innenminister ein Verbot des Parteitages zu erwirken, damit »die schöne Sportstadt vor den Alpen« nicht zur »Hauptstadt der Bewegung« wird. »Meine Damen und Herren«, ruft Franz Glasauer, der oberbayerische Bezirksvorsitzende und Mann für grobe Witzchen bei den REPs, in die mit 1200 Delegierten und zahllosen Gästen und Presseleuten aus aller Welt vollgestopfte Inntalhalle. »Rosenheim *ist* bereits die Hauptstadt der Bewegung, denn hier ham mir zwoundzwanzig Prozent erzielt.« Beifall an den langen Tischreihen. »Und wir werden zulegen in einer Form, daß diesen schwarzen Sozialisten Hören und Sehen vergeht...«

Rosenheim, die zweite: Das andere Rosenheim, Fußgängerzone. Unterm heiligen Nepomuk 3000 Demonstranten, die meisten aus München angereist, darunter eine Abteilung der roten »Kämpfenden Jugend« mit Schalmeien. Auf einem Demo-Plakat steht: *REPheim grüßt den Führer.* »REPheim, das könnte denen so passen,« sagt ein älterer Rosenheimer Passant beleidigt, »alles Kommunisten sind das«. Die REPs mit der weiß-blauen Raute am Revers und die Anti-REPs, zu erkennen an Palästinensertuch und schwarzem Helm, sind für ihn ein und dasselbe. Grüß Gott, a Weißbier bitte. Genau, und mit den Ausländern, ergänzt ein ganz junger, zum Beispiel draußen in Kolbermoor (wo die REPs fast jeden Dritten begeistern konnten), das geht so nicht mehr weiter. »Die Katzelmacher haben fünf Kinder, und mir gar keine.« Ob er denn die Republikaner wählen würde: Ja, wird er.

»Wir sind das Volk, meine Damen und Herren!«, ist der Lieblingskalauer Franz Glasauers. WIR sind (auch) das Volk, entgegnet eine *Wähler Initiative Rosenheim e. V.* aus parteimüden Linksliberalen. Sie fordert gegen Schönhuber, für Rosenheim einen Ausländerbeirat, eine Bürgersprechstunde, Sprachförderung in den Kindergärten. Vor einigen Monaten hat WIR im Stadtrat den Antrag gestellt, die Julius-Langbehn-Straße endlich umzutaufen: Der »Rembrandtdeutsche« Dichter hat als völkischer Kritiker westlicher Dekadenz vor dem Ersten Weltkrieg in Rosenheim gelebt. An seiner Statt sollte ein jüdischer Bürger geehrt werden, der seit 1938 nicht mehr in Rosenheim lebt und dessen Kaufhaus am Max-Josef-Platz arisiert wurde. Abgelehnt: sollen die Leute aus der Langbehn-Straße, darunter Honoratioren, etwa Briefköpfe und Stempel ändern?

WIR zitiert Perikles, 450 vor Christus: *Wer an den Dingen seiner Stadt keinen Anteil nimmt, ist nicht ein stiller Bürger, sondern ein schlechter.* Auf was man alles kommen kann, wenn man sich mit den REPs auseinandersetzt.

Rosenheim und darüber hinaus, die dritte: Harald Neubauer tritt ans Rednerpult, der bayerische Landesvorsitzende, einer von Schönhubers Kämpfender Jugend, in Nadelstreifenanzug und modischer Krawatte, kamerasmart und mikrophongeübt wie der Bundesvorsitzende höchstpersönlich – manche sehen in ihm Schönhubers Kronprinzen, manche den Brutus. Neubauer ist es im Süden längst zu eng geworden: »Es wäre uns noch lieber, wenn der heutige Bundesparteitag der Republikaner nicht in Rosenheim, sondern in Dresden, Leipzig, Erfurt oder in einem vereinigten Berlin stattfände als symbolhafte Handlung« – wie gebildet der Mann reden kann. Beifall an den langen Tischreihen mit Deutschlandwimpeln und Weißbiergläsern.

Die Faschingsdekoration unterm Hallendach gerät auch in Wallung, die Styroporbuchstaben aus dem Parteinamenszug vor dem Vorstandstisch fallen immer wieder um. Das Problem für die REPs im deutsch-deutschen Doppel-Dauerwahlkampf dieses »Schicksalsjahres 1990«: nicht wieder zur oberbayerischen Folkloregruppe zu schrumpfen. Neubauer macht Mut:

»Wir waren die einzige Partei, die über viele Jahre gesagt hat: Der Kommunismus wird zerbrechen, die Wiedervereinigung wird kommen, es ist alles nur eine Frage der Zeit. Man hat uns verlacht, man hat gesagt, die Republikaner sind realitätsfern, sie sind Illusionisten – da erkennt man, daß diese Partei nicht wählbar ist. Aber meine Freunde, wir sind die einzige Partei, die in der gesamteuropäischen Entwicklung durch den Willen der Völker bestätigt wurde, und das ist der Rückenwind, mit dem wir in die kommenden drei Wahlkämpfe hier in Bayern gehen, und mit dem wir insgesamt in der Bundesrepublik 1990 den Einzug in den Bundestag schaffen werden.«

Oder aus der Rechtskurve fliegen. Franz Schönhuber jammert: Alle seien gegen die REPs, nicht allein der »beklagenswerte« Oberbürgermeister von Rosenheim. Am Potsdamer Platz habe die SED ihn, den Europaabgeordneten, trotz Diplomatenpaß nicht reingelassen in die DDR. Pfuirufe in der Halle. Die Verteilung von Zeitschriften und Flugblättern – »tonnenweise Material« heißt es immer – werde behindert; die »verachtenswerten« Nazi-Schmierereien hätten gewiß nicht seine Parteifreunde ans Sowjetdenkmal gepinselt, sondern, meint Schönhuber in die Kamera des DDR-Fernsehens, die SED selbst. Sprechchöre: *Stasi raus!* Und die Presse, das *Lügenblatt taz* sowieso, aber auch die rechte, mit der man so gerne einig wäre, wollten die REPs fertigmachen:

»Wir sind in der Rolle des Sandsackes, auf den jeder draufhauen kann, und wir sollen auch noch Dankeschön sagen. Aber ich möchte hier sehr deutlich in Rosenheim eines sagen: Wir werden uns was einfallen lassen. Auch wir sind in der Lage, spektakuläre Sachen in dieser Republik zu machen, gewaltfrei. Aber eines Tages werden *wir* auf die Straße gehen, werden *wir* die Losungen rufen, und bei dieser Losung wird es heißen als den wichtigsten Satz: Deutschland einig Vaterland!«

Rosenheim, die vierte, im Jahr 1 nach der nationalen Erhebung: *REPs sehen ihre Felle schwimmen*, kontert die *taz*. Schönhuber weiß (aus dem rumänischen Exempel!): Nur der gewinnt, der in der Stunde X das Mikrophon in der Hand hat und es nicht mehr weggezogen oder ausgeblendet bekommt. Den REPs fehlt aber vorerst die heute obligate *Parallelaktion* in der DDR. Helmut Kohl und Willy Brandt wirken drüben auf je ihre Weise als Hoffnungsträger. Die CDU-Landesverbände geben Geld und gute Worte für diese oder jene Oppositionspartei; die CSU droht, *via* Leipzig doch noch *solo* über Kreuth und Vilshofen hinauszugreifen.

Nicht zuletzt: Die national gewendete, darin fast schon wieder beim REP-Idol Schumacher angekommene SPD verfügt über eine deckungs- und nun auch namensgleiche Schwesterpartei. Ausgerechnet in dieser historischen Stunde bleiben, fast wie die grünen Vereinigungsmuffel, die »authentischen« *Befürworter* eines ganz großen Deutschland draußen, wird das schöne Thema von anderen geklaut und »besetzt«. Eine Art politische Inversionslage: was die rechten Zirkel seit 1983 vom äußersten rechten Rand aus propagierten, ist heute, auf gemäßigten Patriotismus heruntergefahren, in aller Parteien und vieler Publizisten Munde. Je mehr Kreide die Extremen fressen, desto deutlicher werden die Realpolitiker. Wenn das so weiterginge, hätten die REPs sich gewissermaßen erfolgszerstört.

Rosenheim, die fünfte: Beweise, daß sie trotzdem durchkommen werden, soll jetzt Hans Rudolf Gutbrodt liefern, ein 40jähriger Schlachter aus Parchim bei Schwerin. Die

BILD-Zeitung hat ihn, angeblich »Schönhubers DDR-Chef«, kurz vor dem Parteitag als Stasi-Agenten enttarnt; fünfmal vorbestraft sei er – *peinlich, peinlich* –, unter anderem wegen sexuellen Mißbrauchs – einem solchen kommunistischen Kinderschänder darf man »die Einheit des Vaterlandes in Freiheit« – so das Motto Axel C. Springers im Impressum der *BILD*-Zeitung – nicht anvertrauen, da kämpfen die Rechtsausleger mit harten Bandagen.

Mitten in der chaotischen Programmdebatte soll nun dieser Herr Gutbrodt den Delegierten und insbesondere der Presse den Gegenbeweis antreten. Mit festem Blick in die Kamera erklärt er: »Eine Boulevard-Zeitung bei Ihnen hat mich bis aufs schändlichste blamiert und hat mich dermaßen runtergemacht, daß es unglaublich ist.« – – Pause. Er lächelt ins Blitzlichtgewitter. »Ich stehe hier stellvertretend für Zehntausende in der DDR, die so denken und so fühlen wie ich und sich zu den Republikanern bekennen. (Jubel). Auch wir in der DDR wollen die Einheit, nicht nur heute, sondern für immer und jetzt sofort. Denn wir wollen endlich leben. Ich grüße alle meine Freunde in der DDR. (Bravo-Rufe).« – – Pause. Mehr kommt nicht. Gequälte Gesichter am Vorstandstisch. Schönhuber malt Kreise in seinen Papieren. Einer aus der Regie flüstert Gutbrodt von hinten zu, er solle doch jetzt bitte das Wichtigste nicht vergessen: »Selbstverständlich habe ich nichts mit der Staatssicherheit zu tun«. – – Ganz lange Pause, der Versammlungsleiter stammelt einen schönen Dank, Verwirrung im Saal.

So geht das nicht, die Presse lacht schon. Harald Neubauer, der eben davon gesprochen hat, die REPs könnten bei den »antikommunistisch sensibilisierten Mitteldeutschen« gar »stärkste Partei« werden, stürmt ans Mikrophon, um die Situation zu retten, verliest die eidesstattliche Gegen-Erklärung und kommt zu dem Schluß:

»Sollte Herr Gutbrodt eine falsche eidesstattliche Versicherung in Kenntnis der Strafbarkeit abgegeben haben, dann wäre Herr Gutbrodt selbstverständlich *nicht* der geeignete Repräsentant unserer Partei in Mitteldeutschland. Solange uns aber keine Beweise vorliegen, so lange lassen wir nicht einen Freund unserer Partei von einer gegnerischen

Zeitung – so muß man die BILD-Zeitung ja mittlerweile titulieren – öffentlich in den Schmutz treten. Danke schön.«

Ein deutsches »Ehrenwort« ist das und ein Begräbnis zweiter Klasse – nur Schluß damit und raus mit dem Mann. Der wortkarge, gleichwohl äußerst auskunftswilllge Mecklenburger wird aber von Reportern umringt, redet stereotyp von 10 000 Anhängern und daß man schon sehen wird, am 6. Mai bei den Wahlen – ein Schmierenkomödiant, den das Ost-Berliner MfS in der Tat kaum besser hätte präparieren können. Genüßlich läßt er sich von einem Fernsehteam direkt vor Schönhubers Nase ein Loch in den Bauch fragen. Der Bundesvorsitzende, der die ganze Zeit Hof gehalten und Autogramme verteilt, sich aber mit Gutbrodt kein einziges Mal gezeigt hat, droht mit dem Einsatz seiner Saalordner gegen die Journalisten. Allmählich bequemt sich der *Freund aus der DDR* aus der Halle und geht weltweit auf Sender.

Schönhuber verspricht, ab jetzt jede Woche wieder die Einreise nach drüben zu versuchen. Solange gibt er Fernseh-Interviews, damit er in Leipzig, Plauen und Berlin-Ost wenigstens auf der Mattscheibe anwesend ist. Die extreme Rechte muß aber nicht per TV oder kiloweise Papier in die DDR importiert werden. Die potentielle Anhängerschaft der REPs drüben ist groß, zur Zeit vielleicht größer als hierzulande. Nach Lage der Dinge – aber was heißt das heutzutage schon? – werden keine Rechtsradikalen bei den Volkskammerwahlen antreten – sie müssen weiterdemonstrieren und Parolen machen.

Rosenheim, die sechste: Demokratie-Übungen. Im neuen »Rosenheimer Programm« und in einem zusätzlichen »Deutschland-Konzept '90« der Schönhuber-Stellvertreterin Johanna Grund bieten sich die REPs als einzige politische Kraft im Lande an, die klipp und klar das ganze Deutschland will, als neutrale und bewaffnete Hegemonialmacht in Europa. In aller Seelenruhe hat das einer der wenigen Parteiintellektuellen gedeichselt: In Rolf Schlierer hat die Partei einen gewieften Taktiker, der bei noch so glühenden Radikalinskis am Saalmikrophon die Ruhe bewahrt. Am Mikro hat sich eine lange Schlange gebildet, die einen erstaunlichen Demokratiebedarf, aber auch die Heterogenität der »Parteifreunde« sichtbar macht: nicht nur am Outfit, das vom selbstgestrickten Pullover mit REP-Raute bis zum teuren Zweireiher, von der Krachledernen bis zum Kaschmirpulli reicht, sondern auch in den Auffassungen, die von liberal-konservativ bis ultrarechts schwanken. Zahllose schriftliche Änderungsanträge sind »irgendwie« verlorengegangen. Die Parteiführung war freilich stümperhaft genug, den partizipatorischen Überschwang nicht durch eine entsprechende Kommission vorselektiert zu haben – so machen es nämlich die »demokratischen Volksparteien der Mitte«. Der Sitzungspräsident Schodruch, ein Europaparlamentarier mit Doktortitel und Kasernenton, manipuliert nach Oberzensorart. Er bekommt Pfiffe und lauten Protest von Teilen der Basis; doch die läßt sich vom Onkel Bundesvorsitzenden, der jederzeit ans Mikrophon darf, dann wieder brav auf die Plätze zurückschicken. Zu jedem Änderungsantrag ist nur eine Gegenmeinung zulässig, woraufhin eine kölsche Stimme aus dem Saal jedesmal »Isch bin dajejen« grölt.

Rosenheim, die siebte: Reinigungsprozeduren. Es gibt auch Parteifreunde, die Grundsatzfragen ganz anderer Art umtreiben. Zum Beispiel die Reinerhaltung der deutschen Sprache. In der Präambel des Programms stört sie ein »Ceterum censeo« – zuviel Latein für die Mehrheit. Das kokette Spiel der intelligenten Vorsteher mit dem blöden Fußvolk um die Eindeutschung von Fremdworten wird ab da zum *running gag* des Parteitags. Da müßten die *Republikaner* ja die Partei selbst umbenennen! Selbst als der polyglotte, pardon: vielsprachige Schönhuber die Autorität des Verfassers der Präambel, des Erlanger Geschichtsprofessors Hellmut Diwald, in die Waagschale wirft, geben sich die Umerzieher nicht zufrieden. Fremdworte raus.

Die Schlagzeilen nach dem Wochenende machen die anderen: gesamtdeutsche SPD, Sammlung der Konservativen im ganzen Lande durch die CSU. Die REPs kriegen ihre schlechten Zensuren weiter hinten: in Springers *WELT* auf Seite 12, in *FAZ, taz* und der *Süddeutschen* auf Seite fünf, in der *FR* auf Seite drei. Die politische Lage scheint wieder in Ordnung. Die Materialschlacht um *Deutschland einig Vaterland* kann beginnen.

Konservatismen im Angebot – ein Marktbericht

Wie die Aktien für Konservative stehen, erfährt der kluge Kopf in einem Blatt mit großem Börsenteil. Die *Frankfurter Allgemeine Zeitung* beobachtet seit Jahren kritisch den einschlägigen politischen Markt; ihre Empfehlungen schwanken, lassen aber eine Tendenz erkennen. Dem entlassenen Geschäftsführer der bisherigen Monopolfirma CDU, Geißler, wird angelastet, daß er einen guten Teil der Stammkundschaft vergrätzt habe: Hätte man genug Wiedervereinigung und mehr Schutz des ungeborenen Lebens im Angebot gehabt, »hätten viele Wähler sie nicht verlassen«. Statt dessen »gab es Vokabeln wie Stichflammen (›multikulturelle Gesellschaft‹)«, da »kann es schon einmal passieren, daß eine Partei neben der CDU entsteht«. In einem nicht namentlich gekennzeichneten Artikel (Redaktionslinie?) wurde dem REP-Programm schon früh (Februar 1989!) ein Unbedenklichkeitszeugnis ausgestellt:

> »Zu erkennen sind drei Linien: eine Zurückführung des Ausländeranteils an der Bevölkerung, wobei nirgends etwas aufgeschrieben ist von Methoden des Zwanges oder gar der Gewalt; Erhaltung des Rechtsanspruchs auf die Ostgebiete vorbehaltlich eines Friedensvertrages; Sauberkeit im öffentlichen Leben – zum Beispiel Abkehr von der ›Parteibuchwirtschaft‹ im öffentlichen Dienst.«

Ein so wohlwollend gelesenes REP-Programm füllt haargenau das »national-konservative Vakuum«, dessen Existenz die politischen Redakteure Feldmeyer, Reißmüller, Fromme et alii der CDU permanent ankreiden.

Die weiteren Qualitätsurteile über den merkwürdigen Neuling auf dem Markt fielen unsicher aus: Der bayerische Tester sah auf REP-Veranstaltungen nur »nörgelnde und schimpfende, nicht aber von irgend etwas begeisterte oder auch nur romantische Stimmen ... Nichts von einer Vision, einem Ideal, eigentlich auch nichts von Ideologie«. Der niedersächsische Kollege fand sie »etwas grün, rechts und dagegen«. Ein glattes »Mangelhaft« gab es bei der Abteilung Feinsinn über »die Gemeinschaft tendenziell antidemokratischer, antizivilisatorischer und national gesinnter Provinzspießer, die spätestens nach dem zweiten Bier einen starken

Durst auf Kraftmeierei, Politikerschelte und Heimatlieder verspüren«. Doch in der Zentrale registrierte man andererseits wieder »viele demokratisch wohlanständige Menschen unter ihren Funktionären und mehr noch bei ihren Wählern«. Behutsame »Kopfklärung« sei angebracht: den Neuen »Werbepluspunkte wegnehmen«, gar mit ihnen fusionieren, müsse »undenkbar bleiben«; man »spielt nicht mit den Schmuddelkindern«. Aber die Fragwürdigen »ausgrenzen« hülfe nichts; da würde die abgewanderte Kundschaft nur »in ihrem Verhalten bestätigt – man will uns nicht (mehr), also bleiben wir, wo wir jetzt sind«. Was also tun? Karl Feldmeyer befand, die Union habe jetzt zwei Möglichkeiten: »Ächtung der Republikaner und ihrer politischen Ziele, mit dem Verdikt, dies sei eine beinahe verfassungswidrige Partei, oder Berücksichtigung ihrer politischen Ziele in den eigenen Absichtserklärungen.« (3. 2. 89). *Gedankenspiel eins:* die Unionsparteien sehen ein,

»daß sie den weiter gewordenen Spagat, an ihren beiden Seiten gleichzeitig um Grenzwähler zu werben, nicht länger durchhalten können und daß die nach Jahren zunehmender Erbitterung abgewanderter Wähler zumindest nicht schnell zurückzugewinnen sind, selbst wenn sich die Union ganz auf diese Weise konzentrierte. Daraus folgt die Konzentration auf das Werben um die Wähler der Mitte« (*ba*, 17. 7. 89).

Aber würde das nicht »zu einer nicht mehr überbrückbaren Frontstellung gegenüber der Schönhuber-Partei« führen, geradewegs ins »politische Abseits«? *Gedankenspiel zwei:* Zunächst einmal die »Linksabweichung korrigieren«. Unklug wäre jedenfalls, »jedwede Zusammenarbeit mit den Republikaner zur Sünde (zu erklären)«, und überdies fraglich, »ob es Bestand hat, wenn – zumal in den Kommunen – die Machtfrage gestellt wird«. Gewiß: »Ein rot-grünes Kabinett wäre kein größeres Übel als ein Vizekanzler und Innenminister Schönhuber, um den eine ›Mitte-Rechts-Koalition mit oder ohne FDP wahrscheinlich nicht herumkäme.« Also bleibt eigentlich nur folgende Alternative:

»Stieße der Union das gleiche Schicksal zu, das die SPD 1983 mit dem Einzug der Grünen in den Bundestag ereilte, so ergäbe sich daraus der problematische Zwang zur großen Koalition – es sei denn, man entschlösse sich zur Zusammenarbeit mit der neuen Partei, so wie es die

SPD mit den Grünen schon versucht hat. Das wäre mehr als eine Entscheidung über politische Inhalte. Das wäre der Abschied von der Machtmechanik, die die Bundesrepublik in den letzten Jahrzehnten geprägt hat: der Machtwechsel von CDU/CSU und SPD in langen Intervallen bei nahezu permanenter Teilhabe der FDP an der Regierungsverantwortung« (Feldmeyer, 3. 2. 89).

Fragt sich schließlich, ob die Schmuddelkinder wirklich so »igittigitt« sind:

»Sollen die persönlichen Ansichten, deren demokratische Qualität außer Zweifel stand, solange ihre Träger in den Volksparteien mangels anderer Möglichkeiten ›zwangs‹-integriert waren, nun verwerflich sein, weil diese Träger aus dem Käfig ausbrachen wie einst die Grünen?« *Ergo* »müßten die Mitglieder der ›Republikaner‹ – wollten sie eine stubenreine Partei aufbauen – die Chance ergreifen, die Extremisten und die Verbohrten abzuschütteln und das Programm von Unerträglichem zu säubern. Bei den Rechten darf nicht ausgeschlossen sein, was den Linken eilfertig zugebilligt worden ist. Bis dahin sollten der Union Winkelzüge jener Art zugestanden werden, wie sie Lafontaine mit dem Bürgerschreck und SPD-Mitglied Leinen zum (Wahl-)Nutzen seiner Partei und zu Lasten der Grünen betrieben hat« (Hefty, 21. 10. 89).

Einen Tag später kündigte Franz Schönhuber auf dem bayerischen Landesparteitag (wieder mal) die »Säuberung« der REPs von allen *N-Gruppen*-Elementen an; man werde »allen Extremisten, asozialen und kriminellen Elementen den Laufpaß geben. Nur durch Ehrlichkeit, Idealismus und Sauberkeit können wir gewinnen.« Rund 300 würden »durch den Rost fallen«. Mit einem *Kommunalpolitischen Manifest* eröffneten die REPs die bayerische Wahlschlacht; indem sie in ihrer politischen Heimat »Politikfähigkeit« demonstrieren, wollen sie die Hiersemann/Glotz–SPD auf Platz drei (!) verdrängen und so gestärkt den Marsch auf Bonn antreten. »Mein oberstes Ziel ist es, die Partei in den Bundestag zu bringen. Ich muß sie parlamentsfähig machen« (Schönhuber zu Glotz, *WELT*, 31. 7. 89). Der Anteil der Unionswähler, die sich im Fall des Falles eine Erweiterung des Bürgerblocks aus CDU/CSU und F.D.P. um die REPs, also eine Bundestagskoalition mit Rechtsaußen vorstellen könnten, hat sich im Lauf des Jahres 1989 konstant erhöht; mehr als ein Drittel *ist* bereit, mit den »Schmuddelkindern« zu spielen.

Marsch auf Berlin

Und dann der 9. November: *Berliner Verhältnisse,* zweiter Akt. Manche hoffen, die nörgelnden und geifernden REPs würden im Überschwang des »glücklichsten Volks der Welt« (Walter Momper) untergehen. Gewiß haben Union und Sozialdemokratie ihre Parteitage rasch nach Berlin umdirigiert und halten auch dieses »Thema« nach langer Abstinenz »besetzt«. »Deutschland über alles« ist längst kein Trumpf mehr der extremen Rechten allein; nur nicht so nationalistisch, brav patriotisch soll es zugehen. Aber die Aktien der Radikalen sind bei der Ausnahme-Hausse der nationalen Erhebung mitgestiegen.

Die REPs profitieren vom deutschen Durchbruch auf ganz widersprüchliche Weise: Sie repräsentieren auf der politischen Bühne den konsequentesten großdeutschen Nationalismus und sammeln zugleich im Bauch der Gesellschaft die heftigsten Aversionen gegen die faktische Wiedervereinigung auf bundesdeutschem Boden durch rund 1400 Flüchtlinge und Übersiedler pro Tag. Einerseits Wiedervereinigung Deutschlands in den Grenzen von 1937: Mit dem Slogan »Kaliningrad ist überlebt« schlägt Schönhuber schon die Heimführung der Wolgadeutschen nach Ostpreußen vor. Andererseits legen die REPs die Ängste der Westdeutschen vor dem Wandel blank – sie wollen nur herrschen, nicht brüderlich teilen. Wo die Peripherie, im Abgasnebel der Zweitakter, zur Mitte Deutschlands geworden ist, in Berlin-Gropiusstadt oder Bad Soden-Allendorf, wächst was zusammen: »Deutschland zuerst!« und die Wut übers (dreimal abgezockte) Begrüßungsgeld.

Der Ausweg aus solchen Dissonanzen ist bekannt: ethnische Säuberung. »Um den Flüchtlingen aus der DDR zu helfen«, fordert *Der Republikaner* (12/1989) »eine drastische Reduzierung der Polenhilfe und einen temporären Stopp der Entwicklungshilfe« und »daß alle Asylbewerber aus nichtdeutschen Gebieten noch stärkeren Kontrollen unterworfen werden, damit die Bundesrepublik kein Einwanderungsland wird«. Die Ratsherren und -damen vor Ort arbeiten diese Losung in Form von Anträgen klein: Zum Beispiel, die Dortmunder Bezirksversammlung Innenstadt-Nord möge ein vorgesehenes *Türkisch-Internationales Kulturzentrum* und ein Haus für Rockmusiker in einem alten Industriegebäude unverzüglich in ein Auffanglager umwidmen – »genug türkische Treffs usw. sind vorhanden. Das Wichtigste zuerst, Umsiedler aus dem anderen Teil Deutschlands«. Schönhuber: »Wir sind die alleinigen Freunde der Übersiedler.«

Im August 1989 beantragten die REPs noch Räume für ihre Europaabgeordneten in Bonn. Nach der nationalen Erhebung zieht sie nichts mehr in dieses »Politiker-Kaff«: »Berlin ist und bleibt die deutsche Hauptstadt!« (Schönhuber). Die fünfte Partei hat den »regierungsfähigen« Ausgang der Bundestagswahl 1990 ungewiß gemacht. Gelingt den REPs aber bei einer *Hauptwahl* der Durchbruch, wenn der Staatsbürger erfahrungsgemäß zögert, sein Kreuzchen an extravaganter Stelle zu machen? Noch nie in der Geschichte der Bundesrepublik war es so schwer, den Ausgang einer Bundestagswahl vorherzusagen: nach einem Jahr deutschdeutschen Wahlkampfes. Kurt Biedenkopf, Peter Glotz und andere Parteidenker gingen schon von einem Fünf-Parteien-System aus; andere schätzen die Resistenz der schon oft totgesagten Großparteien höher ein. Bei höherer Wahlbeteiligung werden sie im Dezember 1990 sicher einen Teil des fremdgegangenen Rechtspotentials zurückholen; die Rechtsparteien können aber insgesamt weiterhin über fünf Prozent der Stimmen auf sich vereinigen. Wenn »die Sache« (Willy Brandt) *nicht* läuft wie geschmiert, können die REPs durchaus in den Bundestag einziehen, erst recht in ein gesamtdeutsches Parlament.

Diese Vorhersage weicht vom Trend der letzten »Sonntagsfragen« ab; Umfragen der seriösen Institute in der zweiten Jahreshälfte 1989 legten das stetige Absinken der REPs unter die Fünf-Prozent-Hürde nahe. Ein Erfolg der REPs könne »weder mit guten Gründen prognostiziert noch völlig ausgeschlossen werden« (Forschungsgruppe Wahlen); nach Emnid war zur Jahreswende »völlig offen, ob diese Partei ihr Bonner Ziel erreicht«. Ein gutes Ergebnis in den Rathäusern des Stammlands (allein in München rechnet sich OB-Kandidatin Ingrid Schönhuber 17 Prozent gleich 15 Stadträte aus),

dann wenigstens Achtungserfolge in den großen Flächenstaaten Niedersachsen und NRW, schließlich zur Generalprobe noch ein bayerischer Triumph – so könnte Erfolg
Erfolg zeugen (bei Mißerfolg gilt dasselbe). Das »Wunder an
der Saar« (Schönhuber) hat jedenfalls nicht stattgefunden.

Nicht nur in der Eigendynamik des dichten Wahlzyklus
1990 liegen Chancen einer eigenständigen Rechtspartei auf
dem politischen Markt. Die großen Volksparteien haben
sich Ende der 80er Jahre nicht wieder gefangen, die seit längerem anhaltende Dekonzentration des Parteiensystems ist
nicht gestoppt worden. Allerhand *special interests* – von den
Alten bis zu den Nichtrauchern, von den Abtreibungsgegnern bis zu den Autofahrern und Jägern –, die bisher bei den
Allerweltsparteien untergekommen (oder unter die Räder
gekommen) waren, machen sich selbständig. Die Bürger und
Wähler identifizieren sich immer weniger mit einer bestimmten politisch-ideologischen Tradition. Waren sie früher vom Elternhaus und einem besonderen sozialen Milieu
her *einer* Partei gewissermaßen lebenslang verbunden, ver-
mittelt über »vorpolitische« Medien wie Gewerkschaftsmitgliedschaft, Kirchgang oder Vereinsleben, so machen heute
viele »individualisierte«, aus ihren Milieus »entbundene«
Bürger ihren Wahlzettel – aus Kalkül, Ignoranz oder
Daffke – zum Lotterieschein ohne System. Manche schmei-
ßen ihn auch einfach weg und erklären sich für politisch
komplett desinteressierte »Vollidioten« (was auf gut grie-
chisch so viel heißt wie: ausschließliche Privatleute). Bei allen Wahlen der letzten Zeit sinkt die Beteiligung, und es
wächst die Zahl der Leute, die *gar keine* (etablierte) Partei
mehr für »vertrauenswürdig« halten.

Neue Rechte nutzen den massenhaften Verdruß an den
Altparteien (Grüne inbegriffen). Die Neuen werden, hieß es
in einer Umfrage, »für frischen Wind sorgen« und seien
»eine gute Alternative zu den anderen Parteien«. Mehr als
alle anderen antworten die Anhänger der REPs, daß »die
Politik dauernd oder oft in entscheidenden Fragen versagt«.
Unbestreitbare, aber geleugnete politische Skandale und Affären werden so quittiert: »Die Politiker wissen gar nicht,
was an der Basis los ist, was die Leute bedrückt« (ein 29jäh-

riger Schlosser in Ost-Württemberg). »Politiker sind Lax-
männer, Hampelmänner! Leute wie Lambsdorff gehören für
ihr Lebtag hinter Gitter« (ein 34jähriger Postarbeiter aus
Mittelfranken). *Politische Entfremdung* ist das Hauptmotiv
für das Aufkommen der REPs. Wenn sie bleibt oder noch
wächst, kann auch eine Neue Rechte bleiben und wachsen,
»es sei denn, wir stolperten über unsere eigenen Beine« (Harald Neubauer).

Der Bedarf nach einer »Neuen Politik« ist groß, wird
immer drängender. Nicht alle wollen *mehr Demokratie,*
manche verlangen nach entschlossener Dezision, Gefolg-
schaftsbereitschaft und einer Portion politischen Helden-
tums. Schönhubers Rhetorik (auch auf Kassette erhältlich)
gilt seinen begeisterten Zuhörern als wiedergefundene politische Sprache – »politischer« jedenfalls als der blasse Verwal-
tungs- und Verlautbarungsjargon der Parteipolitik: deftig,
gefühlig, deutlich. Das Politische kehrt zurück als plasti-
sches Freund-Feind-Verhältnis. Damit tauchen in der parlamentarischen Demokratie, die Helmut Plessner einmal zu
Recht als eine Sphäre »normalisierter Durchschnittlichkeit«
bezeichnet hat, agonale Momente des Kampfes wieder auf.
Charisma vor allem sollen Politiker haben; sagen, wie es ist –
und führen.

CSU-Immunexperte Peter Gauweiler hat die (wahrscheinlich nur vorübergehende) Unterbrechung seines politischen Aufstiegs zur intensiven Lektüre Ernest Heming-
ways genutzt.

»In unserer emanzipatorisch durchsäuerten Gesellschaft ist ›der
Kerl‹, ›dieses Mannsbild‹ wieder da... In einer von Mattheit und jedwe-
den Angstgefühlen geplagten Zeit mit ihrer Wertschätzung für Einheits-
größen, Einheitspreise und Einheitswohnungen folgt man seiner
Spur...: gefühlsstarke Männer und gefühlsstarke Frauen« (*Welt am
Sonntag,* 4. 6. 89).

Gelernt hat der »schwarze Peter«, diese unsere heldenlose
Gesellschaft brauche wieder politische Lichtgestalten wie
seinen Mentor:

»Strauß, der Afrika-Fahrer: Als mitten im Busch, es war 1973, an
seinem Jeep die Benzinleitung gerissen war und die Dämmerung herein-
brach, befahl Strauß seiner Frau und seinem kleinen Sohn Franz, sich

ins Wageninnere zu begeben und die Tür zu schließen. Strauß selbst blieb die Nacht im Freien und bewachte, eine Elefantenbüchse im Anschlag, seine Sippe vor Angriffen aus dem Dunkeln«.

Statt bescheidener demokratischer Funktionseliten (FJS: »Bleichgesichter in Bonn«) entscheidungsfrohe und den langatmigen Prozeduren der Abstimmung enthobene Vorkämpfer, denen eine enragierte Anhängerschar sicher ist. Das entspricht in etwa dem Politikmodell Schönhubers, der so stolz ist auf seine jungen Leute im Handgemenge und seine Polizisten. Polizisten sind die geschlagenen, nun zurückschlagenden Helden; und *streetfighter* die letzten Helden des öffentlichen Raumes, der Straße.

Die auffällige Unauffälligkeit der politischen Klasse in Bonn, München oder Berlin, die sich im Fernsehen gelegentlich in der Tat als Lax- und Hampelmännerversammlung geriert oder vorführen läßt, verführte zu dem Schluß: *Das können wir auch* – ein zweischneidiger Demokratisierungseffekt. Do-it-yourself in der Politik beflügelt nicht bloß so noble Institutionen wie die Bürgerinitiative oder die Selbsthilfegruppe, sondern eben auch die »Kerls« der Neuen Rechten. Die sind übrigens auch für den Volksentscheid – als erstes über die Wiedervereinigung und für Aktion Ausländerstop. Mit »Imagekampagnen« und besser einstudierter »politischer Kommunikation« ist es da kaum getan.

9. Kapitel: Nationalrevolutionäre im Wahlkampf

>»Die große politische Leistung der Bundesrepublik besteht darin, das Ende Deutschlands zu akzeptieren.«
>*Friedrich Dürrenmatt* (Schweizer Schriftsteller, 1989)

>»Wenn diese Gesellschaft einmal der Schattenkämpfe müde wird, dann könnte die Stunde des Politischen und die Stunde der Nation kommen.«
>*Günter Maschke* (Nationalrevolutionär, 1985)

>»Die USA waren und sind ... die bei weitestem aggressivste imperialistische Macht; ihre Opfer zählen nach Millionen; wer, wie ich, ihr mörderisches, verhaßtes Militär auffordert, in der BRD zu bleiben und die Reste des Besatzungsrechts nicht aufzugeben, sondern notfalls mit aller Macht wahrzunehmen, muß Schlimmeres fürchten: eine große Koalition der Wähler von Kohl, Mayer-Vorfelder, Schönhuber und Gorbatschow, den Abriß der Mauer, die Wiedervereinigung, ›die Deutschen‹ und Deutschland, Deutschland über alles. Ami stay here!«
>*Hermann Gremliza* (Konkret, Juli 1989)

Das ungebremste »Deutschland zuerst!« der REPs und der dahinter sich formierende antiwestliche Populismus waren nur die Vorboten einer Welle, die auf die Bundesrepublik zurollte, seit die Polkappen des Ost-West-Konfliktes abzuschmelzen begannen. Auch wärmere Ströme wie friedensbewegter Nationalneutralismus, »antiimperialistische« Befreiung von Dallas und McDonald's, die allseitige Begeisterung für den Gorbi, den »neuen Fürsten« (Bahro) und die »Sehnsucht nach Normalität« (Dan Diner) haben dazu geführt, daß man, nach vierzig Jahren, *in Deutschland wieder alles sagen kann.* »Von Deutschland reden« (Martin Walser), anfangs als kulturgesellschaftliches Beiwerk unterschätzt, bekommt jetzt machtförmige, realpolitische Konturen. Die vor kurzem noch ausgelachten und verketzerten Propheten der nationalen Einheit fühlen sich rehabilitiert.

Einheit statt Raketen

Zum Beispiel der CDU-Abgeordnete Bernhard Friedmann, vom Ressort her Haushaltsexperte und außerhalb des Langen Eugen kaum bekannt; er legte 1987 seiner Fraktion und dem Kanzler ein Arbeitspapier vor, in dem ein Zusammenhang zwischen der sicherheitspolitischen Debatte (nach Reykjavik) und der deutschlandpolitischen (Nicht)Diskussion hergestellt wurde. »Einheit statt Raketen« war seine damals esoterisch klingende Formel.

– Die deutsche Teilung sei Ursache und Folge des Ost-West-Konfliktes gewesen; da dieser nun abflaue, müsse die Bundesregierung offensiv in die Entspannungsdebatte eingreifen und *operative* Schritte zur Wiedervereinigung (via Staatenbund, Konföderation oder Bundesstaat) einleiten.
– Es sei vor allem im Interesse der Sowjetunion, aber auch der übrigen drei Siegermächte, die Demütigung der deutschen Teilung mit ihrem inhärenten Kriegsrisiko aufzugeben.
– Man müsse dabei unweigerlich die Kernfrage: Blockbindung oder Neutralität aufwerfen.

Im Sommer 1987 war gerade durch Planspiele der »Nuklearen Planungsgruppe« der Nato die Diskussion um die »Singularisierung« Deutschlands in vollem Gange. »Die Haltung der Verbündeten zielt in letzter Konsequenz auf eine Risikoausgrenzung der Bundesrepublik aus der Nato. Damit aber gingen nicht die Deutschen auf Distanz zum Bündnis, sondern umgekehrt die Partner zu ihnen«, gab die *FAZ* Alarm. »Daß sich die Bündnisfrage einmal von dieser Seite stellen könnte, daran hat in Bonn bisher wohl kaum jemand gedacht.« Doch das offizielle Bonn, der Kanzler, das Adenauer-Haus, die Ressortminister gaben nur die bekannte Formel zurück: »Freiheit geht vor Einheit.« Es blieb bei Adenauer: Wiedervereinigungsrhetorik für später, Nato für jetzt.

Im Frühjahr 1988 bereitete die Parteispitze mit Programmentwürfen und Klausurtagungen den 36. Bundesparteitag der CDU vor. Die Deutschlandpolitik sollte, nach dem Willen des damals noch scheinbar fest im Sattel sitzenden Generalsekretärs Heiner Geißler, kräftig entrümpelt werden. Die sozialliberale Ostpolitik hatte für die Union noch »Bindungswirkung« (Volker Rühe, als er noch Genscherist war): Freiheit vor Einheit, Westeuropa vor Deutschland, Entspannung vor Revisionismus. Sogar das

Wort »Wiedervereinigung« sollte aus dem Repertoire genommen werden.

Doch der Bundesvorsitzende Kohl desavouierte seinen General; die Parteirechte obsiegte. Die Wiedervereinigung kam wieder ins Programm, aber mit einem Zitat Konrad Adenauers, der bekanntlich dieselbe weder inhaltlich vertreten noch gar »operativ« betrieben hatte. Schlitzohrige Rhöndorfer Kautelen umranken deswegen das Bekenntnis zur nationalen und staatlichen Einheit: »Freiheit ist Bedingung der Einheit und nicht ihr Preis.« Erst in einer stabilen Friedensordnung in Europa dürfe das deutsche Volk sein Selbstbestimmungsrecht ausüben. Während einer Programmdebatte im Konrad-Adenauer-Haus entfleuchte Geißler einem Diskutanten gegenüber, der das Wort »Vaterland« vermißte, der berüchtigte und goldrichtige Satz, der ihn seinen Stuhl kosten sollte:

>Wer also der Vorstellung anhängt, wir stellen den Nationalstaat wieder her in den Grenzen von 19XY, der unterliegt ganz sicher einem historischen Irrtum, weil der Prozeß in die Zukunft läuft, und zwar in die Richtung der Freiheit, der Demokratie, der Durchsetzung der Menschenrechte, und je mehr die Freiheitsrechte sich durchsetzen in einer gesamteuropäischen Friedensordnung, desto mehr werden Grenzfragen relativiert.«

Auch die Sozialausschüsse fanden auf ihre Weise wieder zur gesamtdeutschen Orthodoxie. Ulf Fink gab ihr, unter Hinweis auf Jakob Kaiser, Adenauers großen Gegenspieler der vierziger und fünfziger Jahre, eine »soziale« Tönung: »Das Soziale kann man nicht sehen und nicht anfassen, sichtbar wird es in den Handlungen der Menschen untereinander, im Selbstwertgefühl und in der Identität.« Die DDR, bekannte der deutschlandpolitische Sprecher der CDA, Lehmann-Brauns, sei ihm kultur-national näher als die »südlichen Strände und die westliche Unterhaltungsindustrie«. Ein westlicher »Vorhang aus Vergessen und Achselzucken« liege noch vor dem Eisernen Vorhang; »dahinter steckt ein ›Es lohnt sich nicht mehr‹, ein Stück bundesrepublikanischer Materialismus also«. Von da war es nicht weit zum Blümschen Bekenntnis im Revolutionsjahr 89 »Isch will mit Eusch widdervereinigt werden«, nebenbei auch zur Umsatzsteigerung von Südfrüchten und westlicher Unterhaltungshits (*Deep Throat* und *Heavy Metal*) in grenznahen Kaufhäusern.

Aber nicht »operative« Politik für das ganze Deutschland brachten die DDR an den Rand des Ausverkaufs. Bernhard Friedmann wird auch nicht Finanzminister *honoris causa* im ersten gesamtdeutschen Kabinett. Aber »man spricht wieder über Deutschland« (Feldmeyer) – und über nichts anderes. 1990 bringt einen deutschen Doppelwahlkampf mit vielen Reprisen und lagerübergreifender Kon-Fusion. Zweideutsche Realpolitik bekommt gesamtdeutschen Zunder von rechts und links: Adenauers Enkel müssen sich wieder mal Halbherzigkeit und Hasenfüßigkeit vorwerfen lassen – von deutsch-nationalen Mauerspechten, sozialdemokratischen Neuvereinigern und alternativen Neutralisten – sogar der lahmgelegte »mitteldeutsche« Flügel der Nation fängt wieder an zu schlagen.

Schwer abzuschätzen, wie breit drüben die Stimmung schon gekippt ist; der konstante Strom der Rübermacher, die Hammer&Zirkel-freien schwarz-rot-goldenen Demos und die Meinungsumfragen scheinen deutlich für den *Anschluß* zu optieren, womit der zwischenstaatliche Systemkonflikt von gestern zum innerstaatlichen Wohlstandsgefälle von morgen umgewandelt wäre. 40 Jahre DDR haben einen Berg von Problemen und eine Masse von Enttäuschungen anwachsen lassen, die wohl fünf Generationen noch so selbstbewußter DDR-Bürger und Gastprofessor Biedenkopf bei Karl Marx in Leipzig nicht abtragen können. Zumal der Ausweg so verführerisch vor der offenen Tür liegt. Aber indem die Grenze völlig verschwände und demokratische Selbstbestimmung in nationaler veräußert würde, blieben die meisten aus der DDR-Konkursmasse erst recht: *Der Doofe Rest.*

Nationale Revolution –
im Spiegel einer Zeitung für Deutschland

»Parolen des Ancien Regime« nennt die *FAZ* so etwas. Metternich hat keine gute Presse mehr bei den Konservativen:

»Wie wohl nur in den Jahrzehnten nach dem Wiener Kongreß war der Status quo zum Dogma der europäischen Nachkriegspolitik geworden.« Stabilität gilt den Verwegenen plötzlich nicht mehr als weise, sondern als reaktionär: »Als eine politische Zielvorstellung taugt sie schon deshalb nicht, weil ohne Frage auch Veränderung ihr Gutes hat« (Konrad Adam). »Wir waren dabei«, jubelte die *Frankfurter Allgemeine* zum 9. November 1989, an dem sie endlich werden konnte, was der Untertitel seit 40 Jahren trotzig versprach: *Zeitung für Deutschland*. »Der Zweite Weltkrieg geht zu Ende.«

Die *F.A.Z.* begleitete die nationale Revolution in der Pose des klugen Kopfes, der gegen die Schweigespirale Recht behalten hat. Mit Verachtung bedacht wurden die *schweigenden Wortführer*, Lumpen bekanntlich, bei denen man nicht einmal nationales Empfinden vermißte, sondern »Mangel an elementarem, humanem Mitgefühl«. Joachim Fest triumphierte: »Das kritische Bewußtsein ist in Sprachlosigkeit versunken und desavouiert noch im nachhinein das Pathos der moralisch-politischen Instanz, die es für sich reklamiert.« Gnädige Beachtung finden allein Linke, die »fast ein halbes Jahrhundert nach dem Ende des Zweiten Weltkrieges auch die Möglichkeit eines Nationalgefühls für die Deutschen aufscheinen lassen« (Eckart Fuhr) – die Familie Seebacher-Brandt zum Beispiel und Heimgekehrte, die endlich ihr »deutsches Gezweig« (Fritz J. Raddatz) nicht mehr abschlagen.

Das deutsche Intelligenzblatt begrüßt jede Novemberrevolution, solange sie keine soziale wird: »Ein Wort kommt in Mode«, stellte Friedrich Karl Fromme befriedigt fest. Im morgendlichen Zweispalter auf Seite eins wird Fraktur geschrieben:

»Das Wort Wiedervereinigung klingt jetzt noch voreilig, auch wenn sich – von rechtsbürgerlicher Wohlstandsbesessenheit bis zu masochistischer Bejahung der deutschen Teilung – falsche Motive hinter solchen Warnungen verbergen«. Das bedeutet: »Der Weg ist noch weit. Aber die Gewährung weitgehender Freizügigkeit... setzt einen Prozeß in Gang, der nur noch in einem anachronistischen Akt äußerster Gewalt abzubremsen wäre. (...) Der vielbelächelte Satz im Grundlagenurteil des Bundesverfassungsgerichts, die innerdeutsche Grenze habe rechtlich gesehen die Qualität der Grenze zwischen Ländern der Bundesrepublik, würde zu einer schlichten Realitätsbeschreibung.«

Endlich mit dem Zeitgeist im reinen, galt es jetzt, »falsche Angst vor Deutschland« (Nonnenmacher) sanft, aber bestimmt abzubauen und die »unheilige Allianz in- und ausländischer Kräfte« zu decouvrieren, die nach allem noch die »Wiedervereinigung ... auf Sankt Nimmerlein vertag(en)« könnte (Fack). Die Dableiber in der DDR hätten »von einer Wiedervereinigung in Freiheit in jeder Beziehung nur zu gewinnen«, auch wenn »Deutsche drüben« zu verstehen sind, »die nicht möchten, daß ihnen Mißstände der westdeutschen Realität aufgezwungen werden, die auch bei uns viele Menschen schwer ertragen« (Reißmüller) – ihnen könne man »mit Geduld die Angst nehmen«. Nur gibt es da noch »die Würdenträger, Nutznießer und Gefolgsleute des SED-Regimes« und die »Leninisten-Stalinisten« und der Wunsch auch der »neuen Führungsschicht der DDR, quer durch fast alle Parteien und Gruppen, die entstehende Staatsstruktur zu sichern und zu befestigen« (Fack). »Aber die politische Schwerkraft des Einheitsgedankens in der DDR ist spürbar« (Reißmüller); und so halten »die Menschen in Leipzig, Dresden und Ost-Berlin das künftige Schicksal der Nation in ihren Händen.«

Mehr Sorgen machen die Deutschen hüben. »Sicherlich ist auch in Westdeutschland bei der Mehrheit der Wunsch verbreitet, die Nation solle in einem Staat zusammengeführt werden« (Fromme). Doch sei zu fürchten, wortführende Politiker hätten »das Ziel der staatlichen Einheit so gründlich weggeredet und weggeschwiegen«, daß die schweigende Mehrheit unfähig geworden sei, »ihren Beitrag zu einem solchen Zusammenwachsen zu leisten« (Reißmüller). »Die Grünen sind sowieso dafür, die DDR zum Ausland zu machen«; und die »westdeutsche Linke ... kann nicht verwinden, daß der erste Probelauf des Sozialismus auf deutschem Boden ... kläglich gescheitert ist. Ihr Ziel ist es, einen zweiten Probelauf unter günstigeren Bedingungen ins Werk zu setzen. Deshalb plädieren Politiker wie Lafontaine so vehement für die Zweistaatlichkeit« (Fack) – freilich »nicht alle, denn ein Teil von ihnen wird in einem vereinigten Deutschland einen Chance für den Sozialismus sehen; lassen wir dahingestellt, wie realistisch das wäre« (Reißmüller). Von unerwarteter Seite kam Hilfestellung. Willy Brandt habe, das wird nicht vergessen, »die deutsche Frage in den letzten Jahren auch politisch beerdigt«, doch dann »zu Beginn des Berliner Programmparteitages die Delegierten auf verbotene Gedanken« gebracht, »Gedanken eines demokratischen Patriotismus« (Fuhr). Einer hat die Wende geschafft. Doch Oskar Lafontaine habe am selben Rednerpult als Vertreter des »selbstgenügsamen westeuropäischen Biedermeier« wieder mit Erfolg die »Flucht der Linken aus der Geschichte« ausgerufen, sich dabei sogar »auf die Ebene eines Schönhuber« begeben.

Regierungsblatt ist die Zeitung für Deutschland damit noch lange nicht. Karl Feldmeyer muß weiterhin feststellen, »daß die Bundesregierung keine in sich schlüssige deutschlandpolitische Konzeption hat, also eine, die über die Linderung der Teilung hinausreicht«. Gegen modische Thesen von der Multi-Kultur-Nation heißt es prinzipiell: »Die Form der Nation ist immer der Staat; warum sollte es für die Deutschen heute anders sein? Die Nation braucht ihren Staat, denn er hält sie zusammen, gibt ihr inneren Halt und das Gerüst von Institutionen – gesellschaftlichen, politischen, kulturellen –, das sie zum Fortbestehen nötig hat« (Reißmüller).

Nichts sei jetzt verwerflicher als »falsche Angst vor Veränderung« (Feldmeyer), wo die »Nachkriegsordnung...«, um ein Wort von Marx zu variieren, mit einer anderen Welt schwanger (geht). (...) Der Einsatz ist groß, groß ist aber auch der Gewinn« (Michael Stürmer). »Die britischen Vorstellungen vom ›Gleichgewicht‹ und ähnliche Befürchtungen über die Deutschen in anderen westlichen Hauptstädten sind altes Denken. Es hätte, wenn sie gepflegt statt widerlegt würden, die fatale Eigenschaft einer Unheilsprophetie, die sich aus den von ihr erzeugten Frustrationen der Nationen selbst erfüllte« (Gillessen). Immerhin: »Amerika wird noch gebraucht« (Stürmer); doch empfiehlt sich noch die »Methode Schuman/Adenauer zur Lösung der deutschen Frage in Europa... ebenso simpel wie konstrutiv: sich aneinanderketten« (Gillessen)? Amerika, Frankreich, Großbritannien, »durch die Teilung Europas nicht beschädigt, sondern eher gestärkt«, haben als Atommächte, als Herren über Deutschland als Ganzes und Kontrollmächte in Berlin »privilegierten Status«. Den Deutschen weiter die Selbstbestimmung zu verweigern, »käme einer politisch-moralischen Selbstzerstörung des Westens nahe« – durch die Westalliierten. Deutschland muß sich also, wenn nach Mauer und Stacheldraht auch die Eierschalen des Bonner Provisoriums abgestreift sind, selbst behaupten: »Wiedervereinigung ist ein Ziel, das zur Disposition allein der deutschen Nation steht, wenn und soweit sie eines Tages ihr Selbstbestimmungsrecht ausüben kann«; denn die »Entscheidung über die deutsche Einheit kommt als erstes. Dann folgt der Entschluß, in welche internationalen Zusammenhänge, die jetzt nicht absehbar sind, sich ein solches Deutschland einordnet, wenn es denn von der Nation beschlossen wird« (Fromme) – Deutschland zuerst, dann Europa.

Adenauers Enkel

»Nichts ist mehr unmöglich oder undenkbar, auch in Deutschland nicht« (Fack). Doch scheint den Frankfurter Meinungsführern Triumph unangebracht, solange Bonner Realpolitiker so »vage sprechen« (Gillessen). Helmut Kohl z. B. äußere sich »nur noch verhalten..., seitdem Verbündete und Nachbarn ihn haben spüren lassen, wie sehr ihnen seine Pläne mißfallen« (Fack). Adenauers Enkel kommen, da sie nun springen müßten, nicht aus dem Spagat heraus. Deutschlandpolitisch lag im Kanzleramt nichts in der Schublade; Max Streibl, damals wie sein Vorgänger selig noch zum »Wandel durch Anbiederung« an den Staatsratsvorsitzenden Honecker bereit, über das Bonner Krisenmanagement während des Flüchtlingssommers: »Von da kam nichts. Da war 14 Tage eigentlich fast Funkstille« (*Spiegel* 42/1989).

Mit dem Zehn-Punkte-Plan vom November 1989 versuchte der Kanzler die Generallinie der Deutschlandpolitik festzuziehen: »konföderative Strukturen zwischen beiden deutschen Staaten in Deutschland zu entwickeln mit dem Ziel, danach eine Föderation, das heißt eine bundesstaatliche Ordnung in Deutschland zu schaffen«. Dieses Wiedervereinigungskonzept bricht alte christdemokratische Tradition noch nicht, insofern es im Rahmen der europäisch-atlantischen Integration bleibt. Bei seinem ersten Besuch in der DDR zog Kohl nicht, wie es sich die unermüdlichen »Deutschland!«-Rufer wohl erhofft hatten, den deutsch-nationalen Joker. »Tolpatschig«, »deutsch-nationale Aufwallungen«, »nationale Besoffenheit« u. ä. kommentierten gleichwohl gestrenge Kritiker, die bei Kohl schon aufschreien, bevor er überhaupt weh tut. Deutschlandpolitisch neigt der Kanzler nicht zu Abenteuern, ist er immer noch eher Enkel Konrad Adenauers als Jakob Kaisers.

Weniger der Inhalt als die Form des Zehn-Punkte-Plans dementierte jedoch Kohls unablässige Versicherung, die Deutschen seien heute absolut berechenbar; sie wollten »keine Sonderwege gehen« und »von deutschem Boden« werde gefälligst nur noch Frieden ausgehen. Denn der Kanzler hatte weder Koalitionspartner noch Verbündete konsultiert oder auch bloß informiert, und das (ganz der Alte) gewiß nicht aus Nachlässigkeit, sondern bewußt. »Es gibt viele, die nun beleidigt tun, weil sie vorher nicht gefragt worden sind. Ich sage Ihnen, was passiert wäre, wenn der Bundeskanzler tatsächlich vorher gefragt hätte: Der Zehn-Punkte-Plan, den wir so dringend brauchen, wäre erst gar nicht zustande gekommen« (Ernst Albrecht auf dem Kleinen CDU-Parteitag in Berlin, *taz*, 12. 12. 89). Überdies beharrte Kohl stur auf der bekannten westdeutschen Rechtsfiktion, die ja auch Theo Waigel schon zum Schlesier-Treffen im Juli 1989 in rechter Manier reklamiert hatte: Fortbestand Deutschlands in den Grenzen von 1937 – an einem neuralgischeren Punkt kann man die Nachkriegs- und KSZE-Ordnung gar nicht antasten.

Während Norbert Blüm (»Marx ist tot, Jesus lebt«) endgültig zum deutschlandpolitischen Büttenredner verkasperte, legte Rita Süßmuth dem Kanzler einen Punkt elf in die Wiedervorlage: Beide deutsche Staaten sollten gemeinsam eine definitive Erklärung zu Polens Westgrenzen abgeben. Richard von Weizsäcker warnte im DDR-Fernsehen in Richtung Kohl (und Brandt), man solle nichts anheizen: ». . . was zusammengehört, wird zusammenwachsen. Aber es muß eben zusammenwachsen. Es darf nicht der Versuch gemacht werden, daß es zusammenwuchert« (13. 12. 1989). Wo gerauft wird, ist auch Heiner Geißler wieder dabei. Er kritisierte hastige »staatsrechtliche Gedankenspiele wie Konföderation oder ähnliches«: zuerst Freiheit und Demokratie in der DDR, dann europäischer Aufbau, dann die deutsche Einheit – ein Konzept aus dem Lehrbuch Adenauerscher Strategie und Taktik, das auch künftig nationale Souveränitätsgewinne in internationalen Allianzen und Netzwerken aufhebt.

Zeitgewinn, Besonnenheit, Koordination: Das mögen Genscher, Kohl und ihre Berater genauso sehen. Allerdings gäbe die Union damit im Wahlkampf den REPs ihre rechte Flanke frei. Darum gab der neue CDU-Generalsekretär Volker Rühe Feuerschutz: »Für die konföderativen Schritte brauchen wir keine Zustimmung aus dem Ausland« (*FR*, 9. 12. 89). – Deutschland zuerst: Die »operativen« Wiedervereiniger vom letzten Sommer, die Lintner, Friedmann & Co., fühlten sich jetzt zeitweilig schon von der Fraktionsdisziplin entbunden; die Polen-Erklärung des Bundestages im November 1989 haben gut zwei Dutzend unsichere Kantonisten nicht mehr unterstützt. »Zweifel an unserer Haltung sind nicht berechtigt«, wiesen Alfred Dregger und Theo Waigel die überängstlichen Verbündeten im Westen forsch zurecht. Für Max Streibl ist jetzt auch der Fahrkartenschalter nach Lidice geschlossen; von der tschechoslowakischen Regierung verlangte der Protektor der Sudetendeutschen, daß sie sich für die Vertreibung entschuldige. Wie die Alten, so die Jungen: Eduard Lintner, deutschlandpolitischer Sprecher der Unionsfraktion, auf die Frage, ob eine Wiedervereinigung in den Grenzen von 1937 für ihn allen Ernstes weiter ein politisches Ziel sei: »Wenn die anderen zustimmen, ja« (*FR*, 19. 12. 89). Hartmut Koschyk, Jahrgang 1959 und dennoch Generalsekretär des »Bundes der Vertriebenen«, versprach den Polen generös, »daß auf der Grundlage des Willens zu einem für beide Seiten tragbaren Ausgleich und unter Absage an Maximalforderungen in dieser Frage ein Kompromiß notwendig und möglich ist« (*FR*, 8. 1. 90). Im ganzen Deutschland reicht ihm das halbe Schlesien.

Lange nicht mehr begann ein Wahljahr mit so bescheidenen Werten für die geschrumpfte Union (um 40%); demoskopisch verfügte der alte Bürgerblock nicht mehr über seine »Bonner Mehrheit«. Sollten die Enkel Adenauers im »neuen deutschen Größenwahn« (Arnulf Baring) auf die Mobilisierungsrente des deutschen Herbstes 1989 spekulieren, dann setzten sie das gesamte Erfolgsrezept der Union seit 1949 aufs Spiel. Der westliche »Sonderweg« der deutschen Nachkriegsrechten ginge zu Ende. Und in einem Restposten aus der Konkursmasse der Des-Union würden auch Anhänger und Kader der REPs unterkommen.

Deutschland freut sich – die SPD im nationalen Frühling

»Die deutsche Sozialdemokratie ist wieder da – in Deutschland!« eröffnete Willy Brandt im befreiten Rostock den deutschen Doppelwahlkampf des Jahres 1990, als gesamtdeutscher Kanzler nur aus Altersgründen nicht zur Verfügung stehend. Im kurzerhand nach Berlin verlegten Programm-Parteitag erklärte er, wie man's packen könnte: Drüben, in den sozialdemokratischen Stammlanden Mitteldeutschlands, müßten (zunächst indirekt über die Tochterfirma gleichen Namens) die Stimmen zusammengekratzt werden, an denen es hüben chronisch mangelt. Schließlich stand auch die SPD selten so schwach da wie zu Beginn dieses Wahljahres. Zwar sind viele Sozis, die ja eben noch mit Hager & Reinhold Streitkultur üben durften, tapfere Anhänger der Zwei-Staaten-Theorie. Doch ein Tanker kann nicht vollbremsen – also muß er Vollgas durchstarten: nicht Wieder-, aber *Neu*vereinigung. Es sei, lautet jetzt wieder die sozialdemokratische Position, »auf einen Zustand des Friedens hinzuwirken, in dem das deutsche Volk in freier Selbstbestimmung seine Einheit wiedererlangt«. Die Perspektive '90 heißt jetzt: Im Windschatten Kohls, mit dessen Zehn Punkten Hans-Jochen Vogel einerseits »sehr viele Übereinstimmungen«, Egon Bahr andererseits »sehr große Unterschiede« entdeckte, national beschleunigen und kurz vorm Ziel (Advent) Adenauers Enkel überholen, die ja bei der praktischen Einheit doch wieder »kalte Füße bekommen« (Joachim Perels).

In dieses sozialdemokratische Kalkül flossen viele Größen ein: Das Gefühl, zur Schlußdekade des (sozialdemokratischen!) Jahrhunderts doch noch im Wind der Geschichte zu liegen; wenn »jetzt zusammenwächst, was zusammengehört«, wäre eine linke Volkspartei schlecht beraten, mit der Stimmung draußen im Lande überkreuz zu sein. Wer waren Krenz und die SED? »Kein schwieriger Partner, sondern ein sinkender Tanker« (Tilman Fichter); die Blamage wurde aufgewogen durch Schadenfreude über die Rechten, die sich noch einem ganz anderen Schal(c)k angebiedert hatten. Und mit dem Kommunisten Hans Modrow weiterhin »Vertragsgemeinschaften« besprachen, während die eigenen Wahlkämpfer im Zeichen von Rosa & Karl gegen die Rest-SED holzen durften.

Ein Vertreter des »anderen Deutschland« kann auch weitergehen als Strauß und von Weizsäcker: »Ich kann nicht dazu raten, den Deutschen – bei ungenügender Berücksichtigung des Generationswandels – den Eindruck zu vermitteln, es werde über ihre Köpfe hinweg über Dinge verfügt, die sie selbst angehen (...) Noch so große Schuld einer Nation kann nicht durch eine zeitlos verordnete Spaltung getilgt werden«, sprach ganz *links und frei* (Kohl hätte das nicht gedurft) der Antifaschist und Friedensnobelpreisträger. Klaus von Dohnanyi, Sproß einer Widerstandsfamilie und auch schon *elder statesman*, malte an die Wand, sonst werde »in Deutschland der Nationalismus erwachen, den wir in der Bundesrepublik in bewundernswerter Weise im Zaum gehalten haben. (...) Vereinigung in Freiheit ist deswegen ein entscheidender Beitrag zur europäischen Friedensordnung und zur inneren Sicherheit in Deutschland«.

Stunde Null – im Spiegel eines deutschen Nachrichtenmagazins

Den sozialdemokratischen Friedenspolitikern hatten Intellektuelle vorgedacht und die »Linke und ihre nationale Frage« (Peter Brandt) wiedervereinigt. Sie vernahmen das »trockene Knarren der Fichten in der Mark Brandenburg« (F. J. Raddatz). »*Laßt uns doch aufhören,* die preußisch-deutsche Geschichte als Schreckgespenst ins Feld zu führen, mit ihr ist es zu Ende. Der neue Staat würde, *wie andere auch,* nur noch wirtschaftlich expandieren wollen«, machte Rudolf Augstein, der vor Tische Hillgruber einen »konstitutionellen Nazi« schimpfte, jetzt aber Ernst Nolte »philosophisch richtig« findet, das rhetorische Arsenal der Normalisierung »linksfähig«. Der Österreicher Günther Nenning gab der vaterlandslosen bundesdeutschen *Intelligentzija* (»dümmer geht's nicht«) Geschichtsnachhilfe:

> »Wovon die Schönhuberei profitiert, das heißt im Politquacksprech ›Protestwählerpotential‹ – in der *deutschen Tiefe* aber ist etwas ganz anderes, nämlich: das *längst fällige* Wiederaufleben des Nationalgefühls. Länger als 44 Jahre kann ein Volk nicht *gesenkten Hauptes* gehen. Freilich durch Auschwitz sollte und soll kein Deutscher anders gehen als gesenkten Hauptes. Aber ein Volk ist ein Volk ist ein Volk. Die ganze deutsche Vergangenheit und die ganze deutsche Zukunft *erschöpft sich nicht in den zwölf Jahren Hitlerverbrechen.*« Auf ins »größtdeutsche Geisterreich, von Hölderlin bis Brecht und wieder retour« (*ZEIT,* 10. 2. 89).

45 Jahre »kritisches Bewußtsein« – genug der Anstrengung. Die nationalen Wendehälse schwenken die schwarz-rot-goldene Fahne der Kapitulation vor der nationalen Erhebung. Wer noch immer verfassungspatriotischen Klartext redet, spricht wie ins Leere: »Es scheint wenig Sinn zu machen, sich Menschen entgegenzustellen, die um jeden, wirklich jeden Preis glücklich sein wollen« (Dan Diner). So einer ist der Dichter Martin Walser:

> »Reizt das denn gar nicht: der Welt ein friedliches, friedvolles Deutschland zu bieten. (. . .) Deutsche Geschichte darf auch einmal gutgehen. *Baumelnde Füße. Lachende Polizisten.* Leute, die einander nie gesehen haben, umarmen einander. Diesem Niveau muß Politik jetzt entsprechen« (*FAZ,* 5. 12. 89).

Der *Spiegel*-Herausgeber zog »operative« Schlüsse: »Das Kriegsende würde eben darin bestehen, daß es wieder einen deutschen Staat gäbe, einen mit ›Souveränität‹. Warum nicht?« Berlin, »ehedem der Preis des Sieges und heute noch der haltbarste Haken des Status quo«, müsse *geräumt* werden. »Jeder Status quo dauert so lange, bis er endet.« Vom »internationalen Judentum« will er nicht reden, aber dieser Elie Wiesel »mag uns dann doch erklären, warum in Jerusalem geschossen wird und in Berlin nicht. Das liegt nun nicht mehr an Adolf Hitler. (. . .) Ob die beiden deutschen Staaten zusammenfinden (müssen), liegt nicht so sehr an den Alliierten und nicht so sehr an den Juden. (. . .) Die Stunde Null, von uns allen so sehnlichst herbeigefürchtet, ist da« (*Spiegel* 2/90). »Seit dreißig Jahren lese ich den Spiegel – trotz Augstein. Jetzt wegen ihm«, muß ein Leserbriefschreiber im gleichen Heft anerkennen.

National-Demokraten

Damit wird die Ostpolitik, der (zweite) entscheidende außenpolitische Fortschritt der BRD, von ihren eigenen Propagandisten zur Makulatur erklärt. »Es ist, als liefe ein Film rückwärts.« Brigitte Seebacher-Brandt kanzelte bissig die »kleinen Metternichs« ab, die getreuen Unteroffiziere der Brandtschen Ostpolitik. Bahr und Gaus hätten mit ihrer Geheimdiplomatie und Kabinettspolitik »gewissen Nutzen« gestiftet, aber auch die Zweistaatlichkeit zementiert und damit die (Selbst)bestrafung der Nation fortgesetzt, in gemeinsamer Sache übrigens mit antikapitalistischen Romantikern des dritten Weges (von Steinkühler über Schmude bis Momper), die die marode DDR als Fluchtpunkt ihrer vom Leben widerlegten Utopien gebraucht hätten. »Einsicht zu nehmen in die Unwägbarkeiten der Volksseele«, dazu sei *die Linke* seit langem unfähig – auch diese gepflegte Version des Populismus schlägt den Ton der beleidigten Leberwurst an.

Back to the roots: z. B. zu Ludwig Frank, der sich im Ersten Weltkrieg freiwillig an die Front meldete, und zu Julius Leber und Theodor Laubach, die am Ende des Zweiten als patriotische Widerstandskämpfer hingerichtet wurden. Und Kurt Schumacher der der deutschen Jugend immer schon Patriotismus anempfahl? Sein national-demokratischer Affekt gegen Weststaat und Westintegration erschien der modernen Enkel-SPD lange befremdlich. Jetzt feiert er Wiederauferstehung in den Brandt-Reden gegen die stalinistische Zertrümmerung der Sozialdemokratie in Mitteleuropa, gegen aufgescheuchte Statusdiplomaten des westlichen Auslands und christdemokratisches Gekungel mit der Rest-Nomenklatura.

Auf einmal müssen sich die Choreographen der »kleinen Schritte« rechtfertigen. Nur: Egon Bahr erkannte mit seinem Konzept »Wandel durch Annäherung« die Zweistaatlichkeit an, um sie à la longue zu überwinden – insofern ist doch auch er sozialdemokratischer Traditionsnationalist; die geschichtliche Gunst verließ ihn, seit genau diese Überwindung nun, freilich »von unten« eintritt. Ostpolitik alten Stils setzte, supergouvernemental, auf *staatliche* Souveränität und scheute die unwägbare des Volkes; den Aufstand der demokratischen Bewegung sah sie irgendwie nicht vor. Hätten die Sozialdemokraten ihre über die Maßen verständnisvolle Zuwendung zur alten SED und anderen KP's und die kaltlächelnde Abfuhr für demokratische Oppositionsbewegungen von Solidarnosc übers Neue Forum bis zur frühen SDP fortgesetzt, wäre ihre letzte Chance auf Hegemonie dahin.

Die Sozialdemokraten schlagen sich zur *Politik der Gefühle*. »Wir sind das glücklichste Volk«, verkündete Walter Momper und: »Berlin, nun freue Dich!« Als gelte es, die ganze 1871, 1914, 1933, 1946 gescheiterte Geschichte wieder gut und noch einmal zu machen, erhoffte sich Willy Brandt zur Feier des französischen *bicentenaire* doch noch ein gelingendes 1848 in Deutschland. Bedenkenträger wie Peter Glotz, nicht »glücklich« genug, um die Schattenseiten *jedweden* Nationalismus zu übersehen, mußten wenigstens noch eine andere sozialdemokratische Karte ausspielen: Oskar Lafontaines moralischer Internationalismus, den soziale Not allemal mehr drückt als Deutschtümelei, hat eine schiefe Ebene. »Sozialstaatliche« Besitzstandswahrung bundesdeutscher Renten- und Arbeitsplatzsicherheit *kann* in der Tat einer »Schönhuberei«, die mit *niemandem* teilen will, verdächtig nahekommen. Doch im Kern ist eine Abwägung zwischen der Notlage deutschstämmiger Aussiedler und der farbiger Asylanten goldrichtig: eine menschen- und bürgerrechtlich fundierte Argumentation, die jedem nationalen oder ethnischen Partikularismus überlegen ist.

Eine andere Geschichte

Auf die deutsche Welle reflexartig mit »Zweistaatlichkeit« zu antworten, ist auch phantasielos; es leistet ungewollt jenem »Wohlstands-Chauvinismus« Vorschub, der sich genauso gegen erwünschtere Inanspruchnahmen durch asylbegehrende Flüchtlinge wie durch eine »neue Weltwirtschaftsordnung« (Willy Brandt) schützen wird. Die REPs profitieren, wie gesagt, von beidem: als deutsch-nationale Irredenta profitieren sie von der Großen Deutschland-Koalition, als Anwälte des »kleinen Mannes« von der Angst um die Renten. Den Untiefen der gesamtdeutschen Begeisterung entkommt man nicht, indem man selber in kleindeutschen Nationalismus hinüberdümpelt.

Im übrigen gilt gerade im doppeldeutschen Wahljahr von Rosenheim bis Wittgenstein, wo die Großen und die Kleinen mit geopolitischen Designs nur so aus der Hüfte schießen: das Nationale *tiefer hängen,* durch Gegenerzählungen überdecken – auslachen. Aus der demokratischen Revolution im mittleren Osten läßt sich auch lernen: Das Gelächter hat schon stärkere Regimes in die Knie gezwungen.

Der Dichter preist uns die Nationen allen Ernstes als das »im Menschenmaß... mächtigste geschichtliche Vorkommen« (Martin Walser). Dabei sind die Bilder vom Nationalen hüben und drüben auch nur Geschichten, Fernseherzählungen, *short stories* – meistens auf Groschenheftniveau. Im Menschenmaß reichen Wir-Gruppen bei den meisten nicht über die Familie, die Verwandten, die Nachbarschaften und die Landschaften der Umgebung hinaus. Die gängigsten Formen des »Patriotismus« sind die familiären und lokalen. Mit der »Nation«, aber auch mit »Verfassungspatriotismus« erreicht man schon einen hochartifiziellen Zustand des Wir-Gefühls. Ethnien und Nationen (wie Religionsgemeinschaften auch) sind nicht minder konstruierte, »geglaubte Gemeinschaft« (Max Weber); Volks- oder Stammeszugehörigkeit ist, anders als politische Romantiker von Herder bis Walser glauben, keinen Deut »wirklicher« und stabiler als die Geschichten, die sich andere Wir-Gruppen zur Begründung ihrer Identität erzählen. Sie sind genauso »unnatürlich« wie Gruppen, die auf sozialen Gemeinsamkeiten beruhen (z. B. die gute alte Arbeiterklasse) oder eben auf gemeinsam geteilten Wertüberzeugungen politischer Art. Dazu gehören auch die »Versprechungen und Verfassungen« (Hannah Arendt), die Republiken freier Bürger konstituieren.

Unter den Sagen und Märchen der Völker ist die Story von der Nation sogar ein historisch verspätetes Konstrukt. Nicht nur in Deutschland, aber da ganz besonders. Eine leere Projektionsfläche für Demokraten, Romantiker und Machtstaatspolitiker aller Couleur. Aber die Nationalidee – und nicht der Mythos vom Proletenglück oder die Sage vom Weltbürgertum – hat seit 1789 auf Grund ihrer (staats)gewaltigen Exklusivität eine besondere Überzeugungs- und Leistungskraft an den Tag gelegt und ist aller Welt zum Vorbild geworden. Freiwillige Klassensolidarität oder republikanische Standards der *Citizenship* haben nie solches Vertrauen gefunden und soviel Verbindlichkeit geschaffen.

Größere Gemeinschaften konstruieren Identität über Geschichten. Und *alle* diese Geschichten verursachen Kosten durch ihre Ausschlüsse der Anderen aus dem Wir. Doch kann man mit Fug und Recht sagen, daß nationale und ethnische Solidaritäten in diesem Jahrhundert der nationalen Befreiungs-, Bürger- und Weltkriege besonders teuer waren. Daß sie besonders stark auf Konflikte und Vertreibung angelegt waren, mit anderen Worten, besonders tödliche Prinzipien sind.

Europa renationalisiert sich: Im Kosovo, auf dem gesamten Balkan, im Baltikum, in Deutschland. »Natürlich« ist diese neue Balkanisierung nur insofern, als sie infolge der Auflösung der Blöcke und der imperialen Krise des Sowjetreiches zu erwarten war. Es lagen einfach keine besseren Geschichten vor. Seit die Gewißheiten des Alten Denkens schwinden, halten sich auch einstige Leidtragende und glücklich Überlebende statt an die verordneten imperialen Leitbilder wieder stärker an scheinbar natürliche Merkmale wie Alter, Geschlecht, körperliche Fitness – und an Rasse, Hautfarbe und Ethnizität. Auch im »individualistischen« Westen haben diese, soziologisch gesprochen, »besondere Organisations- und Politisierungschancen aufgrund ihrer Unentrinnbarkeit, ihrer zeitlichen Konstanz, ihrer Widersprüchlichkeit zum Leistungsprinzip, ihrer Konkretheit und direkten Wahrnehmbarkeit und der damit ermöglichten Identifikationsprozesse« (Ulrich Beck). Und kräftig organisiert und zünftig repolitisiert wird derzeit auf nationale Gemeinschaft hin, nicht nur von den Neuen Rechten.

Eine andere Geschichte erfinden. Statt über das Verhängnis des Nationalen zu dozieren, wäre es aufregender, die »demokratische Geschichte« zu erzählen: Diese Überlieferung handelt von einer nach außen offenen, der westlichen Demokratietradition verbundenen und nach innen liberalen Republik. Ihre Pointe ist nicht der geopolitisch bestimmte Machtstaat einer Nation, sondern die öffentliche Sphäre der Bürger. Die neue, aber eigentlich uralte Rede von der »Zivilgesellschaft«, die mittlerweile auch die Denkfabriken des Vatikans erreicht hat, ist solch eine Erfindung. Wer aber die »demokratische Frage« (Helmut Dubiel) stellt, der wird kaum eine vernünftige Antwort finden, ohne gleichzeitig immer mehr an nationaler Souveränität preiszugeben – »nach unten« in die Gemeinden und Regionen, »nach oben« an den Europäischen Bund. So zurückgenommen, wird auch die »deutsche Frage« ihre nationalstaatliche Exklusivität und damit ihre immer noch unweigerlich machtstaatliche Dynamik und Psychodramatik einbüßen. Vor dem Geltungshorizont eines europäischen Bürgerrechts nimmt es sich weniger wichtig aus, in welcher besonderen staatsrechtlichen Form xy deutsche Länder letztlich förderiert sind.

Diese Geschichte ist vielversprechender als das Rauschen & Flimmern des nationalen Aufstands, das aus Leipzig, Riga und Sofia übermittelt wird. Mich haben immer Grenzen fasziniert, die so leicht zu überqueren waren wie zum Beispiel die zwischen der Bundesrepublik und den Niederlanden, hinter denen aber gleichwohl noch eine neue Welt begann.

So geht die unvollendete Geschichte der »europäischen Konföderation«, die die alten *Krokodile* im Straßburger Niemandsland erzählt haben und die auch einem Mitterrand heute wieder einfallen mag, denkt er an Deutschland in der Nacht. Die jungen *Bastarde* in der Vielvölkerrepublik Babylon kennen die Geschichte nicht mehr; sie könnten sie aber neu erfinden.

Literatur

Zum 1. Kapitel

Demoskopisches und Wahlsoziologisches

EMNID, »Dem Tod oder dem Triumph entgegen«, in: *Spiegel* 21/1989 (und monatliche SPIEGEL-Umfragen über die politische Situation)

FORSCHUNGSGRUPPE WAHLEN/IPOS, *Wahl in Berlin und Europawahlen 1989*, beide Mannheim 1989 (zusätzlich kumulierte Politbarometer-Umfragen 1989)

INFAS-REPORT, *Politogramme*, Bonn 1989

VEEN, H.-J. u. a., *Die Wähler und Sympathisierenden der Republikaner-Partei*, Interne Studien der Konrad-Adenauer-Stiftung Nr. 14, St. Augustin 1989

Aus den Parteien

CDU-Bundesgeschäftsstelle, *Die* REP. Analyse und politische Bewertung einer rechtsradikalen Partei, Mai 1989 (letzte Worte von Geißler & Schönbohm)

SPD-PARTEIVORSTAND, *Weder verharmlosen noch dämonisieren*, (Intern, Informationsdienst der SPD), Bonn 1989, auch Langfassung inkl. Infratest- und SINUS-Studien, 3 Bde. Bonn 1989

Die GRÜNEN, Bundesvorstand, *Argumente gegen* REPS & *Co.*, Bonn 1989

Wissenschaftliche Studie über REPS *und Co.*

AUS POLITIK UND ZEITGESCHICHTE, B 41–42/1989

BACKES, UWE/ECKHARD JESSE, Politischer Extremismus in der Bundesrepublik Deutschland, Bonn 1989

FUNKE, HAJO, »Republikaner«. Rassismus, Judenfeindschaft, nationaler Größenwahn, Berlin 1989

Gewerkschaftliche Monatshefte 9/1989

PAUL, GERHARD (Hrsg.), Hitlers Schatten verblaßt. Die Normalisierung des Rechtsextremismus, Bonn 1989

STÖSS, RICHARD, Die extreme Rechte in der Bundesrepublik. Entwicklung – Ursachen – Gegenmaßnahmen, Opladen 1989

Zur Krise der Volksparteien

BIEDENKOPF, KURT, *Zeitsignale*. Parteienlandschaft im Umbruch. München 1989

HIRSCHMANN, ALBERT OTTO, *Engagement und Enttäuschung*. Über das Schwanken der Bürger zwischen Privatwohl und Gemeinwohl, Frankfurt/M. 1988.

MINTZEL, ALF, *Großparteien im Parteiensystem der Bundesrepublik*, in: Aus Politik und Zeitgeschichte, B11/1989

WILDENMANN, RUDOLF u. a., *Volksparteien*. Ratlose Riesen? Baden-Baden 1989

Zum 2. Kapitel

ADENAUER, KONRAD, *Briefe über Deutschland*. 1945–1951, Berlin 1986

BUCHHAAS, DOROTHEE, *Die Volkspartei*. Programmatische Entwicklung der CDU 1950–1973, Düsseldorf 1981

DUDEK, PETER/JASCHKE, GERD, *Entstehung und Entwicklung des Rechtsextremismus in der Bundesrepublik Deutschland*, Opladen 1984

GLOTZ, PETER, *Die deutsche Rechte*, Stuttgart 1989

HAUNGS, PETER, Die CDU in den 80er Jahren, in: *FS Erwin Faul*, Trier 1988, Bd. 2

LEGGEWIE, CLAUS, *Der Geist steht rechts*. Ausflüge in die Denkfabriken der Wende, Berlin 2. Aufl. 1988 (Neuausgabe Büchergilde Gutenberg 1989)

ders., Die Zwerge am rechten Rand, in: *Politische Vierteljahresschrift*, 4/1987

ders., Die Wahlnacht mit den fünf Verlierern, in: *Zeit* 41/1989

LENK, KURT, Deutscher Konservatismus, Frankfurt 1989

MOHLER, ARMIN, *Liberalenbeschimpfung*. Drei politische Traktate, Essen 1990

ROHRMOSER, GÜNTER, *Das Debakel*. Wo bleibt die Wende? Fragen an die CDU, Krefeld 1985

SCHMIDT, UTE, Die Christlich Demokratische Union Deutschlands, in: Richard Stöss (Hrsg.), *Parteienhandbuch*. Die Parteien der Bundesrepublik Deutschland, 4 Bde., Opladen 1986, Bd. 1

SCHÖNBOHM, WULF *Die CDU wird Volkspartei*, Stuttgart 1985

TODENHÖFER, JÜRGEN, *Ich denke deutsch*, 1989

Zum 3. bis 5. Kapitel

SCHÖNHUBER, FRANZ, *Ich war dabei*. Der ehrliche Bericht eines »Ehemaligen«, München 1981

ders., *Freunde in der Not*, München 1983

ders., *Macht*. Roman eines Freistaates, München 1985

ders., *Trotz allem Deutschland*, München 1987

ders., *Die Türken*. Geschichte und Gegenwart, München 1989

HIRSCH, KURT/HANS SARKOWICZ, *Schönhuber – Der Politiker und seine Kreise*, Frankfurt 1989

KLICHE, ALEXANDRA, *Nichts wie weg!* Warum ich die »Republikaner« verlassen habe, München 1989

STILLER, MICHAEL, *Die Republikaner*. Franz Schönhuber und seine rechtsradikale Partei, München 1989

Zum 6. Kapitel

KIRFEL, MARTINA/WALTER OSWALD (Hg.), *Die Rückkehr der Führer.* Modernisierter Rechtsradikalismus in Westeuropa, Wien 1989
LEGGEWIE, CLAUS, Explosion der Mitte. Zum Erfolg von Le Pens Front nationals, in: *Blätter für deutsche und internationale Politik*, 7/1988
MAYER, NONNA/PASCAL PERRINEAU (Hg.), *Le Front National à découvert*, Paris 1989

Zum 7. Kapitel

BONNER INITIATIVE GEMEINSAM GEGEN NEOFASCHISMUS, Streitschrift: *Gegen Leggewiesierung und Heitmeyerei im Antifaschismus*, Bonn 1989
HEITMEYER, WILHELM, u. a. (Hrsg.), *Jugend – Staat – Gewalt*, Weinheim/München 1989
MEIER, HORST, Parteiverbote und demokratische Republik, in: *Merkur* 486/1989

Zum 8. und 9. Kapitel

DIE REPUBLIKANER, *Parteiprogramm 1990*, München 1989/Rosenheim 1990
BARING, ARNULF, *Unser neuer Größenwahn*, Stuttgart 1988
DINER, DAN, von der Bundesrepublik nach Deutschland, in: Hajo Funke (Hrsg.), *Von der Gnade der geschenkten Nation.* Zur politischen Moral der Bonner Republik, Berlin 1988
FRIEDMANN, BERNHARD, *Einheit statt Raketen*, Herford 1987
HOFFMANN, LUTZ, *Die unvollendete Republik.* Zwischen Einwanderungsland und deutschem Nationalstaat, Köln 1990
KIESSLING, GÜNTER, *Neutralität ist kein Verrat.* Entwurf einer europäischen Friedensordnung, 1989
MOHLER, ARMIN, *Der Nasenring.* Im Dickicht der Vergangenheitsbewältigung, Essen 1989
RÖDEL, ULRICH/GÜNTER FRANKENBERG/HELMUT DUBIEL, *Die demokratische Frage*, Frankfurt 1989
SCHLÖGEL, KARL, *Der dramatische Übergang zur neuen Normalität.* Europa am Ende des Nachkriegs, in: FAZ 7. 10. 1989
SCHULZE, HAGEN, *Gibt es überhaupt eine deutsche Geschichte?*, Berlin 1989
TAGUIEFF, PIERRE-ANDRE, *La force du préjugé.* Essai sur le racisme et ses doubles, Paris 1988
WALSER, MARTIN, *Zum Stand der deutschen Dinge*, FAZ 5. 12. 1989
WEHLER, HANS-ULRICH, *Deutsche Frage und europäische Antwort*, FR 14. 10. 1989

Die Autoren

CLAUS LEGGEWIE lebt in Köln und ist Professor für Politikwissenschaft an der Universität Gießen. Im Rotbuch Verlag veröffentlichte er *Kofferträger* (1984); *Der Geist steht rechts. Ausflüge in die Denkfabriken der Wende* (1987, 2. Aufl. 1988, Neuauflage 1989 bei der »Büchergilde Gutenberg«) und hat gemeinsam mit Hans Leo Krämer den Sammelband *Wege ins Reich der Freiheit. André Gorz zum 65. Geburtstag* herausgegeben (ROTBUCH RATIONEN, 1989).

ULRICH CHAUSSY lebt als freier Autor und Rundfunkjournalist in München. Er veröffentlichte *Die drei Leben des Rudi Dutschke. Eine Biographie* (1983) und *Oktoberfest. Ein Attentat* (1985), beide im Luchterhand Verlag.

BERND GÄBLER ist freier Journalist und lebt in Köln.

VOLKER HARTEL ist freier Rundfunkjournalist und lebt in Berlin.

HORST MEIER ist Jurist und Publizist und lebt in Hamburg.

MERAL RÜSING ist freie Journalistin (u. a. bei der *Kölner Illustrierten*) und lebt in Köln.

VOLKER A. ZAHN war Redakteur der *Kölner Illustrierten* und lebt jetzt als Journalist in München.

Eine Auswahl aus dem Rotbuch Programm

Claus Leggewie
Der Geist steht rechts
248 Seiten, DM 28

Rainer Land (Hg.)
Das Umbaupapier (DDR)
Argumente gegen die Wiedervereinigung
Rotbuch Taschenbuch 20
192 Seiten, DM 15

Heiner Müller
»Zur Lage der Nation«
Heiner Müller im Interview mit Frank Raddatz
Rotbuch Taschenbuch 13
104 Seiten, DM 10

Claus Koch
Meinungsführer
Die Intelligenzblätter der Deutschen
Rotbuch Taschenbuch 4
128 Seiten, DM 12

Ursel Sieber/Bernd Ulrich
Der quotierte Mann
Zwischenlösungen im Geschlechterkampf
Rotbuch Taschenbuch 17
176 Seiten, DM 14

Michael Sontheimer
Im Schatten des Friedens
Ein Bericht aus Vietnam und Kamputschea
Rotbuch Taschenbuch 3
208 Seiten, DM 16

Über das gesamte Verlagsprogramm informiert unser kostenloser Almanach »Das kleine Rotbuch«. Postkarte genügt:
Rotbuch Verlag, Potsdamer Straße 98, 1000 Berlin 30